教育部旅游管理专业本科综合改革试点项目
新课改系列规划教材

教育部旅游管理专业本科综合改革试点项目新课改系列规划教材

总 主 编　马　勇
副总主编　　王鹏飞

休闲产业概论

Introduction to Leisure Industry

主　　编　马　勇
副主编　张　瑜
参　　编　刘晓莉　谭启鸿　韦　鑫
　　　　　衡　希　潘媛媛

华中科技大学出版社
http://www.hustp.com
中国·武汉

内容提要

本书分为上、下两篇，上篇为理论篇，按照认知规律，认识休闲活动，理解休闲内涵，分析休闲行为和休闲方式。下篇为产业篇，从产业新业态的角度，梳理了旅游产业、文化产业、休闲体育产业、休闲农业、会展与活动产业，以及休闲工业与商业的发展现状、分类及发展趋势。

本书每章设计了学习任务、要求，符合认知规律，并配套"案例引导、同步阅读、同步案例、拓展案例"等大量的学习内容，有利于拓展学生视野，帮助加深对产业的认识和理解，提高知识应用能力。

本书不仅可以作为全国普通高等院校旅游管理相关专业的教材与参考书，而且也可作为从事休闲、旅游产业经营与管理人员的参考书。

图书在版编目（CIP）数据

休闲产业概论／马勇主编．—武汉：华中科技大学出版社，2018.8（2024.8重印）
教育部旅游管理专业本科综合改革试点项目新课改系列规划教材
ISBN 978-7-5680-4353-3

Ⅰ.①休… Ⅱ.①马… Ⅲ.①旅游经济学-高等学校-教材 Ⅳ.①F590

中国版本图书馆 CIP 数据核字（2018）第 190883 号

休闲产业概论 马 勇 主编
Xiuxian Chanye Gailun

策划编辑：周　婵	
责任编辑：封力煊	
封面设计：刘　婷	
责任校对：曾　婷	
责任监印：周治超	
出版发行：华中科技大学出版社（中国·武汉）	电话：（027）81321913
武汉市东湖新技术开发区华工科技园	邮编：430223
录　　排：华中科技大学惠友文印中心	
印　　刷：武汉开心印刷有限公司	
开　　本：787mm×1092mm　1/16	
印　　张：14　插页：2	
字　　数：339千字	
版　　次：2024年8月第1版第5次印刷	
定　　价：45.00元	

本书若有印装质量问题，请向出版社营销中心调换
全国免费服务热线：400-6679-118　竭诚为您服务
版权所有　侵权必究

总 序
Preface

十九大以来,中国特色社会主义进入新时代,我国经济已由高速增长阶段转向高质量发展阶段,旅游业作为国民经济战略性支柱产业,凭借其内生的创新引领性、协调带动性、开放互动性、环境友好性、共建共享性,成为贯彻五大发展理念,推动新时代产业结构优化调整,满足人民群众对美好生活向往的重要引擎。与此同时,随着全面建成小康社会深入推进,我国居民消费结构升级加速,供给侧结构性改革不断深化,为旅游业的发展提供了重大机遇,也对旅游业的发展提出了更高的要求。新业态、新技术、新产品、新体验将融入新时代旅游业发展全局,这就意味着我国旅游专业人才培养与供给也必须顺应新时代旅游业的新要求,旅游管理专业综合改革进入了全新的发展阶段。

根据教育部开展普通高等学校本科专业类教学质量国家标准制定工作的统一部署和要求,2017年教育部旅游管理类教学指导委员会制定了《旅游管理类本科专业教学质量国家标准》。新国标的出台为今后我国旅游管理本科教育规划了发展方向、明确了基本要求,对提高旅游管理本科教学质量和水平具有指导意义,同时也需要一套符合行业发展趋势,体现新国标精神的旅游管理类教材作为基础。

在教育部高等学校旅游管理类专业教学指导委员会的大力支持和指导下,华中科技大学出版社汇聚了一批国内旅游院校国家教学名师和中青年旅游学科骨干,面向《旅游管理类本科专业教学质量国家标准》做出积极探索,率先组织出版教育部旅游管理专业本科综合改革试点项目新课改系列规划教材。该套规划教材创新模式、理念先进,围绕旅游管理专业本科新课改,突出实用、适用、够用和创新的"三用一新"的特点。立足应用型旅游人才培养的实际情况,服务于新课改下的旅游类专业建设与发展。规划教材为开放式丛书,首批出版主要覆盖旅游管理类核心课程的教材。该套教材特邀教育部高等学校旅游管理类专业教学指导委员会副主任、中组部国家高层次人才"特支计划"领军人才、国家"万人计划"教学名师、湖北大学旅游发展研究院院长马勇教授担任总主编,同时邀请了一批旅游管理本科专业学科带头人和一线骨干专业教师等加盟编撰。首批教材还充分利用全国旅游院校优质课程说课大赛暨课程研讨会的平台和成果,充分调研和吸收了全国旅游院校旅游教育专家学者和一线教师的课程设计经验、理念与成果。

该套教材紧紧把握新时代旅游业旅游专业人才的新趋势以及专业教学质量新国标的新要求,对相关课程核心内容的大胆解构与重构,在编写体例、目标设置、任务制设计等方面做出了很大的创新的突破。同时教材还依托华中科技大学出版社自主研发的华中出版资源服务平台,创新了教材出版形式,在书本之外构建了一套包括教学大纲、教学课件、案例库、习题集、视频库等多种资源形式的立体化配套资源库,这将促进实现线上线下知识拓展和学习共同体形成。

我们深刻认识到编写旅游教材是落实新课标、践行新课改的一项重要基础工作。本套教材的组织策划及编写出版过程中,得到了旅游业内专家学者和业界精英的大力支持,赋予该套教材更强的时代性、科学性和生命力,在此一并致谢!希望这套教材能够为培养新时代旅游专业人才,进而为推动中国旅游业高质量发展贡献力量。

丛书编委会
2018 年 6 月

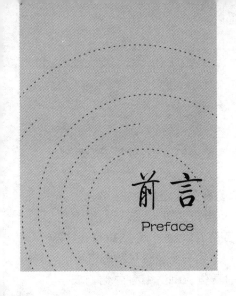

前言
Preface

我国基本上进入了休闲经济时期,休闲经济已经具备了相当的规模,且呈现出蓬勃发展的势头,但人们的休闲观念还不成熟,离真正的"休闲时代"还有一段距离。在全球化浪潮的进一步推进以及中国劳动生产率和人们整体素质不断提高的背景下,休闲时代必将向我们迎面扑来,新的休闲观念、休闲消费、休闲产品带来的休闲经济、休闲产业等必将成为我国新的经济增长点。为了适应这一时代发展的需要,必须首先加强休闲产业的人才教育与培养,为休闲产业的可持续发展提供坚实的人才储备基础。但是,目前国内有关休闲产业研究的著作不多,尤其从产业发展的角度进行系统介绍的休闲教材更是凤毛麟角。

鉴于此,《休闲产业概论》旨在广泛借鉴和吸收国内外有关休闲理论研究和产业研究的最新成果,较为全面、系统梳理休闲产业的基本面貌、现状和发展趋势,并在体例架构和内容安排上较前任的同类成果有所突破。

《休闲产业概论》分为上下两篇,上篇为理论篇,主要阐述休闲的核心概念,下篇为产业篇,从业态的角度阐述产业分类、特点及发展趋势。本教材有以下特点:

1. 理论与实践相结合,重应用性

以"应用"为主旨和特征构建教材内容体系。理论部分以理论知识的适度、够用为原则。实践部分以产业分类、特点、发展趋势为重点,重在启发思维,培养学生应用知识、解决实际问题的能力。

2. 基于OBE成果导向设计内容体系,重创新性

每章开篇设计学习任务,明确学习任务目标、步骤及预期学习成果,进而梳理出知识体系,反向设计教材体例,激发学生学习兴趣,培养学习能力。

增加知识链接模块,配套"同步练习、思考",体现"以学生为中心"的教育理念,突破单项的教学模式,增加教与学的双向互动,提升教学

效果。

3. 梳理休闲产业来龙去脉，重系统性

重新梳理产业的业态，系统阐述和总结休闲产业新业态的发展的背景、过程、现状、类型、特点以及未来发展态势。

本书为教育部旅游管理专业本科综合改革试点项目新课改系列规划教材，丛书总主编马勇，副总主编王鹏飞。本书主编马勇，副主编张瑜。张瑜、马勇负责第一、二、三、七章的编写；刘晓莉、谭启鸿、马勇负责第四章的编写；衡希、马勇负责第五章、第九章的编写；潘媛媛、马勇负责第六章的编写；韦鑫、马勇负责第八章的编写。全书由马勇负责统稿和审稿。

在本书的编写过程中，引用了马惠娣老师、魏小安老师的著作，在此，编者向他们表示衷心的感谢。

由于编者的水平和能力有限，书中可能存在许多不足之处，欢迎广大读者批评指正。

编　者
2018 年 4 月

目录 Contents

第一章 认识休闲活动 /1
第一节 传统休闲与现代休闲 /3
第二节 东方休闲与西方休闲 /4
第三节 积极休闲与消极休闲 /7
第四节 室内休闲与户外休闲 /8

第二章 理解休闲内涵 /14
第一节 休闲与闲暇 /15
第二节 休闲与旅游 /22
第三节 休闲与游戏 /27
第四节 休闲与劳作 /32
第五节 休闲的真谛 /35

第三章 分析休闲行为 /43
第一节 休闲行为 /45
第二节 休闲动机 /56
第二节 休闲障碍 /60

第四章 旅游产业 /68
第一节 旅游产业概述 /70
第二节 旅游景区业 /76
第三节 旅行社业 /84
第四节 住宿业 /88
第五节 餐饮业 /99

第五章　文化产业 /110

第一节　文化产业概述 /112
第二节　动漫产业 /113
第三节　娱乐产业 /119
第四节　出版产业 /124
第五节　影视演艺业 /129
第六节　文化博览业 /133

第六章　休闲体育业 /138

第一节　体育旅游产业 /139
第二节　体育健身休闲产业 /143
第三节　高尔夫产业 /146
第四节　冰雪休闲产业 /151
第五节　滨海休闲产业 /153

第七章　休闲农业 /159

第一节　休闲农业概述 /161
第二节　休闲农庄 /168
第三节　其他休闲农业 /170

第八章　会展与活动产业 /176

第一节　会议 /178
第二节　展览业 /185
第三节　节事活动 /191

第九章　休闲工业与商业 /198

第一节　休闲服装 /200
第二节　休闲食品 /202
第三节　休闲用品 /205
第四节　休闲装备 /207

参考文献 /211

第一章
认识休闲活动

◆ 本章导读

中国假日制度变化,1995年开始推行每周5天40小时的工作时间,1999年增加了五一、十一小长假,可以看到的未来,大量劳动力释放,人们的闲暇时间将不断增加。一是带薪休假全面落实,二是未来四天工作制乃至四小时工作制都会成为可能,一周168小时,只有16小时的工作时间,工作岗位和工作时间的珍稀程度将大大提升,这是工作和生活的革命性变化。

◆ 学习目标

1. 识记:休闲活动与休闲方式概念。
2. 理解:休闲方式与地域、文化的关系。
3. 应用:列举不同类型休闲活动与休闲方式。
4. 分析:比较休闲方式的特点与影响因素。

◆ 学习任务

名　称	个人一周休闲时间与休闲活动调查
学习目标	1. 认知"休闲活动" 2. 描述不同类型休闲活动的特点
学习内容	休闲活动
任务步骤	1. 填入你一周中每天的活动项目和时间分配(24小时) 2. 统计出每天各项活动的时间 3. 计算出你共花多少时间在哪些休闲活动上 4. 与同伴分享你的调查结果 5. 将调查到的休闲活动分类,并说明分类依据
学习成果	一周休闲时间与休闲活动调查简报

一周休闲时间与休闲活动调查,如表1-1所示。

表1-1 一周休闲时间与休闲活动调查

活动项目	星期一	星期二	星期三	星期四	星期五	星期六	星期日	时数合计
休闲时数								

◆ 案例引导

中学生暑期休闲活动调查

2010年,国家社会科学基金"中学生学习与生活状况的现状调查研究"课题组运用问卷调查法,对全国东西南北中五大地区9个省(市)二十余所城乡学校一万余名中学生的暑期休闲活动进行了调查,结果如表1-2所示。

表1-2 中学生在暑期各项休闲活动中的人数及百分比

暑期休闲活动	选择人数/人	百分比
A 学习	5421	58.9%
B 体育活动(锻炼)	2720	20.6%
C 文艺活动(如音乐舞蹈)	621	6.7%
D 棋牌书画等	898	9.8%
E 看电影、电视	6010	65.3%
F 社区活动(或农田活动)	729	7.9%
G 旅游或探亲	1472	16.0%
H 逛街购物	1861	20.2%
I 上网(或待在家里)	5024	54.6%
J 参加聚会	576	6.3%
K 手机短信	1049	11.0%
L 兼职打工	341	3.7%
M 其他	242	2.6%

(案例来源:陈传锋,杜梦石.中学生暑期休闲活动调研报告[J].教育研究.2010(11).)

思考:中学生暑期休闲活动有什么特点,是否有利于身心健康?

第一节 传统休闲与现代休闲

一、传统休闲

传统休闲:静,传统休闲的方式在现代社会也普遍存在。

《庄子》:"其心闲而无事"。《文选·孙绰〈游天台山赋〉》:"于是游览既周,体静心闲。"李善注引王逸《楚辞》注"闲,静也。""闲,雅也,指品质。"因此,古代中国人对"闲"的理解不仅是余暇、消遣的时间概念,而是一种心境。休闲所特有的文化内涵表达了人类生存过程中劳作与休憩的辩证关系,又喻示着物质休闲之外的精神生命活动。

显而易见,"休"与"闲"蕴含着三种"和谐"关系。

首先,人与自然关系的和谐,它告诉人们,人是大自然的组成部分,因此人是不能随意破坏自然的,而敬畏自然是人类天经地义的事。在古代,中国人往往将"天地"称为"上苍",并作为心中的"神"来对待。因为"大地"播撒五谷、善待六畜,让人们丰衣足食;"天穹"则赐予阳光雨露、四季轮回,自然美景可以滋养人性、陶冶性情。

其次,人与人关系的和谐,一般而言,人们都有追求"吉庆、欢乐、美善、福禄"的目标与愿望。而要其实现,都有赖于人与人之间心性的真诚、澄明、纯洁,有赖于人与人之间的道德与法度、规则与约束。因此,"闲"可造就人的品质,达成人与人之间关系的和谐。这是中国古老文化中最宝贵的一笔财富。

最后,人与人自身的和谐,即身心和谐、动静和谐、脑体和谐、忙闲和谐,也隐喻着人们对快乐生活的追求,对物质生产之外的精神生命活动的关注。当我们处于心闲、致远、无为的状态时,作为个体的人才能有感知快乐、融洽万事万物的能力,才有可能成为了不起的人。

休闲引导的"三个和谐"的理念还可以在儒家、老庄思想中得到体现。

儒家思想中重视"礼治天下、建立仁政",主张"兴于诗,立于礼,成于乐",认为"游憩"很重要,并体现在"礼、乐、射、御、书、数"六艺之中。在儒家看来,丰富多彩的休闲生活是人生的最高审美活动。

道家强调"静观玄览",以此达道,突出人的自省与内敛的色彩,重视个人的悟性。"道生之,德蓄之,物形之,势成之。是以万物莫不尊道而贵德。道之尊,德之贵,夫莫之命而常自然。"

以"中"为度,以"平"为期,实现人体内部环境与人体外部环境的协调与和谐,并由此洞见和构建人性之美。

庄子通过"心斋"和"坐忘",追求内心冥寂、与时而动、与物而化、无所不适。"夫明白于天地之德者,此之谓大本大宗,与天和者也;所以均调天下,与人和者也。与人和者谓之人乐,与天和者谓之天乐。"(《庄子》)因而"游乎四海之外"的"逍遥游"和"观天地之大美",成为中国人休闲智慧的最高境界。

古代圣贤们常常将休闲与自然哲学、人格修养、审美情趣、文学艺术、养生延年紧密地连在一起。正是这种人生智慧才能产生诸如《易经》《道德经》《论语》《逍遥游》《诗经》，以及楚辞、汉赋、魏晋骈文、唐诗、宋词、元曲到明清闲适小品的文化经典，也孕育了中国人的"合和"文化特质。

尽管那时候可供人们"休闲"的内容十分有限，但是精彩的文化创造在民间仍是俯拾皆是，比如，太极、庙会、放鹰、养鸟、观鱼、垂钓、猜谜、楹联、诗社、书院、风筝、踢毽、打拳、舞剑、啜茗、书市、园林、国画、曲艺、管弦、戏曲、书法、金石……表达着中华民族的聪明与智慧、道德与伦理、勤劳与善良。

东晋诗人陶渊明的诗句"采菊东篱下，悠然见南山"，宋代诗人苏东坡在其短文《临皋闲题》中写到"江山风月，本无常主，闲者便是主人"。当代散文家林语堂曾在《生活的艺术》一书中说："让我和草木为友，和土壤相亲，我便已觉得心满意足。我的灵魂很舒服地在泥土里蠕动，觉得很快乐。当一个人悠闲地陶醉于土地上时，他的心灵似乎那么轻松，好像在天堂一般。"

 唐代女性休闲活动

二、现代休闲

现代休闲的主要特点是"动"。以"动"为中心的现代休闲方式实际上有以下几个方面的功能。

第一是交往的功能，就是通过大家的集体休闲活动，来增强人与人之间的交往。

第二是运动的功能，通过运动的方式使自己得到锻炼，甚至获得一种成就感。

第三是文化性休闲，这里的具体方式和表现有很多，在文化休闲的过程中，也能让人感受到自己的升华。

第四，现代休闲一定意义上是和时尚连在一起的。现代休闲能够变成时尚，也正说明休闲对人的吸引力越来越大，已经逐步成为一个社会的潮流。时尚总是在不断变化之中，这也就意味着现代休闲的方式以动为中心并且在不断更新，不断创造，不断地把人引向一个新的高度。

同步练习 列举以"动"为特征的休闲活动。

第二节 东方休闲与西方休闲

各个国家在经济、技术、社会、文化等方面都各有不同，体现在休闲风格上也各有不同。

这种休闲风格有它的历史传承,也有现在的表现,还有在新时代、新时期的一些新的变化。

一、美国的休闲

美国的休闲风格激烈,这是美国文化的一个非常突出的特点。美国人走路速度很快,干活非常玩命,说话很简单。美国人经常争论,但争论并不影响彼此之间的关系,而是追求争论背后有意义的结果。美国文化特点下形成的激烈的休闲风格也使得美国人可以创造出各种新颖的休闲方式,尤其是对自我挑战的程度非常高,他们追求速度,追求刺激,甚至追求一种狂妄。国家的高度自由化使得其国民从小就形成了突出的个性,这对诸如极限运动在美国的萌芽有很重要的影响。此外,在美国的大学里最受大家尊敬的是体育明星,如果你是校橄榄球队的四分位,那就会受到很多女生的仰慕和尊敬。相反,如果你学习成绩第一未必能获得这种"待遇",因为到学校来的主要目的就是学习,学习成绩好是应该的。如果能够在学习之外玩出新鲜花样来,那才是NO.1。

美国文化产生了美国追求创新、追求刺激的休闲风格,体现在休闲方式上往往是花样百出。同样是滨海休闲,中国人的方式是到海水里去泡一泡,然后上来了,下去还不敢游多远。美国人不仅在海上要玩得深入,还要在海滨玩沙滩摩托车、沙滩越野车以及沙滩滑板等。

二、法国的休闲

法国人的休闲方式具有浪漫的特点,这种浪漫是在深厚的文化积淀之下形成的。最典型的表现形式是在法国的大街小巷都可以看到咖啡座,而且所有的位置都向着大街,一排一排的,喝咖啡的人以看街上的行人为景,街上的行人以看喝咖啡的人为景。这些喝咖啡的人所追求的并不在于喝咖啡本身而是喝咖啡所带来的体验,因此,一杯咖啡喝上两三个小时也不足为奇。

法国人的休闲生活还体现了对文化的追求。巴黎有好几百个博物馆,而且这些博物馆多数情况下都有不少参观者。有人在下雨天去看罗丹的雕塑,结果发现一百多人排着队,打着伞,安安静静地等着看雕塑。按理说,罗丹的雕塑在法国已经很长时间了,应该比较容易看到,更何况那天还下着雨,参观的人应该不会太多。从这个现象,可以在一定程度上反映出法国人文化休闲的特点,反映出法国人对生活的真正追求,对休闲的态度。既然想看罗丹的雕塑,想欣赏艺术,就得有艺术的心态,要有一种艺术的眼光,而且对于文化的追求、对于艺术的追求都是无止境的。很多法国人都把自己的闲暇时间用在了这个方面。

三、英国的休闲

英国人的休闲多具有绅士风格。这种绅士风格不仅体现在上层,同时也体现在下层。英国人彬彬有礼、绅士风度十足的形象,在休闲度假方面体现得非常充分。比如,英格兰的乡村旅游,与中国的乡村旅游差别很大。

英国的乡村自然环境极好,而且努力寻求一种原生态的状态。在那样的环境里有一些古城堡、古庄园、老村落,看到那样的场景,就会让人感觉到这个地方值得旅游。同样,这种绅士的风度所体现出来的优雅,也需要一个积累的过程。

有一次,游客从伦敦去看莎士比亚的故居,在路上看到路边有个建筑看着像个餐厅,这个餐厅后边的背景是小教堂、小村庄,餐馆里一群老人在喝啤酒,这是一个非常令人向往的优雅意境。在这样的环境中吃一餐饭,会有一种非常好的感觉,或许终生难忘。

英国这样一个绅士风格的社会文化,培育出的一套休闲文化就是优雅。保龄球、高尔夫球等类似的一系列的运动都是在英国产生的。这种运动的产生意味着绅士的另一方面非常讲规则。就连小孩做游戏,第一句话就是怎么玩。怎么玩就是讲规则,没有规则不可能有游戏。现在游戏规则已经演变成一个通行的词汇,不仅限于游戏,社会生活各个方面的事情,首先要树立游戏规则。这实际上反映的是社会逐步规范的过程,也正是在这个规则的前提之下,才可能培育出英国的绅士文化。

四、日本的休闲

日本在休闲方面有多方面的表现。

在日本非常复杂的文化组合里,同时派生出了非常复杂、很难为外人理解的休闲文化。比如,下了班之后去喝酒是日本一种典型的休闲现象。一方面,这种休闲选择是体现个人亲和力以及良好的人际关系的结果;另一方面,这也在一定意义上体现了对平等的追求。因为在上班的时候,企业里、单位里有严格的科层制度,下班之后老板和雇员一起喝酒,局长和部下一起喝酒,这是种通过休闲来释放工作中的等级制下的压力的方式。当然,平常接触时的日本人往往彬彬有礼,日本人也很注意抱团对外,很注意日本人形象,但对某些事情上又不太注意形象。这些实际上反映了日本文化的一种特质性影响,是日本民族的复杂性导致了这样一种复杂的休闲方式和复杂的休闲风格。

 国内外市民的休闲生活

五、中国的休闲

中国的休闲是一种内卷式的休闲,其主要的休闲方式是室内休闲,而非户外休闲。室内休闲的主要方式是打麻将、打扑克,以及由此派生的一系列活动方式。内卷的方式恰恰是作为主流文化的农耕文化的一种体现。当然,这种特性也随着时代的发展、社会的变化而在渐进地发生着变化。比如,年轻一代逐步成长起来,很多形态变化了,方式也在变化。但传统的内卷式休闲方式依然普遍存在,这就涉及研究休闲的经营、休闲的服务、休闲的管理等一系列的问题。如果对中国人内卷式休闲特性研究不透,显然会影响到经营、服务、管理以及产业发展等方面的判断。

中国人内卷式的休闲风格是长期形成的。从历史的角度而言,那是文明传承、传统文化影响的结果;从当代中国的角度而言,则是由于我国的独生子女居多,从而间接地降低了休闲活动时对风险的承受能力。与美国人倡导孩子去冒险、日本人倡导孩子吃苦教育等方式不同,多数中国家庭无论如何都不愿让自己的孩子去冒险、吃苦。前些年有一件很有争论的事情,即中、日两国孩子比较,共同参加野营活动,在野营过程之中,中、日两国孩子在吃苦精神、解决困难等方面表现迥异。随着我国社会的进步,个性的逐步发扬,很多体现个性的休闲行为也正在逐步扩大影响,但是还很难成为生活的主流。比如,现在也有些人出去冒险去了,但这种冒险还缺乏科学的支撑,短时期内还很难内化成为文化的体现。

2006年"五一"黄金周出现了两个比较典型的案例:第一个案例是在内蒙古的库布齐沙漠,42名北京游客在沙漠里迷路,经过20多小时的联合营救,仍有一名游客因脱水死亡;第二个案例是有43名游客由天山南坡向北坡翻越,欲徒步穿越车师古道,结果碰上大雾和暴风雪,其中31人(包括5个孩子,最小者仅6岁)失踪,后经全力营救,所幸这些失踪者均告脱险。这两个案例很有典型意义,说明传统的内卷式休闲方式已经不能满足人们的需求,说明追求个性的一代人已经产生,但离成熟还有很长的距离,离探险时代的到来还有距离。类似的现象还会产生,但是很难成为潮流,很难成为社会主流。比如,库布齐沙漠尽管面积很大,但是,案例中游客所选目的地的路不是很难走,只要这些"沙漠探险者"做好充分的准备(包括物质准备、精神准备和技能准备),就不会出现这样的事情。

第三节　积极休闲与消极休闲

一、积极休闲

积极休闲是指个体主动参与到休闲活动中,并强调在具体的休闲活动中的自由发挥,谋求在身心、知识等方面的收获与成长。当然这其中的具体方式可以各有不同,可以是登山,也可以听一场音乐会,或者是乡村生活体验。无论具体方式是什么,是不是属于积极休闲,关键是看休闲最终给每个休闲个体带来的结果是不是促进了个体的成长。

二、消极休闲

消极休闲是指个体是被动地参与休闲活动。具体表现为,有时候是在他人要求下才参与到休闲之中,有时候虽然从现象上看是自己的主动选择,但在精神状态上是一种被动的。打麻将、睡懒觉、喝大酒是典型的消极休闲。

消极休闲的第二个特点是无聊或心烦,可以说,消极休闲实际上体现了一种无聊的心态,最终体现了一种萎靡的人生态度和生活方式。

同步练习　举例说明积极休闲活动与消极休闲活动。

第四节　室内休闲与户外休闲

从狭义的空间角度而言，休闲可以分为室内休闲和户外休闲两种方式。

一、室内休闲

室内休闲是目前主要的休闲方式，也是目前城市休闲体系的重要基础。城市常见的茶馆、咖啡厅、酒吧、台球厅、体育场馆都是室内休闲的概念。随着竞争的加剧，这些常见的休闲业态也出现了很多创新，并通过创新形成的多样化产品，进一步推动室内消费空间的拓展和室内休闲消费市场的发展。

（一）电视休闲方式

从全世界来看，电视休闲方式都是一种主体性的休闲方式。美国人在研究休闲的时候也发现，电视作为一种主要的休闲方式很难替代，但它的确会造成系列问题。其中有两个弊端尤其值得关注。其一是虚假取代了真实。人们往往把电视里表现的生活认为是真实的生活，一定意义上反而觉得自己的现实生活是虚假的、异化的。电视浓缩了生活，同时，有些电视也扭曲了生活。其二是极端进入了日常，电视台为了吸引观众，提高收视率，它所表现出来的方式很多都是极端的。如果我们把这些极端的方式当作日常生活的参照系，一定意义上降低了日常生活的质量。电视行业在不断地创新，花样越来越多，也把越来越多的人"绑架"在电视机面前。但是，作为一种主体性甚至统治性的休闲方式，这其中还有很多问题需要研究，比如，电视的内容怎么创新，具体方式怎么创新。

（二）室内娱乐方式

具体来说，室内娱乐方式有三类。第一类是益智类的休闲活动，比如，打牌、读书、参观博物馆等。第二类是娱乐类的休闲活动，比如，唱卡拉OK、玩飞镖、看电影等。第三类是运动类的休闲活动。运动类的室内休闲往往与娱乐类的室内休闲紧密联系在一起，比如，打保龄球，很难简单地说这是运动类的还是娱乐类的。当然，室内的运动如果没有相应的娱乐元素注入，恐怕这种运动也很难持续下去。

（三）网络休闲方式

作为娱乐工具和休闲方式的互联网，应该说它现在起的作用越来越大。网络休闲方式主要有以下几种。

第一种方式是竞赛。网络游戏的功能不仅是自己和自己竞赛，自己和设计者竞赛，而且通过互联网形成的游戏可以形成群体之间的竞赛，这种竞赛所培育出来的吸引力不可低估。有的孩子之所以在网吧里玩游戏几天几夜不睡觉，甚至有些玩家因为网络游戏而猝死，这说明网络游戏有着类似毒品的吸引力，很容易让人上瘾。

第二种方式是欣赏。网络极大地改变了我们获取信息和分享信息的方式,通过网络的方式我们可以获取到很多其他的信息。

第三种方式是交际。网络创造和扩充了新的休闲方式,当然在这个过程中产生了很多负面的东西,但是,不能因为产生负面作用就禁止网络娱乐休闲。

几年前,韩寒与白烨的博客论战产生了很大影响,甚至形成了网络暴民。作家陆天明出来替白烨说了几句话,结果网民们统统开始攻击他,其子陆川站出来说话,"自己很矛盾,一方面我作为年轻人,我对于博客的这些人有同情心,另外一方面我要保护我父亲",后来网民们又开始攻击他。或许,以后还会产生新的方式,或者说进一步来看,网络不仅是一个信息传递工具,网络的娱乐方式、娱乐功能将会越来越突出。

二、户外休闲

应该说,户外休闲的方式很多,消费成长的空间很大。从世界范围来看,户外休闲发展最典型的是美国,然后是欧洲。相比而言,亚洲人对于户外休闲并不是很积极。这其中大概有东西方文化差异的原因。随着全球化发展,消费方式的全球化趋势也在户外休闲上得到了充分的体现,我国的户外休闲正在逐步成长起来,尤其是伴随着"80后""90后"消费群体的成长,户外休闲的方式也越来越多,攀岩、徒步等各种户外休闲都得到了很好的发展。

(一)城市休闲

休闲是城市的主要功能之一。城市休闲主要分为以下几类:

1. 观赏类的休闲

比如,看看城市里的景点,晚上逛逛街(常常是逛而不买)。通过这种观赏,个体会得到一种满足和愉悦,会得到一种动力。当然,也不排除有的人是购物狂,希望通过疯狂购物来排解压力。

2. 交际类的休闲

交际类的休闲是通过城市休闲方式增强人与人之间的交往。比如,上海的新天地、北京的什刹海,虽然这些地方的东西很贵,很多时候甚至物非所值,但是,很多人喜欢这种环境,希望在这样的环境中活动,增加相互的关系。

3. 消遣类的休闲

消遣也是城市休闲方式的一种,如卡拉OK。卡拉OK是什么,卡拉OK不就是消遣吗?为此,还有组织给卡拉OK的发明者颁发了一个娱乐类的大奖,认为他对娱乐行业的贡献极大,尤其是给东亚人的娱乐方式带来了天翻地覆的变化。比如,欧洲人基本不唱卡拉OK,之所以日本人发明卡拉OK,并在亚洲其他地区非常流行,这其中缘由可能与亚洲人的文化传统与性格特征相关。亚洲人在正常的环境下不爱表现自己,比较羞涩、含蓄,而且在文化传统上并不鼓励人的创新,也不鼓励人的个性化。因此,人们一旦到了特定的环境里(如卡拉OK厅),就有一种终于找到发泄渠道的痛快。比如,有人光顾着自己亮嗓子的痛快,并不管其他人耳朵痛快否,幸而在这样一个特殊的环境下,大家对这种休闲方式已经接受了,并且在这样的消遣过程中人际关系得以进一步拉近。当然,现在卡拉OK厅的休闲方式也越来越多,包括掷色子、喝酒等,这是一种城市休闲方式。

城市休闲也是目前十分重要的休闲之一,但相对应的城市休闲体系建设还存在很多欠缺和不足。有时候城市休闲的要素已经具备,但这些休闲要素的内涵和质量还有待提高。比如,城市广场是城市休闲的重要组成部分,现在很多城市都建有城市广场,但是这些城市广场在亲民、近民等方面做得还不够,城市广场的文化性还有待提高,城市广场的广场文化还没有形成。

(二)环城市周边休闲

随着假日制度的改革,一周五天工作制的确立,环城市周边休闲逐渐成为人们新的休闲方式,城市周边的度假村、运动设施及景区得到快速发展,逐步形成了环城市休闲游憩带。这个休闲游憩带可以是围绕着城市核心区的远郊区县,也可能是另一个行政管辖范围内的休闲空间。比如,河北省提出的环京津休闲度假带的发展战略,就是希望将河北省管辖内的环京津区域建设成京津市民的休闲目的地。

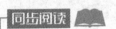 休闲的新兴领域

(三)乡村休闲

简单而言,乡村休闲就是指发生在乡村空间范围内的休闲活动。它主要以乡村空间环境为依托,以乡村独特的生产形态、民俗风情、生活形式、乡村风光、乡村居所和乡村文化等为对象,利用城乡差异来吸引城市居民进行包括乡村地区观光、乡村生活体验、乡村活动参与在内的各类休闲活动。比如,到乡村从事农事耕作、到乡村骑马放牧或者到乡村进行露营等。

(四)异地休闲

异地休闲方式是指观光、度假和由此构成的一些复合性的方式,这些成为异地休闲的主体方式。异地休闲的消费空间非常大,这也是传统旅游的主要领域。实际上,在休闲学中将旅游定位为流动休闲,因为旅游就是通过流动到异域的方式来实现人们的休闲需求。

在发展的过程中,技术越来越进步,生活条件越来越改善,在这样的过程中也会有新的东西不断产生。比如说,现在家庭娱乐的方式,老一代的人以电视为中心,新一代的人以网络为中心,实际上哪怕是同处一室,也会形成两个孤岛,这个也很可能产生新的代沟。以后也会创造出新的休闲方式,这种新的休闲方式的发展,也可能一方面促进人的交往,另一方面又可能造成人的隔膜,各种情况都可能发生。所以,我们在研究一些问题的时候,也要不断地跟踪休闲方式的变化,进一步研究这些新的休闲方式对社会的影响、对经济的影响,这种孤岛式的休闲方式总体来说对经济的拉动作用不大,所以,我们应该打破这种孤岛,尽可能形成海洋。

第一章 认识休闲活动

本章小结

休闲活动种类繁多,差别万千,从时间维度可划分为传统休闲与现代休闲,从地域维度可划分为东方休闲与西方休闲,从态度维度可划分为积极休闲与消极休闲,从场域维度可划分为室内休闲与户外休闲。

关键概念

传统休闲　现代休闲　积极休闲　消极休闲　室内休闲　户外休闲

复习思考

1. 复习题

(1) 说明古代休闲和现代休闲的特征。
(2) 说明不同国家休闲活动特征。
(3) 说明积极休闲和消极休闲区别。
(4) 举例说明室内休闲与户外休闲。

2. 讨论题

休闲方式与地域、文化的关系。

拓展案例　武汉市居民休闲方式选择倾向及特征研究

一、研究方法和样本构成

本项研究主要采用问卷调查法,调查对象以在职人员为主。课题组于 2004 年 7 月在武汉市内公共娱乐场所、公园、图书馆、社区及部分企事业单位发放问卷 500 份,回收有效问卷 485 份,有效率为 97%。以下是本次调查样本构成的基本情况:

(1) 性别构成。男性 57%,女性 43%。

(2) 年龄构成。18 岁以下 2%,19~25 岁 49%,26~35 岁 29%,36~45 岁 11%,46~60 岁 5%,60 岁以上 4%。

(3) 职业构成。工人 15%,企事业管理人员 16%,教育卫生科研单位从业人员 14%,学生 12%,自由职业者 10%,公务员 7%,个体劳动者 2%,农民、军人、文体从业人员均为 1%,其他 21%。

(4) 文化程度。初中及以下 4.5%,高中、中专、职校 28%,本科及大专 49%,硕士及以上 18.5%。

(5) 家庭月收入。1000 元以下 36%,1000~3000 元 43%,3000~5000 元 15%,5000~8000 元 4%,8000 元以上 2%。

综合来看,在本次调查中,在企事业单位从事管理和服务工作的中青年人占了较大比重。他们受教育程度较高,个人文化素质较好,收入也较为稳定,是参加城市休闲活动的主体部分。因此,本次调查样本提供了比较合理和现实的研究视角。

二、居民休闲方式选择倾向

1. 从事休闲活动时同伴的选择

在从事休闲活动时同伴的选择上,60.12%的被访者选择与朋友在一起,21%的居民选择了家人,选择同事和单独从事休闲活动的分别为11%和7.1%,其他为2.98%。家庭是亲情和血缘关系的代名词,而朋友是友情和地缘、业缘关系的象征物。武汉居民参加休闲活动时选择朋友的比例高于选择家庭成员约39个百分点,充分表明武汉市民参加休闲活动时具有显著的社交开放性和活动自由性的价值倾向,在一定程度上折射出武汉市民"爱交友,重友情"社会风气的本质特征。从不同性别群体看,男性市民选择朋友的比例为57.89%,女性为62.35%。由此说明,女性在选择休闲伙伴时所具有的外向型特点更为明显。

2. 不同时间段休闲活动方式选择

在平时,武汉市民最普遍的休闲方式是以看电视为主的娱乐类活动,占56.11%。其次是逛街、购物、外出就餐等占19.10%。旅游活动位居第三,占8.04%。这表明以看电视为主的休闲方式构成了市民平时休闲活动的主要内容。

在周末,逛街、购物、外出就餐的比例从平时的19.10%上升为33.17%,位居市民休闲活动的首位。看电视等娱乐类活动所占比例则大幅降至30.35%,比平时下跌约26个百分点,退居其次。而各种交往性的社会活动比例逐渐上升至第3位。从不同性别群体讲,男性市民在家看电视的比例比平时下跌了22个百分点,只有33.63%,而从事外出旅游、吧类消费、业余爱好以及社会交往活动的比例显著增加。

在节假日,最明显的变化是选择外出进行旅游度假的比例大幅提高,占51%。尽管看电视等娱乐活动回升至第二位,但所占比重继续减少,仅占16.5%。而原来占有重要地位的逛街购物和外出就餐活动,则被走亲访友等富有社交内涵的休闲活动代替,约占9.5%。

3. 不同时段休闲活动场所选择

休闲场所是市民休闲活动方式实现的空间载体。在休闲时间、休闲方式和休闲动机互动的格局中,市民选择不同的休闲方式,其所依赖的场所会有所不同。即使是相同的休闲方式,也会因不同的时段而导致场所的变更。

平时休闲活动场所选择。家庭以60.03%的比例排名第一,这与看电视作为市民主要休闲方式的选择高度吻合。社区活动场所和商场、超市或夜市并列第二,均占7.54%。这表明居民平时主要以家庭为中心开展休闲活动,同时辐射到社区及周边的商业大街。从不同性别群体看,男女市民将家庭作为主体休闲场所的选择基本一致,只是在其后的选择上,男性市民较多选择社区附近的娱乐性室内活动场所,而女性较多倾向于购物型商业大街。

周末休闲活动场所选择。尽管家庭仍然是市民休闲活动的主要场所,但是,与平时相比大幅下跌了42个百分点,仅占17.59%。值得注意的是,市民选择风景区、公园等户外休闲活动场所的比例显著增加,与家庭并列首位。而选择市内公共娱乐场所的比例也升至17.09%,占据第三位。虽说不同性别群体在具体选择场所方面各有侧重,但是,在周末时段,市民表现出来的共同倾向就是休闲场所的选择开始由室内转向室外,由家庭型场所转向公共型场所,由单一和封闭趋向多元和开放。一个明显的变化是,在平时除了家庭作为主要休闲活动场所一类外,没有第二类活动场所的比例能够达到两位数,而周末,除家庭外,还有公共娱乐场所、商场、风景区等四种活动场所的选择比例达到两位数。

节假日休闲活动场所选择。活动场所选择比例最高的是风景区、公园、广场等户外型场所,占总数的 37.69%。家庭以 18.09% 的比例位居第二。其他如商场、公共娱乐场所的选择比例均为 8.04% 左右。

从不同性别群体讲,女性对风景区、公园、广场等户外场所的渴望程度要比男性市民多 5 个百分点,达到 40.0%。这一选择倾向的差异与女性群体选择休闲伙伴的开放心态以及从事休闲活动的外向型特点基本吻合。

4. 不同时段休闲活动时间的分配

在平时,多数居民的休闲时间为每天 2~3 个小时,其次是 3~5 小时,两者总计达到了 71.5%。在周末,居民拥有 4~10 小时的比例最高,达到 44%,其次是 10~15 小时,占 25%。在节假日,居民的休闲时间比平时和周末有了较大的增加,33% 的居民有 3~5 天的休闲时间,32% 的居民甚至达到了 5 天以上。纵向比较看,武汉市民每天现有的闲暇时间与 1997 年每天 5 小时 58 分钟相比,在总量上基本相似。从横向对比,与国内其他大城市市民平时 5 小时、周末 7 小时的闲暇时间拥有总量也相近。

5. 不同时段休闲消费额度的支配

从休闲消费支出看,约有 78% 的被访者平时花费都在 100 元以下,周末休闲消费支出在 300 元以下的占 74%,在节假日 62% 的居民休闲消费支出在 1000 元以内。显而易见,居民主体部分在不同时段的休闲消费构成与被访者家庭月收入 3000 元以下占 79% 的分布现状相吻合,说明居民的休闲消费动机比较理性,休闲消费支出占家庭收入的比重较为合理。当然,在长假期间,有 25.5% 的居民休闲花费在 1000~3000 元之间,表明被访者中间约有 14% 的人会进行中长途距离的旅游活动。而同时仅有 12.5% 的居民休闲消费支出在 3000 元以上,又揭示出一个基本态势,也即在现阶段,真正具备从事高端休闲消费能力的居民只占城市居民的少数。

(案例来源:金倩,楼嘉军.武汉市居民休闲方式选择倾向及特征研究[J].旅游学刊.2016(1).)

讨论:

1. 不同群体的武汉市居民休闲方式选择有何特征?
2. 不同群体休闲方式选择的影响因素有哪些?

第二章
理解休闲内涵

◆ **本章导读**

如今,在中国民众中相当多的人对"闲"的价值缺乏正确认识,有人一说到"闲"就是吃喝玩乐、打麻将;有人把"闲"与"闲生是非"、"玩物丧志"相提并论;有人认为"闲"就是外出旅游、购物,也有人把闲与工作对立起来,仍把有假不休、超负荷工作当成"美德",导致身心俱疲,甚至早逝等等。这些认识误区的原因之一是许多人缺乏对休闲正确的认识,全社会缺少休闲教育。

◆ **学习目标**

1. 识记:概述闲暇、休闲、游戏、旅行、旅游等概念。
2. 理解:描述闲暇的价值和休闲的价值。
3. 应用:解释休闲与闲暇、劳作、游戏的关系。
4. 分析:辨析休闲活动与旅游活动的异同。

◆ **学习任务**

名 称	"何为休闲"
学习目标	1. 理解休闲内涵与外延 2. 描述休闲的特征
学习内容	闲暇时间、休闲、游戏、旅游
任务步骤	1. 分组:3~5人为一小组 2. 个人独立思考"何为休闲",在纸上写出答案 3. 与一位同伴交换意见,完善答案 4. 小组内分享答案 5. 以小组为单位画出"何为休闲"思维导图 6. 小组代表在全班分享
学习成果	"何为休闲"思维导图

第二章 理解休闲内涵

◆ 案例引导

毛泽东的麻将智慧

毛泽东的遗物中有两副麻将牌,一副为牛骨质地,另一副为塑料质地。毛泽东不止一次对麻将做过评价。他曾说:"中国对世界有三大贡献,第一是中医,第二是曹雪芹的《红楼梦》,第三是麻将。不要看轻了麻将……你要是会打麻将,就可以更了解偶然性与必然性的关系。麻将牌里有哲学哩。"

1949年,当国共和平谈判代表抵达北平之后,毛泽东在中南海会见国民党谈判代表刘斐和黄绍。当谈到个人爱好时,当时对前途茫然的刘斐借机向毛泽东试探道:"你会打麻将吗?"毛泽东随口答道:"晓得些,晓得些。"刘斐接着问:"你爱打清一色呢,还是喜欢打平和?"毛泽东反应敏捷,立即明白了对方提出这个问题的用意,笑着答道:"平和,平和,还是平和好,只要和了就行了。"刘斐笑道:"平和好,那么还有我一份。"后来,国民党拒绝在《国内和平协定》上签字,和谈破裂。刘斐却下定决心,留在了北平。此事一时传为佳话。

毛泽东打麻将时常会由此及彼。有一次,毛泽东和叶剑英等人打麻将。开始时,毛泽东幽默地说:"咱们今天搬砖头喽!"大家以为他只是随口说笑而已,谁知他又连说了几遍"搬砖头喽"、"搬砖头喽"!毛泽东察觉到在座的人不理解,就解释说:"打麻将好比面对着这么一堆'砖头',这堆'砖头'好比一项艰巨的工作。对这项艰巨的工作,不仅要用气力一次次、一摞摞地把它搬完,还要开动脑筋,发挥智慧,施展才干,就像调兵遣将进攻敌人一样,灵活运用每一块'砖头',使它们各得其所,充分发挥作用。你们说,对不对?"大家这才明白他说"搬砖头"的含义,都笑了起来。他接着说:"打麻将这里有辩证法,有人一看手中的点数不好,就摇头叹气,这种态度我看不可取。世界上一切事物都不是一成不变的,打麻将也是一样。就算是最坏的点数,只要统筹调配,安排使用得当,就会有以弱胜强的可能。相反,胸无全局、调配失利,再好的点数拿在手里也会转胜为败。最好的也会变成最坏的,最坏的也会变成最好的,事在人为!"

(案例来源:马惠娣.毛泽东的麻将智慧[J].政府法制,2009(5).)

思考:毛泽东主席从麻将牌的活动中得到了哪些收获?

第一节 休闲与闲暇

一、什么是"闲"

(一)"闲"的释义

闲暇和休闲,这两个词中都有一个"闲"字。"闲"首先是一个时间概念。自古以来,中国人有一个观念,那就是在工作时间内做的才是正事,而在闲暇时间做的"闲事"就是与"正事"相对立的事情了。闲事有两个含义:一是与自己没有多大关系的事,插手这种事情就是多管闲事、瞎管闲事;还有一个含义便是"无关紧要的事",去做这种事情是很不值得的。

同步思考 分析休闲的词源,说明休闲的本质。

　　罗列一下带"闲"字的词语,大多是贬义。比如:闲谈、闲聊、闲扯、闲问、闲说、闲言、闲话、闲舌等等,甚至连对写"闲文"的人都给予白眼。再比如,形容行动方面的词汇有闲串、闲逛、闲游、闲遛、闲荡、闲玩、闲耍。又比如,形容无所事事的词语有闲散、闲坐、闲居、喝闲茶、吃闲饭、管闲事。另外,还有发"闲愁"、生"闲气"等等,只要带上个"闲"字,就可以说都是属于无关紧要的事。

　　如果用来形容人,有闲人、闲身、闲民等词语,官吏中有闲官、闲职、闲冗、闲曹,乃至像闲杂人等这样的词语。总之,带上个"闲"字的人,他们的地位总比不带"闲"字的要低不少。"闲话"、"闲言碎语"之类的东西,它们上不了台面,你可以置之不理,从它们在社会上所起的作用而言,其重要性也就打很大的折扣。

　　"闲"在《词典》中也有很美好的解释,比如,"闲",通常引申为范围。多指道德、法度。《论语·子张》:"大德不逾闲。"其次,有限制、约束之意。《易·家人》:"闲有家"。"闲"通"娴",具有娴静、思想的纯洁与安宁的意思。不知"闲"的这种意境从什么时候开始演变出来那么多的负面作用,至今,相当多的人对"闲"的理解还没有走出这种误区,甚至把"度闲"仅仅理解为吃喝玩乐。所以,很有必要为"闲"正名。

　　1996年初,于光远在"论普遍有闲的社会"一文中指出,争取有闲是生产的根本目的之一。闲暇时间的长短与人类文明的发展是同步的。从现在看将来,如果闲的时间能够随着生产力的发展进一步增加,那么闲的地位也可以进一步提高。这是未来社会高速发展的必经之路。

　　从社会发展规律的角度看,闲是社会进步的特征。马克思曾经说过,闲暇的增长,首先取决于劳动工作日的缩短;缩短工作时间,增加自由时间,不仅对于恢复构成每个民族骨干的工人阶级的健康和体力是必需的,而且对保证工人有机会来发展智力,进行社交活动和政治活动也是必需的。

　　"闲"是人在社会生活中不自由的劳动与自由的劳动在时间上的分配状况。这种分配状况,在某个社会、某个时间,作为既成事实是不以我们的意志为转移的。它属于一个国家一个地区发展水平的范畴。"闲"不只是生产力和文明进步的结果,也是促进生产力、发展生产力的重要因素。

　　我们在这里讨论的闲暇,是指"非劳动时间",是人们在履行社会职责及各种生活时间支出后,由个人自由支配的时间。如今,我国公民所拥有的闲暇时间越来越多,1995年我国开始实行每周五天工作制;1999年起又实施"三个长假日"。整体上我国公众普遍享有的国家法定假日全年有110多天。其中一些群体的闲暇时间拥有量更多,比如:学生的寒暑假,全年约140~160天。从事第一产业的农民,由于机械化程度的提高,全年约有半年闲。从事第二产业的工人,由于国家产业结构的调整,约有4000万人处于待业、失业、不稳定工作状态。退休人员绝大多数是赋闲在家。就业结构多元化、工作形式多样化、生活需求多模式化使得"弹性时间工作制"成为更多年轻人的选择。家庭现代化设施的不断完善，使人们用于家务劳动的时间日趋减少。的确，我们正在走向有闲社会。

（二）"闲"的形态

马惠娣认为"闲"分为"一般的闲"和"特殊的闲"。一般的闲，指的是人们正在做和必须做的事情可以减少，而获得更多的时间。这个时间可以去做那些不得不做的事情之外的其他事情。"闲"的状况是多种多样的，我们不能只讲"闲"的一般，不去想一想"闲"的特殊。也就是说"闲"是有各种不同的"闲"。在不同的历史时代，在不同的社会制度下，在不同的时间地点和条件下都会有不同的或不完全相同的"闲"。

一般的"闲"，是从职业观点来讲的。自工业社会以来，对工作时间都有一般的规定。比如，多年来在城市的机关、工厂、学校、商店中，实行每天工作八小时，每周六个工作日，一般在星期日休息的制度。在西方国家实行得比较早，这与那些国家的居民信奉的宗教教义有关，也与社会生产力的水平有关。

特殊的"闲"是指有一些人无所谓工作日与假日，广大农村居民就是这样。他们的闲暇时间是不按法律规定的工作时间和假日，而是由农村居民自己掌握，如种植业中作物种植管理和收获是有季节性的，按照这种季节性有"忙时"与"闲时"，"忙月"和"闲月"。这也属于从职业性的角度来说的"闲"，但不能用"假日闲暇"来表示。从城市中的个体劳动者、自由职业者的职业的角度来看待闲暇时间，原则上同农民大体相同。

在上面两种情况之外还有一种情况，对退休者来说，由于他已经不再花时间去上班，因此他们所享受到的不再是上班时间以外的假日闲暇。但是，在分析这种闲暇的性质时，还应考虑到他们退休后的闲暇是由于他们长期在某个职业工作岗位上劳动而享受到的。这种闲暇的时间长短就不受一周工作多少小时的工作时间所制约。

还有一种是与职业无关的"闲"。例如，失业，或称待业的人"闲"，那就是"赋闲"者之"闲"。

我们还要看到，在假日人们并不都能得到闲暇，许多人还要从事必要的家务劳动和购物等家庭生活所需的家务活动（有些服务部门假日不休息就是为了居民可以在这个时间内去购物）。严格来讲，从事这种劳动不能视作"休闲"或者"消闲"，从事这种活动的时间不能视为"闲暇时间"。剩下来的那个时间才能视作闲暇时间，这应该又是另一种意义下的闲暇时间。

由闲引起的心理变化也是多种多样的，做到不因闲而闷得发慌，不因赋闲而精神不振，而能利用闲时的轻松、安宁、从容的心情，既得到紧张工作之余的休整，又能利用空闲，做忙时做不到或不容易做到的事情。闲情、闲逸是很可贵的。

老子说："多闻数穷，不若守于中。"意思是说，人的心灵要保持清净，而不要旁骛太多，没了章法和智慧。因为人一忙就容易乱，头脑不清醒；人一忙也容易烦，心情不能和平；人一忙就容易肤浅，不能研究问题，不能冷静认真思考；人一忙就容易只顾眼前，不能高瞻远瞩。有两句写"忙"的诗，"浮世忙忙蚁子群，莫嗔头上雪纷纷"。大雪纷纷，是关系蚂蚁生存的大事。可是"蚁子群"忙得看不见这些，还在地上觅食或者打群架。诗人为它们担心，可是蚁群还不知不觉，忙得没有主见，忙得没有远见，只能平庸。

闲,的确是把"双刃剑"。"中国公众闲暇时间分配与利用状况的调查"表明:公众闲暇时间的分配与利用存在的问题严峻。非在业者的闲暇时间分配往往是以闲置的形态出现。城市下岗失业者平均每天用于学习和自修的时间仅为3.97分钟,仅占其闲暇时间的1.03%,可以说是微乎其微。

青少年群体学习压力大,自由发展空间狭小,闲暇时间的利用与分配比较单调,自然天性受到压抑,思想创造性明显不足。据了解,目前北京市只有1%的学生有经常到图书馆借阅图书的经历,绝大多数学生根本不知道图书馆在哪里。

老年人闲暇生活,花在看电视上的时间最多,以北京中老年女性(40~59岁)为例,她们作为潜在老年人群,大部分闲暇时间花在看电视上,每天花在学习方面的时间只有3分钟。很少人有意识地为退休后的闲暇生活做必要的精神和技能方面的准备。缺乏关注自己精神健康和缺少对闲暇时间利用的意识。

如今,整个社会对闲暇时间的价值缺乏正确的认识,导致闲暇时间的利用空间狭小,观念陈旧,情趣单一,休闲技能缺乏。如何开发"以闲暇时间形态存在的社会资源"将是今后相当长时期的历史任务。

休闲时间和职业的关系?

二、闲暇的价值

闲暇时间越多,利用好闲暇时间的问题就越突出。从个人方面来看,就有一个把自由时间支配好,使个人时间过得愉快、过得充实、过得有意思的问题。从社会方面来看,也有一个如何帮助、引导人们支配好闲暇时间的问题。

人们可以利用属于"闲暇"的时间去自学或者到校园里去学习、研究、考察和写作,也可以去做第二职业,或者去从事其他自己喜欢做或自己认为应该做的工作。这时候从他第一职业的观点来说的闲暇,就通过这样的活动填充起来了。

对"闲"的填充可以是带有积极意义的,也可以是带有消极意义的,即在闲暇时间内去做不利于自己或者不利于社会的事情,去做不利于当前或者不利于未来的事情。所以,人们既要重视有文化地休闲,使之对社会的进步起积极作用,又要防止和克服一切消极的填充闲暇的方式。

闲暇时间的增多是社会进步的标志,是检验人的生存状况、生命质量、精神态度的试剂,是发展社会生产力的一种高级形式与途径,也是"以时间形态存在的社会资源"。

不同的历史时代,有不同的人类生活形态。例如,原始人一生中的劳动时间占33%,而闲暇时间只有16%;农业社会以后,人的一生中的劳动时间占28%,闲暇时间占22.9%;到了工业社会,人的一生中的劳动时间约为10.4%,闲暇时间能占到38.6%。

马克思就深刻地指出:衡量财富的价值尺度将由劳动时间转变为自由时间,因为增加自由时间,即增加使个人得到充分发展的时间。

19世纪后期,先期进入工业化社会的国家就兴起了对闲暇时间的研究,用闲暇时间分配结合其他社会指标来反映国民生活实态、生活质量、生活结构;讨论闲暇时间的价值、闲暇和劳动的选择、闲暇对传统社会模式和生活模式的影响、闲暇时间与产业结构的调整、闲暇时间与生活质量的关系、休闲与城市建设等问题。

闲暇时间,人们不仅可以休息和娱乐,也可以发展智力,促进精神自由,有更多的时间去从事自己喜欢的事。例如,各种体验、经历,接受新知识、新观念、新技巧、新文化、新艺术、新学科的学习,并进行心理、文化素养、智商、情商、享受能力等方面的新投资,由此提升人的价值,发挥人的全面才能。

闲暇时间,也是传承文化的一个载体。对闲暇时间的利用,关键在于如何"休"闲。社会发展的历史表明,人类许多伟大的创造都与休闲有着密切的关系。许多科学家、思想家、艺术家说,他们的许多灵感不是在做研究时出现的,而是在休闲中常常峰回路转、茅塞顿开。

那些有重大发明创造的人,都善于利用闲暇时间,人的差异就在于此。时间对人是公平的,每人每天都是24小时。但是,如果你能很好地利用时间,那么你每天的时间就多于24小时,时间就是你取之不尽的宝藏。人的生活品质高与不高,并不在于他8小时之内干什么,而是在于8小时之外的生活。合理、科学、健康地用"闲"对一个人的成长也至关重要。比如说,你能合理地安排时间,并且内容丰富、积极向上,你就获得了比别人多的知识、技能、情感、才干、能力(认知能力、组织能力、社交能力、理解能力、欣赏能力),也为我们学习自己专业以外的知识,为开阔视野,为在艺术、科学、文化等方面的创造提供了条件,从而获得比别人多的业余爱好。

因此,如何从"闲"中获益是很值得全社会思考的。在这个方面马克思早就指明了方向。他说,闲暇时间,包括个人受教育的时间、发展智力的时间、履行社会职能的时间、进行社交活动的时间、自由运用体力和智力的时间,与之相适应给所有人腾出时间和创造手段,个人会在艺术、科学等方面得到发展。

一位西方哲人说过,人的差异在于闲。这话很深刻,也足见"闲"的价值多么珍贵。闲,有如此重要的意义,善待"闲暇",这也成为西方发达国家社会进步和提高人的素养的一个很重要的经验。由于人们认识到"闲"在人的生命中的价值,闲暇时间的合理支配与利用便成为全社会普遍接受的原则,而"休闲教育"成为人生的一门必修课。

通过休闲教育获得休闲"资格",进而使每个人都享有时间去培养个人和社会的兴趣,发展多方面的才能。只有有效地开发"闲暇时间"这一宝贵的社会资源,才能学会沉思、学会欣赏、学会承担社会责任、学会摆脱诱惑与浮躁、学会对人生价值的判断。

能否聪明地利用"闲暇时间",关键在于我们对"休闲"的价值是否有正确的理解,不能把"闲"庸俗化、低俗化,也不能把"休闲"看成是有闲阶层独享的"权利"。

三、休闲的价值

未来的社会,劳动不仅仅是谋生的手段,而且是"乐生要素"。只有每一个个体全面自由地发展自我,才能奠定创造型社会的基础。尽管现在离这样的理想境界还很远,但我们必须这样认识这个问题。

恩格斯曾说过,利用时间是一个极其高级的规律。这个高级的规律就是学会有价值、有意义地休闲。

"休闲"的价值,可以通过不同时代的思想家对它的赞美来窥见一斑。柏拉图说,诸神怜悯生来就是劳累的人们,因而赐予他们一系列的节日,并由酒神、诗神、太阳神相伴,由此他们的身心获得滋养,他们变得高大、正直。

亚里士多德在他的《尼各马可伦理学》和《政治学》等名著中,阐述了什么是快乐、幸福、休闲、美德和安宁的生活,他甚至认为"休闲才是一切事物环绕的中心",并把休闲看成是哲学、艺术和科学诞生的基本条件之一。他认为,人在休闲中的沉思状态是最好的境界,是一种神圣的活动。他相信不同的思考和推理能力可以把人区别开来。

瑞典哲学家皮普尔认为,休闲主要有三个特征:第一,休闲是一种精神的态度,它意味着人所保持的平和、宁静的状态;第二,休闲是一种为了使自己沉浸在"整个创造过程中"的机会和能力;第三,休闲是上帝给予人类的"礼物"。皮普尔还认为,人类有了休闲并不是拥有了驾驭世界的力量,而是由于心态上的平和,使自己感到生命的快乐。否则,人类将毁灭自己。

在古希腊早期形成的哲学学派中,亚里士多德的休闲思想对后人的生活方式产生了很大的影响。这可以从西方思想启蒙运动以来的人文文化传统中折射出来。比如,卢梭、梭罗、伏尔泰在日常生活中运用理性,倡导回归自然、回归人的生活、回归沉思;胡塞尔,回归生活世界;海德格尔,追问"在的意义";弗洛姆的"占有还是生存";马尔库塞的"支配物质产品的从来都不是人类全部劳动和全部工作"的文化反思。

西方学者认为,休闲不仅是一个概念,而且与家庭、教育、科学、宗教、游憩、艺术有着千丝万缕的联系。休闲既是精神层面的活动,更是与社会实践、生活实践须臾不可分离的内容。

在古老的中国,对"休闲"的理解与古希腊有着异曲同工之妙。著名的美国休闲研究学者、乔治·梅森大学教授托马斯·古德尔曾讲了一段很精彩的话:"虽说美国人认为,指导自己生活的准则源自于古希腊,例如,来自亚里士多德的'黄金中道',但实际上,儒家经典之一的《中庸》也给我们提供了同样的准则。有人说,伟大的人物彼此的思想是很相似的,这一点也不错。全世界的人都能欣赏李白与杜甫的诗,理解他们表达的情感,并产生共鸣。在内心深处,我们也能感受到《易经》、《诗经》、《道德经》和其他中国典籍所揭示的真理。同样,中国人也能欣赏亚里士多德的《尼各马可伦理学》与《政治学》及卢克莱修的《物性论》。美国人的文化传统中有来自古希腊斯多葛哲学的恬淡寡欲思想,但这种思想也完全可以来自中国,因为中国的圣人曾说过,于此无常之世,有帽一顶,饭一钵,足矣。但休闲应该使我们在生活中获得比'帽一顶,饭一钵'的基本生活资料更多的东西,它使我们能寻求意义、目的、美、友善、快乐、心灵的宁静与他人和睦相处,从而使自己更高层次的需求得到满足。"

中国的先贤们对"休"和"闲"二字的创造和使用,可谓别具匠心。"休"在《康熙字典》和《辞海》中被解释为"吉庆、欢乐、美善、福禄"的意思,强调人倚木而休,表明人与自然的关系,也是中国人敬畏自然的一种态度。"闲",通常引申为道德、法度,也有限制、约束之意。"闲"通"娴",具有娴静、思想的纯洁与安宁的意思。因而,对"闲"的理解,就不能仅仅停留在余暇、消遣的时间概念上。而且,也不仅仅是一个物理时间概念,此"闲"是一种心态、心境。

从词义的组合上,不难看出休闲所特有的文化内涵,既表达了人类生存过程中劳作与休憩的辩证关系，又有着物质生命活动之外的精神生命活动。人倚木而休，使精神的休整和身体的颐养得以充分进行。

作为一种休闲智慧，中国的文化传统主张人要活得自然，心性尤其要悠然散淡。"君子之行，静以修身，俭以养德，非淡泊无以明志，非宁静无以致远"，赞誉"体静心闲"。尤其讲求修身养性，"吾日三省吾身"、"君子慎其独也"。

"让我和草木为友，和土壤相亲，我便已觉得心意满足。我的灵魂很舒服地在泥土里蠕动，觉得快乐。当一个人悠闲地陶醉于土地上时，他的心灵似乎那么轻松，好像在天堂一般。"这是林语堂曾经写下的一段话，也是中国人文化传统中休闲智慧的表达。

正是这种休闲智慧，我国才可能产生诸多文化经典，才孕育了中国人的"和"文化与气质。古代圣贤们还常常将休闲与自然哲学、人格修养、审美情趣、文学艺术、养生延年紧密地连在一起。即使在民间，也诞生了许多精华的休闲品类，比如，赶集、庙会、放鹰、养鸟、观鱼、垂钓、猜谜、楹联、诗社、书院、风筝、踢毽、打拳、舞剑、啜茗、嚼蟹、书市、园林、流觞、国画、曲艺、管弦、戏曲、书法、金石……表达着我们民族的聪明与智慧、道德与伦理、勤劳与善良。

休闲可以帮助我们树立正确的价值观，并直接或间接地推进社会进步。休闲活动虽然不从事直接的生产，但它是人的基本需要之一，或者说也是必不可少的。正确的休闲理念与价值观是规范社会生活与个人行为的基础。休闲的核心是如何"休"闲。积极、健康、文明的休闲方式，可以提升人的教养，减少社会的交易成本，减少社会不和谐的因素。倡导合理的生活方式、生产方式、行为方式、消费方式，可以从根本上解决人类对地球资源的无情掠夺，"和谐"与"节约"才可能一并向我们走来。倡导勤劳节俭，崇尚简朴生活，遏制个体与全社会的浮躁之风，降低欲望，尤其是对钱财、仕途的贪婪。

关于休闲在社会生活中的地位，我有一个问题，那就是发展的目的是什么，说到底还是为了社会全体成员生活过得愉快。我们提倡艰苦奋斗，但苦不是目的。苦还是为了乐。现实的、可以使人们快乐的事，我们应该给予高度重视，没有理由忽视。休闲会使人们愉快，它应该在社会生活中占到应有的地位。

从劳动者个人进步来说，各种休闲活动对于个人知识的长进、素质的提高也起着积极作用（当然在这里有一个前提，就是要讲求休闲文化）。还有，对做好业内工作来说，休闲得好，生活得到调剂，工作起来效率可以提高。一个人如果不能得到休闲，就会在精神上带来不好的结果，影响工作。古语云：文武之道，一张一弛。字面的意思是弓箭不可能一直保持张开的状态，箭发出去后，箭弦要收回来，再蓄力待发。同理，人也一样，长时间的工作会让人精神之弦被拉紧，渐渐"弦"会慢慢失去弹性，甚至崩断。因此，人需要休息，让紧绷的弦有恢复的时间。但是，长时间的松弛同样会使"弓弦"无张开之力。

西方思想家认为，开发休闲，实际上就是积累一个人、一个家庭、一个民族、一个国家的文化资本，就是对人的教育与教养的投资，而且这种资本的投资越早越好，对社会的回报率也越高。其中，休闲被看作衡量文化资本的较精确的途径之一，并且告诫我们说，"这种资本与个人的联系是如此紧密"，"一方面取决于整个家庭所拥有的文化资本，另一方面取决于从一开始就不延误、不浪费时间"，"取决于他的家庭为他提供的自由时间的长度，自由时间指的是从经济的必需中摆脱出来的时间，这是最初积累的先决条件"，"以文化资本为形式的资本其隐形流通的效果，在社会结构的再生产中就越具有决定性"。

以休闲的方式构筑文化资本在西方国家是一个相当普遍的个人和社会行为。人们更愿意在构筑温暖的家庭、接受良好的教育、培养仁爱之心、鼓励自由创造、学会体验与欣赏等方面挖掘人的潜力。

近年来,西方国家对"休闲"做出了许多新探索,从人文精神和人文关怀的角度丰富"休"的内涵与外延,比如,参加志愿者活动、捐助活动、慈善活动、扶贫济困、社会救助、简单生活、环保、食素、爱动物、爱植物、反战求和平等形式,鼓励人们把自我发展和承担社会责任联系在一起,用这样的行为方式营造充满温馨的、友善的、互助的社会氛围,增强社会的凝聚力、亲和力,达到社会和人际关系的和谐发展。

遗憾的是,近代以来,由于中国文化传统的流失与断裂,少数中国人对休闲价值的理解太狭隘。他们把休闲简单地等同于吃、喝、玩、乐,伴随着浮躁、喧嚣、奔忙等,传统的休闲智慧与休闲固有的精神价值正在消失。失去了休闲,人就失去了掌握平衡的能力,失去了感知生活的智慧,创造只能远离我们而去。

拥有休闲是人类最古老的理想,也是最美好的愿景。因为,在休闲状态中,人才能把时间花在杰出而天才的沉思中。在这种沉思中,人们能认识和体验到:在人的本性中什么是最神圣的,人类如何摆脱功利主义的诱惑,为实现文化理想而努力;理智地引导着你选择符合道德的行为,而这些行为又反过来引导出真正的人生目的和社会发展目的。

从根本上说,休闲是对意义和快乐生活的实践和体验,是具有重要意义的社会人文现象,是人的本体论意义之所在,是使人"成为人"过程中的重要舞台,是人生的一种智慧,是人类美丽的精神家园,也是发展文明社会最有效的途径。

同步讨论 古代中国的休闲思想和古代西方的休闲思想有何异同?

第二节 休闲与旅游

一、旅行与旅游

旅行与旅游是人类存在的行为方式之一,至今已有几千年的历史。孔子周游列国,徐霞客游遍青山绿水并著《徐霞客游记》,哥伦布海上航行发现新大陆等都是人类旅行和旅游历史的早期记录。当今,旅行和旅游已成为人的一种普遍行为,成为促进文化经济繁荣的要素之一。探索旅游与人的发展的关系,旅游与文化传播的关系,旅游与经济的关系,以及旅游的本质问题,既具有现实理论意义,又有社会实践意义。

(一)旅行(Travel)

科特勒(Kottler,1997)认为,在人类所有的行为当中,旅行提供最多的机会来改变我们的生活,重新打造自己。如果人生不是为了追求快乐而汲汲营营,或许没有几件事能彰显这种追寻的动力,旅行就是其中之最。齐克曼(Aikman,1999)认为旅行是一种自我的探索、发现与成长的过程。阿兰·德波顿(Alain de Botton,2002)指出旅行隐隐约约代表探索人生、挣脱工作的束缚、努力活下去。当然,人们想去旅行的原因有很多,有人希望从忙碌的生活中空出一段喘息的时间,想从工作或家庭的压力下挪出一个缓冲的空当;有人需要暂时抽身,才能中断那些控制你生活的行事历;有人渴望和家人共处、计划去国外度假、想追求一段罗曼史或学些新玩意儿;有人想借探险制造一些刺激,想探索未知的领域、提升性灵的内涵、解决私人问题、实现心中美梦、参加婚礼或丧礼、处理工作业务或出席会议。不论是哪种情况,每个旅人出门的动机都不尽相同。在某种程度上,每个人都在利用旅行来刺激或促成个人的转变。

综合而言,引起人们旅行的动机是由教育与文化、休闲与娱乐、民族传统及其他动机所促成(陈思伦等,2001)。教育与文化的动机包括去看看其他国家的人民如何生活、工作与娱乐,去某些地方旅游,去获得新闻界正在报道事件的更进一步了解,去参与特殊活动等;休闲与娱乐的动机包括摆脱日常单调生活,去好好玩一下,去获得某种与异性接触的浪漫经历等;民族传统的动机包括去瞻仰自己祖先的故土,去访问自己家庭或朋友曾经去过的地方等;其他动机则包括气候(如避免冬季严寒)、健康(阳光、干燥气候等)、运动(游泳、滑雪、垂钓或航海)、经济(低廉生活、奢侈生活)、冒险(新地区、新经验)、胜人一等的本领、顺应时尚、参与历史、认识世界等。

(二) 旅游(Tour)

1942年,由瑞士学者汉沃克尔和克拉普夫提出的艾斯特定义:"旅游是因非定居者的旅行和暂时居留而引起的一种现象及关系的总和。这些人不会永久居留,并且不从事赚钱的活动。"是国际上普遍认同的旅游定义。而由世界旅游组织和联合国统计委员会推荐的技术性的统计定义则是:旅游是指为了休闲、商务或其他目的而离开他/她们惯常环境,到某些地方并停留在那里,但连续不超过一年的活动。

旅游的目的一般包括以下几类:休闲、娱乐、度假,探亲访友,商务、专业访问,健康医疗,朝拜等。1985年,我国经济学家于光远也曾对旅游下过如下定义:旅游是现代社会中居民的一种短期性的特殊生活方式,这种生活方式的特点是异地性、业余性和享受性。

同步讨论 旅行和旅游的异同?

1991年,在渥太华举行的"旅游统计国际大会"的会议文件中曾以旅游目的为衡量标准把旅游分为休闲、商务、其他三大类,并把旅游定义为:"人们由于休闲、商务和其他目的而到其惯常环境之外的地方旅行,其连续停留时间不超过一年的活动。"在我国的旅游相关研究中,人们习惯使用一些国外学者对于旅游的定义或那些旅游机构早年的定义,抑或参考1980年马尼拉会议上世界旅游组织的有关精神。至于当代数量繁多的旅游教科书里对旅游的定义,也都体现着编著者自己独立的见解。

而在我国政府管理部门对于旅游相关定义如旅游统计及一些主要指标的解释中,并没有沿用世界旅游组织在《旅游统计国际大会建议书》中对相关名词的阐述和分类,仅是把"游客"局限成"任何为休闲、娱乐、观光、度假、探亲访友、就医疗养、购物、参加会议或从事经济、文化、体育、宗教活动,而离开常住国(或常住地)到其他国家(或地方),其连续停留时间不超过12个月,并且在其他国家(或其他地方)的主要目的不是通过所从事的活动获取报酬的人"。

(三)旅游属于文化事业

旅游是一种文化事业。首先,体现在旅游者的精神享受上,注重人在某一个时段内获得的文化交流、文化欣赏、文化建构的存在状态,为个体身心和意志的全面和完整的发展创造条件。其次,人们通过旅途中的各种活动方式,达到身体放松、陶醉于自然、激发好奇心和想象力,为再创造提供了可能性。最后,一次愉悦的旅行,会得到美好的心理体验和精神满足,并实现学习知识、增进友情、促进沟通、保健娱乐、追求猎奇、丰富个性等多方面的需求旅游也是人的物质生活发展起来之后的一种休闲生活需要,这已被实践证明。

自20世纪30年代以来,劳动者的闲暇时间不断增多,使得旅游从有闲阶层的有限范围,进入普通大众生活中。第二次世界大战以来,随着工业化发达国家陆续实行了带薪休假制度,一种具有普遍社会现象的旅游业才真正得以发展。意大利文艺复兴时期,人们对旅游的认识仅以娱乐为主。后来,人们认为旅游是"一种与人际关系和人类交流相联系的社会现象",是"我们时代的社会生活方式之一"。20世纪70年代以后,有人指出:旅游是"人性的一大进步",是世界性的社会文化现象,是人的一种精神文化生活,因而旅游更具有文化性质。

旅游的使命是与休息娱乐的需要相关联,与排除精神上的痛苦,以及对来自工业化、都市化和行政管理这些强制性系统对人的束缚所做补偿的需要相关联。旅游是一种需要自由时光的活动,只有缩短工作时间,才能在周末和假日得到发展和普及。

二、旅游休闲与休闲旅游

在早期的旅游发展过程中,不论是游历、游学还是修行,虽然形式不同,享受的内容不同,但最终的结果是一样的:达到内心精神的升华,追求自己想要的生活方式。至于旅游的最早期的形式——以经商、贸易为主要目的的从一地到另一地的活动,严格说来,只是旅行而已。旅而不游,可以算旅行者而不能算是旅游者。

旅游大规模发展之初,是人类被喧嚣、强大的机器转得透不过气来的时候,加上钱、闲比之前成倍增长,有能力出去透气散心放松是一件美好的事情。所以,旅游的形式表现为为了摆脱日常的单调与烦闷而尽可能多地四处走,在饱眼福的享受过程中暂时忘掉"生存问题"的压力。在旅游发展到一定的阶段,各种目的的旅游类型不断涌现后,这种旅游形式被称之为"观光旅游"。

世上之人、世上之事虽不能阅尽,但大多可以以类分之。被我们称为旅游资源的观光对象也一样,被旅游研究者分成了两大类:人文旅游资源和自然旅游资源。或者分得更细一点,成了人文、自然和社会旅游资源三大类。不同类型爱好的人各自寻找适合自己的资源类型,最初的震撼和新奇过后,对经常旅游的人来说,异地变得不再神秘莫测令人无限神往。对旅游资源所在地来说,大量追求放松的人的到来,在思想放松的同时更是对自身行为约束的放松,放松的结果是资源所在地慢慢地也变成了人流拥挤,有的甚至比居住地更拥挤的地方。旅游者相互间、旅游者和旅游地居民相互间的抱怨,旅游地资源遭破坏后美感度的下降,环境质量的恶化,使追求休闲的人们精神上获得的愉悦感急剧削减,观光旅游所特有的从一地到另一地奔波的劳顿之苦凸现出来,变得让人难以忍受。观光旅游成为那些尚未见世面的年轻人追赶的休闲方式,他们尚且还可以从中获得最原始的感官享受,而成熟的旅游者开始寻求新的乐土,一个适合自己,从身到心都能达到"休"之状态的闲适之处,不再四处奔波。近几年,快速发展的此类型旅游被称为休闲旅游。

休闲旅游,是旅游发展到一定程度后出现的一种旅游类型。这种旅游类型不管以什么形式表现出来,有一点是必须实现的,即在休闲旅游活动过程中,旅游者必须达到那种闲适、达观、物我两忘的精神境界,处于一种摆脱羁绊的身心自由自在的生活状态。通过休闲旅游达到彻底放松的调剂。哪怕是那种苦行僧式的旅行方式,虽然肉体劳顿,但参与者却浑然不觉,反而从中获得灵魂的解脱和升华。对于此,我们不能不说它已经上升到了休闲所追求的精神境界。

建议人们学会静态的休闲旅游,比如,在假日到某个地方待上一天,不一定非得是旅游景点,可以是草原、可以是乡间、可以是山脚下、可以是河滩边,调剂一下生活,也是一种有利于身心健康的活动。在这里,可以领略草原的风光、呼吸富氧的空气,可以在这广阔的空间动动腿臂、松松筋骨,也可以找个能坐的地方下棋、玩扑克,或者仰卧在草地上望着蓝天白云,蜷卧在林间的吊床上摇晃;自己动手盖一间小木屋,假日期间对这间小木屋不断"加工"、"装修"。还可以在室外的土地上种些花卉和蔬菜。这都是值得提倡的休闲旅游度假的方式。休闲理念开始被旅游界接受,多样化的休闲旅游项目被设计出来,也为游客所欢迎。

三、休闲与旅游的联系

旅游与休闲究竟是隶属关系还是独立关系是旅游与休闲研究热议的一个话题。曾有学者提出过两者隶属关系的理论,认为旅游属于休闲,是休闲活动中的一类。

但是,另外一些学者则提出相悖的论点。其实,旅游和休闲作为人类社会中重要的活动,他们的关系是相辅相成的,既有相似之处,也有不同点。可以说,旅游的侧重点在于改变地理位置,而休闲则是从时间上进行考量的。所以,这两者之间虽有相交的部分,但又是不能相互替代的。

在人类的活动中,休闲和旅游都非常重要,人类在进行这两种活动时,有着相似或相同的基础及心境,但是,如前所述,旅游更多考虑的是改变地理位置,而休闲则是考虑时间的长短,所以,它们的本质区别是不可忽略的。随着旅游产业的发展和旅游的普及,旅游的质量成为游客关注的重要问题之一。因此,应运而生的体验性休闲活动在某种程度上提升了旅游的内涵,甚至有一些地区的休闲设施或休闲活动成为改变当地旅游关注度的变相措施。

从这些例子不难概括出旅游、休闲以及休闲旅游的关系,那便是从事休闲和休闲旅游的共同前提是时间,而休闲旅游又是休闲和旅游结合的重要形式。

休闲的意识在向旅游活动渗透，而休闲活动也在与旅游活动结合。旅游时代已经改变，人们过去的被动旅游形态已经被参与性的、更加主动的旅游形态替代，在这个新的时代里，旅游和休闲的关系将会更加融合。

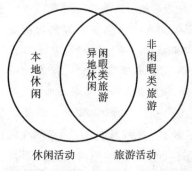

图2-1 休闲活动与旅游活动关系图

1967年，世界旅游组织（UNWTO）在日内瓦曾经提出过旅游的定义，我们从中可以看出，旅游和休闲的共同之处在于旅游范畴之内的休闲旅游和休闲范畴之内的异地旅游的所指是相同的。由此，我们可以再一次看出旅游和休闲相辅相成、相互促进的关系（见图2-1）。旅游范畴之内的商务旅游（business travel）和其他旅游（others）则是属于非休闲旅游（none-leisure tourism）的旅游，所以，它们又有着与休闲旅游不同的特征和规律。还有，UNWTO旅游定义中提到的旅游是到自己常住地之外的区域所进行的活动，这也与休闲研究的地域性质有着本质的不同。

随着旅游和休闲研究的深入，旅游和休闲的关系已经越来越受到普遍的关注。根据摩尔（Moore）等人的定义，旅游和休闲之间根本不需要一个明确的区分。柯里本道夫（Krippendorf）也认为可以把旅游看作休闲的一种形式。布特尔（Butler）与他们意见相仿，认为旅游和休闲之间的联系不可避免。科拉奇（Crouch）则将休闲和旅游看作社会化的人和具体的个体之间的耦合，是人与空间的耦合；同时强调需要将休闲和旅游看作期望与体验之间的耦合，他强调旅游和休闲之间的联系正在日益加深。史宛恩（Swain）也同意旅游和休闲在理论上是互补的。同时，肖和威廉姆斯（Shaw和Williams）指出旅游和休闲是不可区分的，因为在旅游和休闲中有很多方面是相关的，如果割裂了他们之间的联系，就无法充分理解其中的任何一个。目前，在休闲与旅游的研究中存在着三个类别的理论观点，即休闲和旅游之间的关系是并列关系、相交关系和包含关系。

第一，并列关系。空间上旅游和休闲的区别在于度假地的不同，旅游中的度假地发生在旅游目的地，而休闲里的度假地可以是在客源地，二者在空间上为并列关系。

第二，相交关系。因为休闲是完全不涉及工作的一种活动，所以，很多学者都把商务旅游从休闲的范畴中剔除了，因此，它们又有着不同。

第三，包含关系。休闲是一种心理状态，这种心理状态是主观的、自身的感知，因此，休闲活动可以是在某个特定时间内的个人的想象或现实的活动。而旅游是一种必须要离开自己的常住地的休憩，并从事一种活动，并且这其中必然有旅行。因此，从活动的空间范围来看，休闲活动可以离开自己的住所，也可以不离开自己的住所进行；休憩是离开自己常住地进行的活动；而旅游是必须要离开自己的常住地到外地从事的一种活动。所以，三者有着相互包含的关系，即休闲包含休憩，休憩包含旅游。

四、休闲与旅游的良性互动

对于旅游和休闲关系的研究已经吸引了众多学者的目光，成为当今学术界研究的一个热点。虽然休闲和旅游研究的观点有所不同，但是越来越多的学者已经开始注意到了二者相互影响、密不可分的联系。尤其旅游和休闲的动机以及行为的表现上有着诸多相同。可以这么说，休闲是人类的一种本能，是一种生命的状态，人类的诞生也就标志着休闲的诞生。

休闲也是人类的一种智慧和最终的精神家园，人类可以通过休闲使得自己更好地在生命舞台上大放异彩。休闲还是现代社会的一种生活品质的象征，也是人类休闲生活和休闲行为的内容。

由于休闲的参与性、实践性和社会性的特点，通过休闲可以培养人的社会责任、生活态度以及丰富的情商，所以，它也是促进社会文明发展的有效途径，它成为人们休闲度假主要方式之一的同时，也可以促进创造性的劳作。目前，旅游资源正面临着过度开发、资源滥用等一系列不容乐观的问题，如能适时将旅游纳入休闲的范畴，可以为旅游业的重新整合调整思路，也可以促进旅游业的可持续性发展战略更好地实施。

马惠娣在2002年提出，从事休闲旅游业的部门与从业人员亟待更新观念。在我们的传统观念和过去的行为中，旅游业的开发对象通常都是一些天然的风景或者人类的历史遗迹，但是，过度的开发必然会引起自然或人文资源的毁坏，这就促使人们改变发展的思路，发展休闲业，以此对旅游业的发展压力进行缓冲。例如，他们建立了一系列的主题公园、博物馆、剧院、艺术馆等。这些举措在缓冲旅游业发展压力的同时也从另一方面拓展了旅游的内涵。因此，便有了"旅游—旅游休闲—休闲旅游"这样的组合，它表明了旅游业发展的客观规律，即从旅游发展到旅游休闲，而发展的最终阶段将会是休闲旅游。

近年来，我国休闲经济有了一定的发展，但休闲意识落后，休闲需求指向趋同，休闲供给单一，休闲产业发展滞后的问题仍非常突出。早在"十五"规划纲要中，我国政府就已将增加人们闲暇时间，实施带薪假期作为提高人们生活质量的一个重要措施，所以说，休闲时代的到来和休闲经济的发展对相关理论研究提出了现实的要求，因此，加快休闲学科体系的建设，加强对休闲的理论研究已成为当务之急。

第三节　休闲与游戏

一、游戏是生物存在的方式之一

"游戏"是人的休闲方式之一，在休闲研究中是与游憩、运动同等重要的概念。游戏，也称作玩，包括游憩、运动、娱乐等。

(1) 游戏，人的一种自然本性，一种自由状态，一种习得方式，一种创造源泉。
(2) 游憩，强调游戏技艺的多样性，目的在于创造。
(3) 运动，本能的需要，强身健体、锻炼体魄，培养意志和勇敢精神。
(4) 娱乐，快乐而有趣的活动，一种文化精神生活需要。

这四种存在方式给人带来自由、带来想象、带来激情、带来智慧、带来创造。

但是，也有人认为，这不过是理论。现实生活中，许多人没有游戏、没有游憩、没有运动、没有娱乐不也照样挺好。事实上,缺少游戏,就缺少创造的源泉;没有游戏,一切生命都难以进化。游戏不是人类独有的现象,而是一切动物之本能,是成长之必需,也是"人类"进化之必需。伴随在我们身旁的小动物,诸如小猫、小狗,甚至小鱼、小鸟都特别贪玩,而且越会玩的小动物越聪明。即使在昆虫世界,那些人类看得见或看不见的虫子也时常处于玩的状态。因为,游戏是进化的需要。在整个动物王国中,游戏普遍存在着。

 玩的能力,让我们的人生拉开差距

二、人为什么需要游戏

人为什么需要游戏?为了解开这个秘密,科学家做了大量的科学研究,从人的生物性、生理学、心理分析、人类学、脑化学、文化学等多角度得出了科学的依据。据资料显示,游戏在很大程度上具有快感的成分在内。现代科学提供的证据表明,游戏除了具有长期的益处之外,还具有一些直接的和生物学意义上的效果。游戏的数量、变化状况和持续时间与物种的进化状况有关。进化的程度越低,游戏的数量、变化状况和持久程度就越小。科学实验表明,鱼类中也存在着某种形式的游戏,但其形式却非常简单和低级;哺乳动物的游戏形式相对较多。

人类的游戏最多、领域也最广泛,有带玩具的玩,也有不带玩具的玩(我们常说的欣赏、玩味、沉思等)。玩的形式也多种多样:个体性的玩,社会性的玩;单人玩,多人玩;带规则的玩,不带规则的玩;静态的玩,动态的玩;高雅的玩,通俗的玩。游戏不受年龄、性别的限制。当然,还不止这些游戏形式。

在最为直接和最为个人的意义上,游戏使得人的情感状态处于一种最佳态势,而这对于人的精神和肉体都是很重要的。自然科学家与社会科学家对此作了大量的科学研究。

有研究者认为,人之所以需要游戏,是有生物学方面的依据的,因为人有了超出生存所必需的能量之外的能量,所以必须通过游戏将它消耗掉,并转化成其他能量。

有研究者认为,游戏的原因是因为人们需要从工作和其他非游戏性的能量消耗中解脱出来。

有研究者认为,游戏是对未来所需要的技能的一种习得。

有研究者认为,游戏重复了一个成人的过去经验。

有研究者认为,游戏既是将生活领域中的快乐体验带到游戏世界中来,也是在游戏中寻找在其他生活领域中无法得到的快乐。

心理分析理论认为,游戏在本质上是治疗性的,因为它可以使一个人通过游戏清除或是逐步化解那些令人不快的经验和情感,并将它们排遣掉。

而生理学和脑化学实验做出的饶有兴趣的研究结果是:游戏被认为是由大脑中受到刺激而产生的活动引起的。处于不同时期或环境中的不同人都会产生一定层次的刺激或神经活动。对人而言,这种刺激是以最佳的模式出现的。最佳意味着大脑活动的水平,而这种脑活动能使个体的行为处于最佳状态。理想的刺激等同于理想的行为。而且,当一个人的脑活动处于一个比较令人满意的水平上时,他的感觉似乎是最好的。

大脑中有一个区域通常被称为快感中心,脑电流可以刺激这个区域,这种情况下会产生比鸦片、海洛因和其他药品更为厉害的化学物质。这些"自然麻醉剂"影响了大脑中电流的运行情况,并使我们形成了或兴奋,或萎靡,或快乐,或痛苦的精神状态。大笑、喜悦、快乐等能在游戏中发现的特征都伴随一个能够产生这些"自然麻醉剂"的大脑运动。事实表明,任何积极的游戏活动都将有助于人类健康和智力的发展。

人类学家的工作证明,人类诞生的初期不仅创造了劳动工具,而且还创造了各种各样的玩具,诸如拨浪鼓、布娃娃、泥像、秋千和弹球及骰子这样的小玩意。人类的祖先就是足智多谋的玩具制造者。

所以,我们有充分的理由相信赫伊津哈得出的结论"游戏是文化的基础"。事实上,"游戏先于人类而存在"。

同步练习 列举平日里的游戏,并解释游戏对学习有什么帮助。

三、游戏与创造的关系

人类的祖先创造了无以数计的游戏品类,表明了游戏与创造的关系。从婴儿时期起,手和脚就成了他的游戏对象,而且随着年龄的增加,他的游戏能力愈来愈强。在民间,成年人往往把不会玩的孩子看作病孩,或是智障的孩子(实际情况也是如此)。游戏对儿童身心的健康发育、良好的交际能力及情感的培养发挥着至关重要的作用。

科学家的研究告诉我们,从婴儿期到青春期,孩子们的游戏活动对他们的成长至关重要。

第一阶段(从婴儿到幼儿期),婴儿常常被自己动来动去的小手所吸引,在和爸爸妈妈的藏猫猫的游戏中获得自我意识,确信安全感。

第二阶段(儿童期),可以与其他孩子进行交流,对"工具世界"进行某种程度的控制,他们开始知道如何以一种合适的方式来自我表现。

第三阶段(青春期),他们进入"社会化的过程",通过游戏表达自我的思想、情感、兴趣。通过游戏,可以认识客观世界,还可以创造出许多新的学习经验。正是通过兴趣,才得以投入人的意愿、感觉和情感。而通过工作,可以适应大自然和社会对我们提出的要求,游戏、兴趣和工作是人生中不断思考、实践和创造的三大动力。

一般人认为,工作与游戏是一对矛盾,但事实上它们是一种互补关系。在"三大动力"一起发挥作用的时候,所有努力都将获得最好的回报。

在学校,当孩子们把自己的想法(游戏)带入课堂的时候,就会产生积极动机(兴趣),而他们也就能更有效、更持久地学习。

在家庭,那些能听取孩子意见并让孩子参与一些决策(游戏)的家长,不仅会获得尊重和爱戴,还能有效地让孩子接受家教家规。

同样,不论是在科学领域、艺术领域,还是在我们的日常生活中,所有创造性的努力都是游戏、兴趣和工作的结合体。课堂和书本知识的学习使我们获得历史遗存的各类知识,而游戏则会培养我们的创新知识和技能,并发现自我潜在的能力。特别是对于青少年的成长来说,游戏极为必要。

会玩的人往往性情活泼、思维发达、肢体灵活、反应迅速、创造力强、生活丰富多彩。人的晚年,快乐生活也是益寿延年的重要保障。要快乐,必须有自我快乐的途径与手段,大多借助各种游戏活动。

同步思考 结合自己的经历,说明游戏与创造的关系。

四、游戏的特点

(一) 游戏的类型多种多样

不能一说到游戏就想到那些动态的游戏形式,或者是群体的活动,其实还有许多是自娱自乐的游戏。例如,看书、写随笔、和朋友聊天等都是游戏。

(二) 游戏的心态要放松

无论处于哪种状态都保持一种气定神闲,尤其没有什么功利的东西在里边。如果不是这样,即使你是在游戏,也只是展现游戏的外壳。这种游戏状态对人的裨益不大。比如,以麻将游戏作赌博(即使是"小额赌资"),那也是变了味的"游戏"。

(三) 游戏与人的日常生活融合在一起

不同年龄段有不同的游戏方式。比如,小孩子们在一起"过家家",学生们在一起谈天说地,上班的人下班回来聊聊所见所闻,老年人在一起切磋厨艺、侍弄花草,女性可能是装饰房间,甚至婴幼儿也有自己玩耍的方式。可以说,游戏是我们生活的一部分。

游戏的多样性、多元性提供了无限选择的空间。根据个人的爱好和兴趣参与多种形式的游戏,这样可以发现自己的潜能。如果没有实践机会,个人才能就被埋没了。那么生活会很枯燥、乏味,缺少生机勃勃的气息,缺少自信与勇气。有条件的人可以走出去,比如游历大好山河、参加各种体育运动、参加文艺活动、进行社区活动等。没有这些条件的人,也可以因地制宜,比如,读读书、打打太极拳、跑跑步、逛逛公园、与亲朋好友聊聊天。也许这些更多的是休闲方式。游戏是休闲的重要组成部分。

总之,要学会发现生活中的游戏成分,并很好地享受它们。游戏是愉快的、轻松的、神情专注的、自由的、道德的。这是人的创造能力所需要的一个重要条件。

五、游戏的本质

游戏并不是简单地游离于日常生活之外,相反,它是我们生存所需的"衣、食、住、行"四大要素之外的重要生存条件之一,是人在自然进化中的自然本能的反映。

古德尔教授说,游戏状态中的主体一般不存在对利润或物质利益的趋从,所以,游戏是无邪的。人在游戏中趋向最悠闲的境界,在这种境界中,甚至连自身都脱离了世俗的负担,它和着天堂之舞的节拍轻松晃动。

在席勒看来,游戏的本质在于自由。他把审美视为生命的游戏,他认为每个人都会由此联想到童年时代无拘无束的玩闹是多么悦性怡情,只有在这种审美之游戏中,人才能由"断片"变成完整的人,由分裂走向统一的人,完整而统一的人就是自由的人。

席勒还认为,人性的圆满完成就是美,这样的美是理性提出的要求,这个要求只有当人游戏时才能完成,所以,人同美只是游戏;只有当人是完全意义上的人,他才游戏,只有当人游戏时,他才完全是人。当人们只为了美而游戏,并且在游戏中创造出自由的形式,这样的游戏才是高级的,通过"审美的创造冲动给人卸去了一切关系的枷锁,使人摆脱了一切成为强制的东西,不论这些强制是物质的,还是道德的"。

在席勒的术语里"游戏"是与"自由活动"同义的。尽管席勒的游戏思想更多的是为他的社会理想服务,但是不能否认的是,席勒面对"欲求占了统治地位,把堕落了的人性置于专制桎梏之下,利益成了时代的偶像,一切力量都要服从它,一切天才都要拜倒在欲求的脚下"的社会现状时,他意识到,人性中原本和谐的力量开始分裂,人已经成为"断片",随时面临着崩溃的危险。对此他陷入了深深的思索:难道文明的进步带来了物质的丰足,就把人变成"欲望"的奴隶?知识的发展纵然使社会前进,人就失去了天性的和谐与自然?这些深层次的思考值得我们很好地回味与反思。

赫伊津哈是一位文化史学家,《游戏的人》是他的重要著作。他的核心思想是:游戏是一种特殊的活动形式,一种有意义的形式,一种生活的主题。人类社会伟大的原创性活动自始至终都渗透着游戏。

赫伊津哈曾经说:"游戏的观念作为世界生活及运作的因素,我们再也找不到理由漠然置之。历经多年,我逐渐信服文明是在游戏中并作为游戏兴起并展开的。游戏先于文化而存在,游戏不仅是物理学现象或心理学反应,而且是有意义的功能。在游戏中有某种东西在活跃,它承载了生活的当下需要,并把意义传达给了活动。"

游戏,是人的正常进化中的行为情趣,任何一种健康意义上的玩,都有一个共同的特点,即获得一种愉悦的心理体验,产生一种美好感。人与自然的融合,可以铸造人的坚韧、豁达、开朗、坦荡、虚怀若谷的品格;人与人的交往会变得友善、和谐、亲切、真诚。

游戏,还可以解除人精神上的倦怠。现代人的生活处境是:工作节奏快,竞争激烈,内心压力和脑力劳动强度加重,精神上的倦意远远胜于体力的疲劳,人们迫切需要具有精神调节作用的游戏活动。无论游戏的内在价值,还是外在形式,都能使人在玩赏中得到精神的慰藉。

任何一件事情都有两面性,真理再向前一步就会变成谬误。比如,一些人利用网络技术沉溺于色情、凶杀、暴力等游戏中,每日通宵达旦;一些人陶醉于各种赌博活动之中;还有一些人无所事事,要么整日与电视为伴,要么天天闲言碎语扯东家道西家,不一而足。其最终是身体透支、情性变形、心态扭曲、行为诡秘、意识离乱,轻者不思进取、生命颓废,重者将人生纳入歧途,将生命归于粪土,将前途毁于一旦。

再比如,每人掌中的手机,集拍照、信息、游戏多功能为一体,随时随地陪伴你。在大街小巷里,在人们乘坐的各种交通工具中,时时处处都展示着人与手机"游戏"的真实场景,陶醉于无所不在的"游戏"中。这种"游戏"练就了敏捷的拇指和快速转动的眼球,却失去了智慧的大脑和人们观察世界的能力;满足了快感,却遮蔽了鲜活的人性。

误入歧途的"游戏"会置我们于死地。同样,人们丧失了游戏,也就丧失了丰富生活的能力,丧失了欣赏的能力,丧失了学习的能力,丧失了创造的能力,丧失了享受自由的能力,丧失了传承文化基因的能力。

第四节 休闲与劳作

一、何为"劳作"?

(一)"劳作"的定义

在汉语词典中,"劳动"和"工作"两个词有以下几种解释。

劳动:①人类创造物质或精神财富的活动,如体力劳动、脑力劳动;②专指体力劳动,如劳动锻炼;③进行体力劳动。

工作:①从事体力或脑力劳动,也泛指机器、工具受人操纵而发挥生产作用;②职业;③业务、任务。

在英文中,labor,指体力劳动和脑力劳动;任务、工作;劳动阶级、劳工等。work,指工作、劳动;工作(尤指为了挣钱的)、艺术作品等。

阿格妮丝·赫勒的解释是:"工作"和"劳动"是从社会再生产的观点或从个体劳动者的观点着眼的同一过程的两个方面。虽然,一般说来"工作"和"劳动"涉及同一事物,即它们都涉及同一行为或活动。但是,可以例外地发现有些活动形式缺少某一内涵。"工作"术语本身(不包括"劳动"方面),可以被合理地运用于对于个人的再生产并非必需的"社会活动"。"劳动"术语本身(不包括"工作"方面),可以在某一给定工作活动从属于作为特性的单位,甚至作为个性单位的日常再生产的情况下使用,尽管它的产品从而渗透到社会需求中,从不会对他人一般地或特别地有用。阿格妮丝·赫勒还引用了马克思对这两个词的区别解释,她说:"马克思称日常活动为'劳动'(labour),而用'工作'(work)专指类本质的范畴。""然而,马克思也常常把'劳动'概念用作异化的工作过程范畴的同义语。"

(二)劳动的本质

恩格斯曾高度地赞美了劳动的意义与价值。他说:"劳动是一切财富的源泉。其实劳动和自然界一起才是一切财富的源泉;自然界为劳动提供材料,劳动把材料变为财富。但劳动还远不止如此。它是整个人类生活的第一个基本条件,而且达到这样的程度,以至我们在某种意义上不得不说,劳动创造了人本身。"接着他又说:"由于手、发音器官和脑不仅在每个人身上,而且在社会中发生共同作用,人才有能力完成越来越复杂的操作,提出和达到越来越高的目的。经过一代又一代劳动本身,变得更加不同,更加完善和更加多方面化。在打猎和畜牧之后,又有了农业,农业之后又有了纺织、织布、冶金、制陶器和航海。同商业和手工业一起,最后出现了艺术和科学;从部落产生了民族和国家。法律和政治发展起来了,并且和它们一起,人脑关于人的种种事物的幻想的反映——宗教,也发展起来了。在所有这些首先表现为头脑的产物并且似乎统治着人类社会的东西面前,由劳动的手所制造的较为简易的产品就退到了次要的地位;何况能计划怎样劳动的头脑在社会发展的初级阶段(例如,在原始的家庭中),已经能不通过自己的手而是通过别人的手来执行它所计划好的劳动了。迅速前进的文明完全归功于头脑,归功于脑的发展和活动;人们已经习惯于以他们的思维而不是以他们的需要来解释他们的行为(当然,这些需要是反映在头脑中,是被意识到的)。"

恩格斯的这段话意味着,劳动的本质是创造,人若远离了劳动与工作,人类便将退化。

二、"e 劳动"时代

自 20 世纪 90 年代起,人类已经进入了一个以知识创造和分配信息为基础的时代。有人称这是"e 劳动"时代。"e 劳动"是指通过计算机网络分配信息。"e 劳动"凸显了智力劳动的绝对必要性,而且这种智力劳动与以往的智力劳动有很大的不同。它的劳动成果不仅表现为知识和信息,而且把这样的知识和信息通过数字的、含有特定时间序列,并在按照时间序列运行的信息处理机器中得到执行,使劳动成果与物质世界发生直接的相互作用。但是,即使世界再发达,恐怕起决定作用的还是劳动者本身。"e 劳动"的深层意义仍然是人的问题。

"e 劳动"的发展,最直接的表现形式是:第一,更多地解放劳动生产力,劳动产品的附加值将愈来愈高;第二,劳动与休闲的界限也愈来愈模糊,这是因为人的劳作方式将有一个革命性的改变;第三,没有引起人们的普遍关注,那就是劳作本身对休闲的依赖会日益加强。休闲作为劳动创造的一个重要条件会得到普遍的重视,全面自由发展劳动者素养的要求会越来越高。这些都会引起社会结构、政策、教育、服务、组织管理等方面的变革。这是以劳动与休闲作为一对范畴为基础讨论劳动与休闲关系所具有的特别意义。

同步思考 "e 劳动"时代,劳动有何特点?

三、休闲与劳作的关系

人类发展的历史表明,随着每个时代的进步,劳动与休闲总是呈一种反比关系。西方学者的统计显示:在大约 1 万年前的农耕时代,人们除了花很多时间狩猎和采集食物外,只可以把生命活动中大约 10% 的时间用于休闲。在公元前 6000 年到公元 1500 年间,工匠和技工的出现使其他人不必从事耗费时日的物品制作,使人们有多达 17% 的时间用于休闲。到了 18 世纪 70 年代,包括最早的蒸汽机在内的动力机器加快了生产速度,使人们的休闲时间提高到23%。到了20世纪90年代,电动机器提高了从食品加工到交通运输等一切行业的速度,让人的生命中拥有了41%的自我支配的自由时间。在2015年之前,新技术和其他一些趋势可以让人们把生命中超过50%的时间用于休闲。

20世纪70年代中期,西方国家开始承认娱乐供给(休闲业)是社会服务业的组成部分,是社会富有的一个标志。1982年世界旅游组织在通过的"阿卡普尔科文件"中建议,广泛承认社会各阶层公民特别是职工的休息和娱乐权利,带薪休假的权利,并建议逐步完善闲暇时间的利用制度。在1989年的《海牙旅游宣言》中也援引了联合国1948年《世界人权宣言》及1966年《关于经济、社会文化权利的国际公约》中有关"人人均有享受休息和休闲的权利"的条款,并认为"适当的休闲是社会的必需"。

在我国,新中国成立后,第一部《劳动法》便规定每周工作44小时。1994年修正的《劳动法》实行每周规定工作的时间不超过40小时,即5天工作制,并明确要求从1995年5月1日起在全国范围内所有的机构必须加以实行。1999年10月1日起全面实施"春节"、"五一"、"十一"的7天长假,即(3+2+2)共计7天。

2007年年底中国政府重新调整的休假日多达115天,而且此次正式颁布了"职工带薪休假"制度。加在一起休息的总天数为全年的三分之一。

毋庸置疑,休闲作为一种社会建制,归根结底取决于社会生产力水平的提高。它的意义有以下几个方面。

第一,获得了一种普遍的人权制度,在此基础上,人的发展权被提到了日程上来。

第二,这一建制突破了以往的"经济建制",将工作和休闲创造的价值放在了同等重要的位置。

第三,凸显了工作与休闲的辩证关系,工作可以创造价值,休闲中劳动力价值的提升又反作用于劳动生产力。

第四,传统的工作观念将被改变,工作不仅是谋生的手段,更是发挥才干、发挥创造性的途径。

第五,休闲不仅仅是"吃、喝、玩、乐"感官层面的消遣,更是为增加自我多方面的才华,多方面地体验人生、享受人生提供了保障。

第六,未来的劳作与休闲,其边界越来越模糊,相互的依存关系越来越紧密。

看来关注休闲与劳作的关系,其实质不仅是对人性的认识问题,它还涉及人类对科学技术本质的再认识问题。

人,为什么而活着?纯粹为了劳动,或纯粹为了休闲,都不是人存在的状态。劳动与休闲永远是相辅相成的,人类需要以劳动创造价值。

休闲、劳作形式越高级,人就越有可能达到多方面发展自我的休闲境界。只享有休闲而没有劳动,只能是"神谕"的生命活动(事实上,神根本不存在),而只劳动没有休闲那是"非人"的生命存在。

亚里士多德把工作视为人们所从事的实现自觉设定目标的人之有目的的活动,即实现目标的工具和手段在其中被嵌入主客体之间,人在其中创造性地适应于被改变的客体,最终创立一个新对象化的过程。这个"新对象"过程,就包含着人类社会发展所追求的一个目标,我们追求的和谐社会,在一定意义上说,都是为了使人的生命活动能够更好地享受休闲;而高级的休闲形式,可以创造更高级的劳作方式。构建社会中的和谐,也包含着劳动和休闲的和谐发展。一个社会、一个国家的休闲水平，不仅表现着社会生产力发展的水平，而且也表征着这个社会和国家对生命活动目的的认识程度。

劳作与休闲是人类生命存在方式与内容的两个方面，同享劳作与休闲是人对自己生命的尊重，是人的最基本的权利、义务与责任。一个人只倾心于劳作，或只倾心于休闲，说明他的智慧是不健全的，他对生命的理解是肤浅的。因而，他会失去自由、欣赏、创造的机会与能力。

第五节　休闲的真谛

一、何为休闲？

休闲之事古已有之。一般意义上的休闲是指两个方面：一是解除体力上的疲劳，恢复生理的平衡；二是获得精神上的慰藉，成为心灵的驿站。而对于人之生命的意义来说，休闲是一种精神的态度，并在人类社会进步的历史进程中始终扮演着重要的角色。

我们先从字义的角度进行考察。"休"在《康熙字典》和《辞海》中被解释为"吉庆、欢乐"的意思。

"人倚木而休。"《诗·商颂·长发》中释"休"为吉庆、美善、福禄。"闲"，通常引申为范围，多指道德、法度。《论语·子张》："大德不逾闲。"其次，有限制、约束之意。《易·家人》："闲有家。""闲"通"娴"，具有娴静、思想的纯洁与安宁的意思。从词意的组合上，表明了休闲所特有的文化内涵。因而，它不同于"闲暇"、"空闲"、"消闲"。这个颇具哲学意味的象喻，表达了人类生存过程中劳作与休憩的辩证关系，又喻示着物质生命活动之外的精神生命活动。人倚木而休，使精神的休整和身体的颐养活动得以充分地进行，使人与自然浑然一体，赋予生命以真、善、美，具有了价值意义。

同样，在英文词义学的考证中，也可以看到相似的暗喻。英文"leisure"一词来源于法语，法语来源于希腊语和拉丁语。"休闲"，在希腊语中为"skole"，拉丁语为"scola"，意为休闲和教育，认为发展娱乐，从中得益，并与文化水平的提高相辅相成。

这种含义以一定的受教育程度为前提，至今还存在，并将有社会价值的娱乐区别于其他娱乐。可见英文中"leisure"休息的成分很少，消遣的成分也不大，主要是指"必要劳动之余的自我发展"，表明了"休闲"一词所具有的独特的文化精神底蕴。在拉丁语中，我们同样能找到这种排斥关系，因为 otium（休闲、闲逸）的反意为 neg-otium 休闲的一个重要方面，是把休闲从劳动状态与负有责任的其他活动中分离出来。这是人的生存整体的一个组成部分。在某种意义上，休闲与马斯洛的人的需求"五层次理论"中的自我实现的理念相一致，更加重视精神世界中人的创造力和鉴赏力，通过休闲促使人对生活（生命）进行思索，有助于人的全面发展和个性的成熟，使人真正地走向自由。休闲的价值不在于提供物质财富或实用工具与技术，而是为人类构建意义的世界和守护精神的家园，使人类的心灵有所安顿、有所归依。休闲还以特有的精神理想赋予人的经济技术行为以真实的意义，使它与社会中占主导地位的政治、经济或科技力量保持一定的距离或相对的独立性,从而形成一种对社会发展进程有矫正、平衡、弥补等功能的人文精神力量。

二、不同视界中的休闲

随着社会的进步,休闲的意义也在不断地发生变化,从不同的角度看休闲也会得出不尽相同的结论。例如,大众文化眼中的"休闲",通常被看作从属于工作时间以外的剩余时间,休闲的意义和功能主要体现在恢复体能和打发时间上。人们在闲暇中进行生活消费、参与社会活动和娱乐休息,这是从事劳动后进行身心调整的过程和劳动的再生产及必要劳动后的体力恢复相联系。

社会学家把"休闲"看成一种社会建制以及人的生活方式和生活态度,是发展人的个性的场所。近一个世纪以来,社会学家对休闲研究取得了丰硕的成果。例如:休闲时间数量与结构的调查;经济发展趋势和休闲的关系;各阶层对休闲时间的利用;休闲对社会生活的影响;未来社会人们对休闲价值的认识以及对社会的影响;休闲生活的设计和休闲文化的发展等,以指导人们对休闲行为做出价值判断和选择。旨在使人的知识、信念、态度、行为、技能等方面的能力不断地得到提高。

经济学家考察休闲,侧重于休闲与经济的内在联系,根据休闲时间的短长,制定新的经济政策和促进不同方面的消费,调整产业结构,开拓新的市场。在西方发达国家,休闲产业是国民经济收入的重要来源,是政府部门制定相关政策必须考虑的因素。休闲产业的发展促进了产业格局的变化,在休闲产业就业的人数占整个就业人数的比重相当大。不仅促进了物质生产以外的社会交往关系,而且促进了物质交往基础上产生的精神交往。

哲学家研究休闲,从来都把它与人的本质联系在一起。休闲之所以重要,是因为它与实现人的自我价值和"精神的永恒性"密切相关。休闲在人的一生中都是一个持久的重要的发展舞台,是完成个人与社会发展任务的重要的思考空间。休闲本身是一种精神体验,是人与休闲环境融合的感觉,是人的社会性、生活意义、生命价值存在的享受。

将休闲上升到文化的范畴,是指人在社会必要劳动时间之外,为不断满足人的多方面需要而处于的一种文化创造、文化欣赏、文化建构的生命状态和行为方式。休闲的价值不在于实用,而在于文化。它使人在精神的自由中历经审美的、道德的、创造的、超越的生活方式。它是有意义的、非功利性的,它给人们一种文化的底蕴,支撑人们的精神。

从审美的角度看休闲,休闲可以愉悦人的身心。建立于休闲基础之上的行为情趣,或是休息、娱乐,或是学习交往,它们都有一个共同的特点,即获得一种愉悦的心理体验,产生美好感。人与自然的接触,铸造人的坚韧、豁达、开朗、坦荡、虚怀若谷的品格;人与人的相互交往能变得真诚、友善、和谐、美好。

休闲,还会促进人的理性的进步,许多睿智、哲学思想得以产生。例如:天人合一、生态哲学、可持续发展;人类的科学发现、技术发明都与休闲紧密相连。

休闲,还为补偿人的生活方式中的许多要求创造了条件,它通过欣赏艺术、从事科学研究、享受大自然,不仅锻炼了体魄,激发创新的灵感,还丰富了人的感情世界,坚定了人们追求真善美的信念,表达和体现人的高尚与美好的气质。

休闲如同其他任何社会活动一样,都是在具体环境中构造出来的,具有多层次性和多样性,存在许多或然因素,因而不存在一个对所有人都适用的休闲模式。休闲的效果取决于每个个体的经济条件、社会角色、宗教取向、文化知识背景及类似的因素。

三、休闲的定义

休闲不是一个行为的范畴,而是一种行为的方式,因此,休闲以各种形态影响着劳动、家庭生活以及整个文化领域。休闲的定义也像其词源 scole 和 otium 一样广泛、多样,并且变化多端。与休闲活动相比,休闲的定义直到最近才成为学者们的研究对象,这也是目前休闲没有一个统一定义的原因之一,但更主要的是,休闲是一个复合的概念,其本身的属性是可以进行多种解释的,主观性比较强,不同背景的人可以根据其特定的社会价值观和道德伦理观得出不同的定义。人们通常从时间、活动、制度等角度来定义休闲,这些不同的定义角度反映了不同社会和个体对休闲的独特的理解和评价。

(一)从时间的角度定义休闲

这是最基本的休闲定义。从时间的角度看,休闲是从劳动和其他义务活动中摆脱出来的自由时间(free time),人们的生活时间大体上可以分为生活必需时间、工作时间和自由时间三大部分,休闲一般是从一天 24 小时的绝对限制中扣除生活必需时间和工作时间的剩余的自由时间。

在主张休闲的时间定义的学者中,布莱特比尔(Brightbill)认为,休闲是去掉生理必需时间(existence time)和维持生计所必需的时间(subsistence time)之后,自己可以判断和选择的自由支配时间(discretionary time);莫琵(Murphy)认为,个人在自己决定的状况下(self-deterministic condition)可以随意利用的时间即休闲;帕克(Parker)认为休闲是满足工作和生活的基本需要之后的剩余时间(residual time);伦敦城市研究所对休闲的定义是除了工作的时间之外,自己能自主地参与活动的时间。

因为休闲的时间定义容易量化,所以,更多地被人们使用。

(二)从活动的角度定义休闲

从活动角度的定义休闲是在上述时间定义的基础上得出的。根据活动内容来定义休闲的话,休闲是在自由时间内的活动或体验。法国休闲学者杜马哲迪尔(Dumazedier)在分析和比较众多学者对休闲的定义的基础上,指出休闲是人们从工作、家庭、社会的义务中摆脱出来,为了休息、转换心情、增长知识,而自发性地参与可以自由发挥创造力的任何社会活动的总称。他强调,在休闲的决定因素中,活动的内容起重要的作用,人类活动的内容有四个基本方面——补偿活动、家务劳动、社会宗教活动和自我实现活动,休闲属于自我实现活动的范畴。

威尔逊(Wilson)把休闲看作活动与机会要素的结合体,认为休闲是实现工作、家庭、社会及其他义务以后,可以按照自己的意愿所进行的活动,休闲更是提供休息、恢复、娱乐、自我实现、精神上的重生、提高知识、开发技术、参与社会活动的机会。休闲是为了追求个人生活质量而自由选择的活动,而不是类似于睡眠、饮食、工作等高度常规化的活动。

休闲的活动定义的优点是容易观察,但存在不容易计量的缺点。

（三）从状态的角度定义休闲

从状态的角度定义休闲，其特点是为克服从时间和活动的角度定义休闲所存在的问题。例如，体育运动，从现象看它属于休闲活动，然而，当它变成职业或者作为义务进行时，就属于工作，使用于它的时间就不是自由时间，而是义务的、被限制的时间。因此，某项活动是不是休闲取决于享受休闲的行为主体的动机与目的，许多学者根据这一主观因素给休闲下定义。例如，纽林格（Neulinger）强调，休闲是为了达到自己的目的而进行的，从中得到幸福与满足的，与个人内心世界密切相关的体验与心态。

此外，认为"幸福就在休闲中，所以休闲是人生的最高境界"的古希腊哲学家亚里士多德对休闲的定义也在这个范畴中。

皮普尔（Pieper）把休闲与宗教节日联系起来，在他的休闲观里，休闲不仅仅是心灵上的（mental），更应该是精神上的态度（spiritual attitude）和灵魂的状态（condition of soul）。所以说，休闲是身体、心理、灵魂的自我开发机会，皮普尔认为，休闲的能力是人类灵魂深处的最根本的能力，因此，休闲的本质是从自身存在的角度去面对存在的根本所必需的观察状态。

从这一角度分析，休闲既不是时间，也不是活动，它是一种存在的状态（a state of being），同时又是自由意志（free spirit），因此，深思和冥想，以及做礼拜、祈祷等是休闲的最高形式。

然而，休闲的状态定义虽然可以明确区别侧重数量的自由时间和侧重质量的休闲，但却在观察和计量方面存在一定的难度。

（四）从制度的角度定义休闲

休闲的制度定义试图揭示休闲的本质与工作、婚姻、教育、政治、经济等社会活动和价值观之间的关系。

20世纪90年代，美国社会生产力得到很大的提高，但同时带来严重的分配不公，凡勃伦（Veblen）对当时社会体系和结构分析后认为，历史上被统治阶级的物质生产劳动是辛苦的、无用的，表现在其懦弱性和劣等性之上；相反，统治阶级的精神劳动创造是更有效、更有意义的。由此形成的资产阶级生活方式产生了在休闲领域里展示统治阶级成功的人生，并在被统治阶级中得到认可的倾向。休闲是显示社会身份的经济象征，是区分上流阶级与工人阶级生活方式的象征，是用金钱消费来显示处于优越地位的姿态。

休闲与劳动的关系也具有重要的意义。心理学家马尔库斯（Marcuse）预测，自由时间与自动化会改变劳动时间和自由时间的关系，劳动时间将越来越短，自由时间将越来越长，其结果将会导致不能同时适应急剧变化的价值观和传统文化的生活方式，他预言发达的社会正处于走向这种可能的预备状态。心理学家大卫（David）和菲利普（Philip）指出，劳动时间的长短本身就是衡量快乐与否的重要的现实原则，他们强调，减少劳动时间是争取自由的首要前提条件。

在现代社会，休闲的含义是人类生活中创造历史的两个方面，劳动与休闲的函数关系。换句话说，一方面，休闲的本质是人类在生存过程中从劳动的疲劳、倦怠、压迫感中解放出来，补充能源以进行的再生产的手段；另一方面，在越来越享受化的现代社会中，休闲成为生活的目的,而劳动则是把休闲生活变成现实的手段。在这种关系下,休闲成为与劳动对立的概念,但这两个生活要素在制度上的关系应该是密切的、互补的。

上述休闲的几种定义都不能充分涵盖休闲的本质,学者们又试图从综合的角度来定义休闲。因为在劳动、玩乐、教育,乃至所有人类社会行为中都存在休闲的因素,所以,休闲是复合的、多面性的、单独任何侧面都无法充分说明休闲的本质。休闲具有时间、活动、状态、制度等因素的合理结合的综合性特征。休闲的综合概念从理论的层面上总结了在劳动、玩乐、教育,乃至所有人类社会行为中表现出来的休闲的各种因素。莫琵(Murphy)等学者主张这种休闲观,认为休闲的综合概念能解释人类所有行为工作、玩乐、教育以及其他社会现象中的休闲因素。

基斯特(Gist)和弗法(Feva)从活动及时间的角度考察休闲,认为休闲是人们从劳动或者其他义务工作中解放出来,自由地放松,转换心情,取得社会成就并促进个人发展的可利用的时间。

由此可见,休闲的综合定义是上述的时间、活动、状态、制度等要素的合理结合,因此,它对整合各种休闲概念提供比较有说服力的、有机的、可行的方法。

同步练习 试给休闲下个定义,并说明休闲有哪些功能?

本章小结

"休闲与闲暇"是两个不同的概念,但它们相互依存,互为条件。无"闲",何谈"休"。但此"闲"更指一种心态和心境。闲暇,是一种以时间形态存在的社会资源,其价值重大。休闲,是人"成为人"过程中的重要舞台,是人的本体论意义之所在,是一种生活实践和生命体验,是人类美丽的精神家园,是人生的一种智慧,也是促进文明社会进步最有效的途径。

"休闲与旅游"是现代人普遍享有的休闲方式,是与人际关系和人类交流相联系的社会文化现象,是人的一种精神文化生活,体现一种新的生活方式,是人性的一大进步。休闲理念融入旅游,能增强旅游的文化属性,开阔旅游者的视野,拓展旅游业界的范围。旅游—旅游休闲—休闲旅游—休闲是旅游业发展的必然规律,是旅游者成熟和理性选择的法则。

"游戏与创造"既是一对范畴,又是一种因果关系。游戏在相当意义上等同于休闲。我们强调:游戏是人的休闲方式和生活主题之一。人之初,性本玩,活到老,玩到老。科学家从生物、生理、心理、人类学、脑化学、文化学等多角度得出了科学的依据,游戏是"衣、食、住、行"四大要素之外的重要生存条件之一。缺少游戏,一切生命都难以进化;缺少游戏,一切创造都难以找到源泉。人类社会伟大的原创性活动自始至终都渗透着游戏。

"劳作与休闲"是休闲研究中的一对范畴,一般情况下人们常常把它们对立起来。我们认为,劳作与休闲是人的存在的组成部分。劳动创造了人类,也创造了休闲;没有劳动就没有休闲，没有休闲，人类就不会有高级的劳作形式。伴随科学技术的迅猛发展，人类的劳作与休闲形式都将发生重大的变革。第一个方面，劳动产品的附加值将愈来愈高；第二个方面，劳作与休闲的界限也越来越模糊；第三个方面，劳作对休闲的依赖也愈来愈多。西方学者预言，未来若干年"工作的终结"将来临，这既可将人送入"天堂"，也可把人打入"地狱"。关注劳作与休闲的关系，实质是对人的未来存在的思考。无论如何，我们希望未来的劳动将会更多地凝聚人的休闲智慧，休闲智慧将使未来的劳动充满创造的激情与乐趣。劳动形态的多样化、多元化、个性化和人文化既是人类的理想，也是文明社会真正来临的标志。

"休闲"在几千年人类文明演化的历史中，始终具有重要的文化价值，不同时代的思想家们无不充满激情地赞美"休闲"。亚里士多德说，休闲才是一切事物环绕的中心，是哲学、艺术和科学诞生的基本条件之一。英国思想家罗素说，能否聪明地用"闲"是对文明的最终考验。科学家爱因斯坦说，人的差异在于闲暇。爱尔兰剧作家萧伯纳说，劳作是我们必须做的事，休闲是做我们喜欢做的事。

当今，休闲已成为我们这个时代的重要特征之一，成为人类社会文化活动的重要组成部分，成为与每个人的生存质量息息相关的领域，同样，也成为社会进步的标志。

关键概念

闲暇　旅行　旅游　游戏　劳作　休闲

复习思考

1. 复习题
（1）说明休闲与闲暇的异同。
（2）说明休闲与旅游的关系。
（3）说明休闲与游戏的关系。
（4）说明休闲与劳作的关系。

2. 思考题
休闲时间与生产力发展、人类文明的关系是什么？

拓展案例　　　　"网红"小镇——拈花湾

灵山小镇·拈花湾，世界级禅意旅居度假目的地，集旅游度假、会议酒店、商业物业于一体的禅意特色文化旅游目的地。2015年11月，拈花湾开业；2016年，灵山胜境及拈花湾的总游客人数达到400万人次。

拈花湾是怎么建起来的？

"以文化为魂、以品质为根、以体验为王、以市场为基"。

第一，创意、创新、创造。主要是"无中生有"的方法，怎样让原来一片荒芜之地、破败之地变成一个大美境界的旅游目的地。在这个过程当中,我认为设计师是搞不出来的,主要还是靠真正能够洞察市场和对旅游休闲产业非常熟悉的操盘手来做创意策划。没有好的创意策划,就没有好的规划,就没有好的产品,思路决定出路,这是我的经验,非常重要。现在拈花湾出来以后,很多设计师参与了灵山拈花湾建设,我之前从来没有讲过拈花湾,但是全国各地都有人介绍过拈花湾,实际上他们只是一部分参与者,我认为更需要的是核心团队、需要核心人物的创意、创造、创新能力。

第二,精致、精细、精美。现在拈花湾本身有一道风景就是到那里的所有人都在照相,我们现在要增加一个服务就是提供充电器,为什么?处处是景、处处可以留影。这个美景哪里来的?大家在微信里可以看到拈花湾有青苔、竹篱笆、茅草顶以及很多细节,怎样做出来的?这个精细就是细节创造伟大,细节是成功之母,魔鬼就在细节里,这个话说起来容易做起来很难。我是经历者,每一个细节都是我自己和团队一起。比如说,竹篱笆,是请日本人来做的,在中国浙江、江苏招了很多人,做这样精美的竹篱笆做不出来,最后花了30万元请了两位70多岁日本竹篱笆师傅,我们到日本看建筑,认为这个建筑是日本人的,其实真正的唐式建筑是中国的,拈花湾总体格调是唐风宋韵,有人说我们是日式建筑,但是我们要回归到文化本源,就是唐宋时期的文化大格局。竹篱笆最终在拈花湾用了很多,叫了两个师傅来教了技术以后在浙江生产,包括青苔,如果要体现禅意,每一个小景观都做草坪,这样味道就没有了,所以,当时我定下来一定做青苔,在无锡虽然空气比较湿润,但是要把青苔做活不是那么容易的,试验就试验了三四个月,最终才成功在拈花湾可以看到青苔,成了拈花湾体现禅意非常重要的载体。

总的来讲,死磕产品,最终做产品的人不把自己逼疯做不好产品,不把自己逼疯消费者就会把你逼疯,竞争者就会把你逼疯,首先要折腾自己,不然人家要折腾你。

第三,品质、品位、品牌。拈花湾做了30个客栈,我今天在这里宣传一下,每一个客栈都不同,有不同的韵味、不同的格调、不同的体验,30个客栈的名字都是用禅诗命名的。在中国当下旅游目的地如何打造升级产品,我们这个客栈是一个重大的探索。现在客栈中基本上是四星级到五星级标准,但是有一种生活的气息,而且有一种文化的品位。客栈里我们还有一道美丽的风景线,就是客栈的老板娘,也就是具体负责这个客栈的运营主管,当时也经历了一个探索过程,到底用酒店的办法来管,还是需要人性化、个性化的管理?最后,在公司里动员中层干部,到一线去,适应旅游市场的需求,去做"老板娘"即客栈运营主管。客栈"老板娘"也是在灵山做了30个客栈了以后探索出来的一种新的管理模式,标准是按照五星标准管理,但是有更加人性化的服务。

第四,情景、场景、意境。去过拈花湾的人都知道,晚上的拈花湾比白天的拈花湾漂亮,因为晚上有禅行的表演,就是让所有的人在小镇上自在的、慢慢地走,体悟、感悟禅的时光。当时为了做这个禅行和公司团队有很大的争执,为什么做禅行?我认为,一个度假目的地如果晚上静悄悄,没有一点和你的文化主题相关的演艺和体验活动让大家能沉浸其中,那么你这个目的地是要打折扣的。从灵山的情况来看,禅行是旅游目的地必不可少的重要载体,也是体现文化主题内涵的重要表现方法。

第五,体验、体会、体悟。关键是内容,关键是活动。这是我们做拈花湾以后非常深刻的启发,就是如果一个地方让人家住下来以后没有事情可以干,我觉得这个是不行的,也就是说你要有各种各样的主题活动。拈花湾是围绕禅,围绕简单、快乐、健康的生活方式,有抄经、经行、悟道等场所,你只要想学、只要想体悟都可以找到非常优雅的场所去体验。小朋友有小朋友的场所,大人有大人的场所。拈花湾的很多黄金地段都拿出来做了体验馆,也就是说体验是今后休闲度假旅游的一个核心竞争力,最终的目标是要把生活方式和休闲度假结合起来,禅的生活方式就是简单、快乐、健康,让他到这里来了以后真正体会到放松、自在、欢喜、赞叹。

第六,用心、用力、用钱。用心就是像这样一个"无中生有"又要做成的旅游目的地项目,如果你不用心去做是做不好的。用力、用心,力是体力、精力。公司的大小会议开了不下2000次来讨论如何建好小镇,我到工地上走的里程不计其数,没有很好的精力、体力不行。还要用钱,打造文化旅游目的地的精品工程和做房地产的根本区别在于敢不敢用钱,这个钱用下去还要有回报,还要有收益,这个问题是我觉得现在很多人到拈花湾来学习,我对他们讲得最多的是不能光学外在的东西,还要把灵魂的东西学到。全国四五个地方把拈花湾图纸拿过去,造出来一模一样的产品,但是你去看就是一堆垃圾,就是从网上把图纸弄过去,让设计人员在拈花湾住了一个月,去仿造,但是没有把拈花湾的魂学到,其中一条就是舍不得这点钱。

比如说,整个拈花湾的建筑,里面主要建筑都是木结构,我们要成为一个景点,要作为一个吸引物确实要有投入。

第七,传承、传世、传奇。魏老师教育我们要"传承文化、创造经典",还有"当代的精品就是未来的遗产"的意识。我们做旅游项目是很累、很苦的,但是想到一百年以后现在做这些东西还在,就等于是生命的延续,这个时候再累、再苦也值得,所以"当代精品、未来遗产"是我们的追求。

(资料来源:2017首届中国休闲度假大会的发言,吴国平"无中生有"的拈花湾。)

讨论:

1."拈花湾"为什么能成为网红小镇?
2."拈花湾"满足了游客哪些诉求?
3."拈花湾"在哪些方面值得旅游小镇借鉴?

第三章 分析休闲行为

◆ 本章导读

马克思指出:人们有了充裕的休闲时间,就等于享有了充分发挥自己一切爱好、兴趣、才能、力量的广阔空间,有了为"思想"提供自由驰骋的天地。在这个自由的天地里,人们可以不再为谋取生活资料而奔波操劳,个人才在艺术、科学等方面获得发展,"个人的充分发展又作为最大的生产力反作用于劳动生产力"。

◆ 学习目标

1. 识记:概述休闲行为、休闲需求、休闲动机、休闲障碍等概念。
2. 理解:描述休闲行为的产生条件及休闲障碍。
3. 应用:解释休闲行为的特点及休闲模式。
4. 分析:比较不同群体休闲动机、休闲行为的特点及休闲障碍。
5. 综合评价:撰写不同群体休闲行为调查报告,总结行为模式。

◆ 学习任务

名 称	大学生群体休闲行为调研
学习目标	1. 认知大学生休闲行为 2. 描述大学生群体休闲行为特征
学习内容	大学生群体休闲动机、休闲行为特征和休闲障碍
任务步骤	1. 选定研究对象 2. 确定调研方法:问卷调研、访谈 3. 确定调研手段和调研时间 4. 实施调研 5. 整理调研结果,制作PPT简报
学习成果	大学生群体休闲行为调研简报

◆ 案例引导

广州女性休闲方式调查研究

有调查以广州市女性居民为主要调查对象,主要采用问卷法兼访问法。通过调查发现:广州市女性休闲主要是以逛街购物、走亲访友、美容消费、在家休息、上网、阅读、健身、跳舞等为主,而购物和访友仍是妇女最普通的休闲方式,是广州女性传统的休闲生活方式。各类服务业,例如,美容院、健身房、商业街在休息日的人潮量增多,尤为明显。在广州商场的各类商品中,女性消费额占总人群消费额的85%以上。具体如表3-1所示。

表3-1 广州女性休闲方式统计表

休闲方式	数量/人次	比率/(%)
逛街购物	400	89.89
走亲访友	310	69.66
在家休息	350	78.65
美容消费	50	11.24
上网	150	33.71
学习与自修	100	22.47
健身	54	12.13
跳舞	35	7.87
看电影或电视录像	170	38.20
旅游	65	14.61
其他(如从事公益活动)	25	5.62

广州作为我国的发达城市,当地女性居民的休闲方式与其他较发达地区女性居民的休闲方式具有一定的共同点。从调查结果可以看出,女性消费的种类远比男性高,休闲消费的比例也比较高,是休闲市场的重要组成部分,且市场开拓的可能性相比其他细分市场要大。因此,相关部门应当提高对女性休闲市场的重视程度,认真研究女性的消费习惯和休闲偏好,采取有效的设计和宣传手段,充分把握女性休闲市场的大好前景。

(资料来源:马天芳,谭文秀.广州市女性休闲生活实证分析[J].职业圈,2007(9).)

思考:广州女性休闲方式有哪些特点?

第一节 休闲行为

一、休闲行为概述

从发生学的角度来看,休闲行为的全过程应当包括六个要素:一是得闲空,有可自由支配的时间;二是有闲心,有兴趣从事休闲活动;三是用闲钱,不必把生活必需的费用占用;四是读闲书,轻松愉悦,倦即抛开睡去;五是做闲事,闲中有忙,忙里偷闲;六是养闲趣,做自己喜欢的事情,修身养性,怡然自乐。

正如龚刚在《闲话三题》所述及"闲书之为闲,当有三义:一为非关宏旨,一为清通耐读,一为情致超然。书关宏旨,则闲情无所寄;文义难通则闲兴无所托;用情过深,则闲趣无所彰。"又有清人张潮指出,"人莫乐于闲,非无所事事之谓也。闲则能读书,闲则能游名胜,闲则能交益友,闲则能著书。天下之乐孰大于是?能闲世人之所忙者,方能忙世人之所闲"。

同步阅读　国外老人休闲趣闻

二、不同群体休闲行为

(一) 老年人休闲行为

目前,中国老龄化程度正在逐渐加剧,独生子女政策也让老人的儿女越来越少,生活变得日益简单。此外,由于身体原因,导致很多休闲娱乐项目老年人都不宜参加,休闲娱乐方式的单调直接影响着老年人生活和生命质量的提高。同时,随着老年人数量的不断增加、观念的逐渐更新以及我国社会福利制度的日益完善,老年休闲市场正日趋成为休闲市场的重要组成部分,值得引起休闲市场开拓和发展者们的注意。

天津市社科院社会学教授郝麦收指出,了解老年人的休闲需求,关注老年人的休闲生活,开发及繁荣老年人休闲产品市场,帮助老年人学会、拥有积极健康的休闲生活对老年人及整个社会都具有重要意义。

"在目前老年人休闲服务发展的初期,政府搭台提供公共性休闲服务设施的作用举足轻重。"郝麦收说,老年人一般活动范围较小,休闲活动地域比较固定。因此,政府应针对老年人在休闲娱乐方面的实际需求,加大对社区老年活动中心等公共休闲服务设施的投入力度,充分利用老年协会、老年大学、老年活动中心、公园等有效载体,开展适合老年人特点的群众性文化休闲娱乐等活动。

南开大学老龄发展战略研究中心主任认为，一方面政府应积极鼓励和支持老年人休闲产业的发展，另一方面服务行业应该积极挖掘老年休闲产业的商机，针对老年人的消费需求和消费特点，加快开发老年人欢迎的休闲娱乐产品。例如，当前越来越多的老年人开始有了出游的愿望，旅行社应针对目前面向老年人的旅游产品数量少、严重老化的现状，加快开发适合老年人特点的新旅游线路和旅游服务。

1. 老年休闲市场崛起的现实可能性

一方面，老年休闲市场具有足够的购买潜力。据专家预测，到 2020 年，中国 60 岁及 65 岁以上人口比重分别将达到 16.23% 和 11.30%，2030 年将高达 22.34% 和 15.21%；到 2020 年，仅退休金一项就将达 28145 亿元，2030 年则上升到 73219 亿元。除了退休金之外，受传统理财观念的影响，绝大部分的老年人都有储蓄的习惯，随着子女成家立业，老年人的积蓄也可以为自己的生活娱乐所用，因此，有足够的开支用于休闲消费。

另一方面，老年人消费观念的转变。过去的老年人思想往往过于传统，认为一旦有了孩子，所有的心思和生活重心都应该放在孩子身上，从孩子出生到上学，从大学毕业到成家，再到孩子有自己的下一代，老年人总认为自己的钱应该用于儿子辈和孙子辈，自己则永远省吃俭用，除了生活必需品上的开支外，其余都用于下几代的身上。但现在的老年人受当代先进思想的渲染，越来越意识到老年人应该有自己的生活，应该满足自己老年时代的需求，再加上子女们的支持，越来越多的老年人逐渐接受了进行休闲消费的思想和理念，为老年休闲市场的兴起奠定了良好的基础。

2. 老年休闲市场的细分

根据国外老年生命阶段模型，55 岁以上人群被定义为老年休闲市场，具体可以细分为以下几类。

1) 身体健康的享乐主义者

身体健康的享乐主义者约占老年人口的 18%。这类老年群体发生疾病、退休、失去亲人的概率很低，而且具有较为充足的可支配收入，因此，在消费行为上最有可能接近年轻人，喜欢旅游、娱乐等。

2) 身体健康的遁世主义者

身体健康的遁世主义者约占老年人口的 36%。这类老年群体经历过失去亲人、工作等事故，因此，在心理上变得比较抑郁，虽然身体上健康，却很少主动与外界联系，很少进行休闲娱乐活动。

3) 多病外出者

多病外出者约占老年人口的 29%。这类人与第二类老年人刚好相反，他们虽然身体状况不好，但思想仍然积极乐观，对生活充满了热情，只要条件允许，就会主动参加社会休闲活动，进行身体锻炼。

4) 身体虚弱的幽居者

身体虚弱的幽居者约占老年人口的 17%。这类群体身体状况相当不好，因此，难以进行户外活动，但思想上仍然对外界保持关心，通过电视、广播，甚至网络等媒体获取信息。

3. 老年休闲市场的构成

具体来说，老年休闲市场应当包含以下几种类型。

1) 旅游市场

退休后的老年人,因为有足够的休闲时间和金钱,所以只要身体状况允许,都会选择在空余时间进行休闲旅游。但是,老年人在选择旅游目的地时,通常会选择那些纯自然或者具有历史纪念意义的地方,而且一般会要求旅游活动行得慢、吃得软、买得廉。

2) 文化娱乐市场

老年人的文化娱乐市场一般也包括电视、网络、广播、报纸杂志等形式,通过对这些文化娱乐活动的参与,老年人能在不出家门的同时也了解外面发生的事情,使他们既能满足打发空余时间的要求,也能使他们保持与外界的沟通而不被淘汰。

3) 体育保健市场

随着年龄的增加,老年人的身体状况逐渐下降,因此,老年人往往希望通过参加些体育锻炼来增强体质。同时,老年人在选择保健活动时往往会选择那些群体性、娱乐性的活动形式,这样既能达到强身健体的目的,又能与同龄人保持联系与交流。

（二）女性休闲行为

女性休闲市场是指目标消费群体以女性为主体,为专门适应女性休闲消费的特点与规律而形成的特定的休闲消费市场。就目前形势看,随着我国女性独立意识和经济状况的转变,我国女性的社会地位日益提高,女性在休闲产品的选择方面也越来越趋于多样化和个性化,对我国的休闲产业发展起到了很大推动作用。因此,企业应该对女性休闲市场高度重视,从女性消费角度出发,在认真了解和研究的基础上,开发出适合广大女性休闲的优质产品和服务,并采取有效的营销对策这样才能拓展女性休闲市场,从而获得利益。

随着我国女性社会地位的日益提升和自我意识的完善,女性休闲市场逐渐在整个休闲市场中突现出重要地位。

1. 开发女性休闲市场的可行性

1) 女性经济上的独立

自20世纪90年代以来,中国女性就业比例已达82.3%,大部分女性有了自己的经济来源和经济收入。女性经济上的独立与其就业相联系,根据全国妇联和国家统计局联合实施的第二期妇女社会地位抽样调查结果表明,1990—1999年的十年间,女性尤其是在业女性的经济收入有了较大幅度的增长。1999年城镇在业女性包括各种收入在内的年均收入为7409.7元。从收入分布来看,城镇在业女性年均收入高于5000元的占52.6%,年均收入高于1.5万元的女性占6.1%。可见,我国女性在社会上的地位大幅度提高,越来越多的女性开始外出工作而非在家相夫教子,随着工作的稳定,女性的经济收入也就变得相对稳定。

2) 女性自我意识的增强

随着社会经济和教育文化事业的发展,女性受教育水平有了较大幅度的提高,女性的社会经济地位得到提升,女性逐渐成为社会经济活动的参与者和重要角色。随着经济地位的独立和提高,现代女性的自我意识也随之增强。越来越多的女性在追求工作上有成就的同时,也希望达到工作和生活的平衡,因此,她们会愿意在工作之余进行一些休闲娱乐活动来增加自己生活的愉悦性。此外,女性在家庭中的地位也不再是从前的从属地位,很多情况下反而是掌管家中财物的重要角色。这些因素都使女性的价值观发生了根本性变化,自主意识增强,希望生活多样化对物质享受和精神享受提出了新的要求,因此,追求休闲消费的欲望也越来越强,休闲项目的消费也逐渐增多。

3) 女性闲暇时间增多

随着价值观的转变和社会的逐渐认可,女性在社会中扮演的角色也发生了根本性的变化,不再需要永远待在家里做家务,因此,自主支配的时间会比较多。其次,相对于男性,女性的生存压力毕竟没有那么大,因此,也会相对有更多的工作之余的时间可以进行休闲娱乐活动。

随着社会生产力的普遍提高、科技的快速进步以及各种各样家政服务公司的涌现,使得女性耗费在家务劳动上的时间相对减少,因此,女性的闲暇时间逐渐增多。有研究者做过调查,结果显示:1990年,周平均闲暇时间男性5小时38分,女性4小时50分;1997年,男性5小时47分,女性5小时45分。数据表明,男女的闲暇时间均在增加且女性的增加幅度较大。

2. 女性休闲市场细分

1) 青年女性市场

青年女性往往参加工作已有一段时间,也就是说积累了一定的物质财富,而且往往未婚或者已婚而无子女。此外,这类群体的思想较为前卫,自我意识也比较强,会追求生活的个性化和时尚化。因此,青年女性既有钱又有闲还有意识,这就让青年女性市场成为休闲市场的重要组成部分。

2) 中年女性市场

这类女性群体基本属于已婚且有孩子的,伴随着家庭的稳定和经济基础的巩固,这类群体往往也有足够的资本进行休闲消费。但与青年女性不同的是,中年女性在进行消费选择时往往受家庭因素的影响,比如,长时间的休闲度假会选择在孩子和丈夫放假的时候。

3) 老年女性市场

老年女性市场属于老年休闲市场,因此,在特征上也就体现出前面提到的那些内容。但相对于男性而言,老年女性在群体性要求上更明显一些,她们更喜欢将健身、娱乐、结交朋友等联系在一起。

(三) 中年人休闲行为

休闲消费最为重要的两个因素是有足够的可支配收入和充裕的自由支配时间。基于此,中年人这一特殊群体必将成为休闲消费的主要生力军之一。因为中年人经过多年的积累,相对于年轻人更有可能具备一份稳定的工作和相对可观的收入来源。此外,随着工作经验的增加和职位的上升,中年人也将逐渐拥有更多的时间可以自主支配。另外,作为一家之主,中年人在选择消费种类的时候往往会从提高家庭生活品质方面考虑,因此,会更偏向于休闲消费。

1. 城市中年人的休闲消费

基于社会等级的不同,城市中年人可以被划分为以下几个阶层:最贫困阶层、贫困阶层、中下阶层、中间阶层、中上阶层、富裕阶层和最富裕阶层。

从调查结果来看,总体而言,最富裕的中年人往往把大部分时间用于休闲旅游、学习或者运动上面,而在娱乐方面却相对较少;与此相反的是,一半以上的贫困阶层中年人将大部分休闲时间用于娱乐方面;富裕阶层和中上阶层的中年人,其主要休闲活动都是处于社交目的。

在具体的休闲活动选择上,贫困阶层的中年人由于受经济收入、受教育水平等方面影响,多选择较低层次的休闲活动,如看电视、打牌、打麻将等。富裕阶层的城市中年人,往往选择一些更具生活品质的休闲方式,例如,骑车、旅游、爬山等,而且往往是出于缓解社会压力、逃避工作、欣赏自然风光等目的。

2. 农村中年人休闲消费

就目前的中国国情来看,城乡之间还是具有较大差距的。虽然随着新农村建设的日益普及,我国农民收入有了大幅度提高,但由于受传统生活方式、思想观念、教育水平等因素制约,农村中年人的休闲消费方式与城市中年人还是具有较大差异的。总的来说,农村中年人的消费活动主要体现在消费时间集中和消费水平较低的两个特点上。

首先,与城市中年人休闲消费相比,农村中年人的消费季节性比较强,特别集中在中国传统节日上,比如春节、元宵、中秋、清明等。因为受传统观念影响,农村人往往认为这些节日意义重大,适合亲朋好友相聚,而且受国家休假制度的影响,这些日子也往往有足够的闲暇时间可以进行休闲消费。

其次,农村中年人虽然属于农村整体休闲消费的主力,但其休闲活动层次仍然比较低。最普遍的休闲活动就是在家招待亲朋好友,或者待在家里看电视、打牌、打麻将,具有支出少、形式单一、技术含量低等特点。需要指出的是,不同地域的居民,由于受当地经济、政治、文化等因素的影响,在休闲消费需求或者行为上往往体现出不同的特点。因此,在发展各地休闲事业时,应当基于当地的实际情况,有针对性地设计休闲产品,引导居民进行消费。

(四)青少年休闲行为

1. 青少年市场的开发前景

1)思想意识的前卫

从"80后"一代开始,青少年追求个性、追求自我的意识越来越强烈。而且由于青少年往往有自己崇拜的偶像,因此,偶像们的思想和行为更易传染给他们,使之竞相模仿。

2)渴求释放学业压力

青少年一般处于求学期,虽然有沉重的学业,但他们仍然希望有自己的休闲时间和空间,甚至就是因为有学业的负担才让他们更加希望有放松的机会,从而释放或减轻这种压力。

3)经济上的相对宽裕

现在的青少年大多数是独生子女,因此,父母对他们往往宠爱有加。在经济上也肯定少有约束。这使这代人基本有足够的经济来源进行休闲消费。

2. 青少年休闲产品细分

1)旅游产品

目前,青少年参与旅游的兴趣日益高涨,无论是独自旅游还是结伴旅游,抑或是班级集体出游。旅游对于青少年往往有极大的吸引力,因为在游玩过程中往往可以结交朋友、锻炼身体、增强集体意识等。

2) 体育健身产品

对于青少年而言,体育健身产品不仅包括一般的健身娱乐项目,例如,球类运动、舞蹈训练等,也包括较为前卫的休闲项目,比如,野外拓展、登山、极限挑战等。一切可以展现个性、前卫的项目都有可能成为他们的消费选择。

3) 文化娱乐产品

青少年是处于时代最前列的群体,再加上正在接受学校教育的影响,因此,无论是电视、电影、网络等一般的休闲项目,还是较高层次的歌剧等艺术表现形式,都有可能成为他们消费的选择。

   网络游戏对青少年的影响

三、休闲行为特点

(一)休闲行为的定义

休闲行为是休闲主体(休闲利用者或使用者)利用时间和收入等条件,为了满足休闲需要,自发参与并得到满足的能动的过程。休闲行为具有自由性,但它也隐含着以下限制因素:个人意识和行为,社会层面的一切时间空间约束。此外,尽管人们强调经验对休闲行为的约束,但人们对历史和未来的好奇与向往也影响着休闲行为,尽管休闲行为在本质上是动机引发的,但如果没有长时间的意愿和计划的话,那么一个人就不会产生休闲动机。

休闲行为的范畴远比旅游行为的范畴广泛,因为旅游受时间、场所、费用等诸多因素的制约,而休闲受这些因素制约相对较少。

(二)休闲行为的特点

休闲行为既是休闲主体的主观行为,又是休闲主体与休闲客体、休闲媒体之间的相互作用。休闲行为一般具有以下几个特点。

(1) 休闲行为是休闲利用者自由选择的结果,是人类的自发性行为。

(2) 休闲行为是由动因(motivator)引起的,并需要金钱或时间等个人条件以及休闲客体等诱因(pull)。

(3) 休闲行为与人类需要,例如,休息转换心情、自我启发、社会成就等有密切关系。

(4) 不同的休闲行为带来的满足程度可能不同,后者受休闲客体质量和休闲产业服务水平的影响。

(5) 休闲行为是一种人的空间移动,休闲利用者必须亲自接近休闲资源或设施。休闲行为的这一特点在旅游行为中尤其突出。

（6）休闲行为是人们在休闲时间中所经历的一系列过程。

（7）休闲行为的内容和形式具有动态性。随着外部环境和内部环境的不断变化，休闲行为也不断发生变化。

因此，休闲行为是休闲主体在时间和费用充足的条件下，为了实现休闲需求而自发参与的并从中得到满足的能动的过程。

特别地，休闲行为是消费者行为的一种表现，休闲行为与购买休闲商品和服务有直接关系。此外，如果把休闲现象看作一个系统的话，那么休闲行为是休闲主体与影响它的所有变量之间的相互作用的结果。总而言之，休闲行为是满足休闲需要的目标导向性行动，它是满足休闲需要的一种艺术和科学。

（三）休闲行为的过程

休闲行为是一个过程，它包括从休闲行为的开始到经历以后的满足等一系列阶段。美国学者楚勃（Chubb）把休闲及娱乐活动的过程分为认识阶段、初期决定阶段、探索阶段、最终决定阶段、期待阶段、准备阶段、外出旅行阶段、主要体验阶段、返回阶段、事后调整阶段、回忆阶段等。如表3-2所示。

表3-2 休闲行为过程

阶　　段	名　　称
第一阶段	认识阶段（awareness phase）
第二阶段	初期决定阶段（initial-decision phase）
第三阶段	探索阶段（exploratory phase）
第四阶段	最终决定阶段（final-decision phase）
第五阶段	期待阶段（anticipation phase）
第六阶段	准备阶段（preparation phase）
第七阶段	外出旅行阶段（outward-travel phase）
第八阶段	主要体验阶段（main-experience phase）
第九阶段	返回阶段（return-travel phase）
第十阶段	事后调整阶段（follow-up phase）
第十一阶段	回忆阶段（recollection phase）

（资料来源：Michael Chubb, Hubb. One Third of Our Time？［M］. NewYork：John Wiley & Sons, Inc,1981.）

1. 认识阶段

休闲行为是从个人认识到某种休闲机会的瞬间开始，这种认识是由某种刺激而产生的。例如，家属中某个人要参加休闲；从家属、亲戚、朋友那里听说到休闲机会；看到别人参加休闲；大众媒体传播休闲活动；了解到休闲装备和设施等等。

2. 初期决定阶段

初步决定自己参与与否。初期决定是对休闲参与机会的直接反应，其结果可能是肯定的,也可能是否定的。

3. 探索阶段

无论是谁,一旦决定参与休闲,那么接下来的阶段便是试图调查和接触别人,比如,得到包括父母等保护者的允许或得到工作单位的许可、收集信息等。

4. 最终决定阶段

尽管有些人关于是否参与休闲的最终决定要拖延好几年,但大部分人还是比较容易做出最终决定。

5. 期待阶段

期待阶段是休闲体验的主要部分。例如,小孩子盼望过年和过节。

6. 准备阶段

休闲活动的准备主要是操作性工作,但是参与者往往也要做心理上的准备、制订活动计划等。

7. 外出旅行阶段

这一阶段的休闲行为可以直接观察到,休闲旅行也许可以成为愉快的冒险。

8. 主要体验阶段

体验时间可短可长,可能是持续的,也可能是非持续的。一般来说,休闲行为由一系列的主要体验和附属体验组成。

9. 返回阶段

从休闲返回到居住地的阶段。此时,如果主要体验得到满足,那么休闲是愉快的;相反,如果主要体验没有得到满足,那么休闲可能是不愉快的。

10. 事后调整阶段

这个阶段包括从休闲体验中恢复回来,从兴奋等心理反应中恢复回来,恢复有规律的生活,它是休闲活动以后的调整身心的阶段。

11. 回忆阶段

对于大部分人来说,休闲体验的回忆是很重要的。有些人更看重回忆,因为体验是暂时的,而休假里浪漫活动的回忆可能持续几个月甚至几年。

休闲主体是在无意识地经历休闲行为过程的,有的人经历上述 11 个阶段,有的人的休闲过程可能是其中的几个阶段。一般地,旅行距离越远的休闲行为经历的阶段越多,家庭活动或近距离旅行则省略或跨越某些阶段。

古恩(Gun)把休闲行为过程分为:积聚、决定、往休闲对象旅行、形成参与、返回旅行、重新积聚等 7 个阶段。奥里奥丹(O'Riordan)则把休闲行动分为预期、旅行、现场体验、返回、回忆等 5 个阶段。

不同的人的休闲行为的过程是各不相同的,即使参加同样的活动,个人也有不同的休闲体验。此外,有的人的休闲行为是单一的、连续性的,而有的人可能同时进行多种的休闲行为。

四、引发休闲行为的因素

(一) 自发性

自发性的因素主要包括消磨时间、避免无聊、放松身心,从欣赏大自然以及现代文明中获得解脱,体育锻炼、健康体魄,寻求刺激(包括正面的刺激和负面的刺激)等。此外,还包括以下几个方面的原因。

1. 发挥个人潜力,提高个人修养,并得到某种反馈

发挥个人潜力,提高个人修养,并得到某种反馈,就是得到社会某些群体的承认,或是得到周边人群的一些赞扬,这个过程涉及各种各样的活动和方式。例如,在野营的过程中,个体由于熟练掌握或了解了野营知识而受到朋友们的赞扬,同时感到自我的一种提高。

2. 求知性的审美活动

比如去剧院欣赏歌剧,去图书馆读书,或者去博物馆观赏文物等,这种方式在发达国家是非常普遍的。很多人的重要的休闲方式就是追求这种求知性的审美活动。第一,凡是这种活动都在比较高雅的环境中进行,这种高雅的环境氛围本身对自己就是一种熏陶。第二,在求知的过程中你确实感觉到你的知识素养在提高,知识在积累。第三,更重要的在于这是一种审美活动,通过这样一种审美活动达到了精神愉悦,而且这种愉悦是其他的方式替代不了的,比如,昏天黑地地打麻将代替不了欣赏高雅音乐会或话剧带来的审美享受。

3. 逃离日常的生活和责任

现代人生活太沉重了,我们活着太累了,一天到晚要想着老的怎么办、小的怎么办,总这么想来想去可不是活得太累了吗。因此,很多人只能寻求一种休闲方式,这就是逃离日常的生活和责任。

以上从自发性的角度来说,大概涉及这么几个方面的参与因素。

(二) 社会性

1. 社会交往

通过休闲有助于增强自己的社会交往。比如,虽然大家都是一个单位的同事,但平时在上班时间没有机会真正建立一种私人的关系,而这恰恰可以通过休闲的方式来实现。

2. 有机会遇到不同的人

休闲往往意味着空间的移动,空间的移动就意味着可以在不同的地方看到各种不同的人。这种不同对休闲消费者而言,就是创造了一个人际环境,既带来新鲜的感觉,也是一个挑战。

3. 结识异性

通过休闲活动可以接触异性。有段时间,我国旅游行业为了吸引消费层次比较高的日本女青年来中国旅游,有人曾专门做过研究、设计过产品。但是没有成功。后来研究者仔细分析了针对日本青年女性旅游产品开发没有成功的深层原因。因为日本在很长一段时

间内所提的口号就是"脱亚入欧",日本的青年女性对欧美文化很是崇拜。比如,日本女青年要结婚,先办一次日式的婚礼,再办一次欧式的婚礼。由于她们结婚以后就要规规矩矩地当丈夫的媳妇,就得过家庭生活,在结婚之前她们的真正需求是彻底浪漫一下,所以多数人一定要去趟巴黎,去巴黎买香水、买时装、体验浪漫。然后回来踏踏实实地做媳妇,这一辈子就算过去了,直到丈夫退休后再寻求休闲的方式。

4. 家庭活动

家庭活动的动机是很多国家人们休闲的普遍性动机。比如说,最简单的休闲活动就是星期天带着孩子去公园,孩子大一点了陪着去游乐园。通过这种超越了日常家庭生活之外的休闲活动,可以增进家庭的感情,维系家庭的关系。这是很自然,也是非常普遍性的活动方式。

5. 具有创造性的发挥

在休闲的过程中激发自己的创造性,同时在休闲的过程中经常会有创造性的发挥。很多人在单位里很难有成就感,尤其是科层制的组织体系,作为体系中的一个个体很难有成就感,但是在休闲的过程中,因为很多时候是个体性的活动,在这里人们的创造性可以有更多的发挥余地。如果你能玩出新花样来,显然会让大家觉得你很棒。

6. 社会承认和社会地位

和谁玩比玩什么还要重要。在休闲过程中,实际上是分层的,不同的层次表明个体不同层次的社会地位。如果在这个过程中你玩得比较出色,那自然会得到社会的承认。比如,你和大家一起出去玩,大家才发现原来你还有大家平常没有想到的某项本事呢。这是一种经常发生的生活现象,这种生活现象的发生对于被承认者来说自然是非常愉悦的事情。从这个角度来看,社会承认和社会地位有时候是人们可能没有明确地意识到的,一种潜在的需求,一种潜在的参与感。

7. 社会权利

在休闲的过程之中,会形成另外一种社会组织,培育一种社会权利。比如,有的人在单位里什么都显不出来,可是要出去休闲,他就是这次休闲活动的领导者,因为其他人没有这方面的能力。这就是由个人能力所带来的一种社会权利和社会地位,是个人能力得到的一种社会承认。

8. 利他主义

比如说,志愿者的活动和公益活动,很多这样的活动都是通过休闲的方式组织起来的。在北京生活的外国人发起了到八达岭去捡垃圾的活动,后来引起了社会的重视,觉得做这样的事很好,应该广泛开展。类似这样的利他主义行为通过对环境的保护对公益事业的促进,更加突显了休闲活动的社会性,同样这种利他主义也是吸引大家积极参与的一个因素。

9. 成就、挑战和竞争

因为在休闲时,有很多东西可以学习,可以培养很多技术,在这个过程中人就有一种成就感。例如,某人一个小时就学会了滑雪,就会有很强的成就感,这种成就感是其他成就感替代不了的,挑战性越强,成就感越强。另外,通过竞争的方式培育自己的成就感。在玩的过程中一定是有新的花样方式的,小孩在一起玩得最简单的游戏都可以是一种竞争,在这种竞争中获胜也同样可以培育孩子的成就感,而且这种成就感是其他的东西很难替代的。

五、休闲行为模式

美国休闲学家凯利(Kelly,1978)研究了休闲行为模式和参与休闲行为的动机,她从以下几个方面出发考察了各种休闲活动的参与情况。

(一)无条件的休闲

这样的活动相对而言被一个人的家庭角色和社会角色所限制,人们选择这些活动主要是因为他们喜欢这些活动本身,并能从中获得乐趣。愉快地阅读或者学习陶艺可以作为这类活动的例子。个体也不需要更复杂的条件,也不是为自己的这种社会条件、家庭条件所限制,就是因为喜欢,而且这种喜欢本身所带来的乐趣超越了日常生活,也正是因为超越了日常生活,个体才感觉到通过各类休闲方式的选择和参与这些休闲得到了生命的提升。

(二)补偿性和恢复性的休闲

人们选择补偿性和恢复性的休闲活动,是期望这些活动能对人有好处。与工作的限制和工作的状态相比,这种活动具有更大的吸引力。这类休闲活动可能会消解职业的负面影响,使人放松,使人感到刺激,感到兴奋。

第一种是补偿性的休闲,期望这些活动对人能有好处,这种好处就意味着个体参加这些休闲有一定的期望值,不像那种无条件的。有了期望值个体的休闲实现程度和个体的期望值之间就会有差距,如果说超过了期望就是一种惊喜的状态;如果不足,就会有一种遗憾的状态。

第二种是恢复的休闲,实在累了就想放松,就想通过最简单的方式来得到一种恢复,以消解职业的负面影响。看电视或者看电影可以作为这种活动的例子。

(三)关系性的休闲

从事这样的活动一般不是因为个体感到这种休闲活动适合自己,而是因为这种休闲活动对建立和保持人际关系有积极的价值。选择家庭娱乐、表达对配偶的爱意、和孩子们一起玩耍,主要就是为了增进相互间的关系。

从事这样的活动主要目的不是个体的感觉,不是自我的需求,而是一种社会性的需求。比如,家庭娱乐就是一种社会性的需求,使得家庭关系通过休闲方式得到一种提升,使家庭关系更亲密更稳定。另外一种需求是组织性的休闲或者单位性的休闲,通过这样的一种行为方式,使这个组织不至于变成一个过于刻板的组织,在这个过程中大家建立了一种私人的感情或私人的关系。这其中最简单的方式就是下了班以后几个人相约去喝酒,这是典型的关系性休闲;比较复杂一点的关系性的休闲是单位组织出去旅游一下,或者组织类似于拓展之类的活动。

(四)角色限定性的休闲

在这类活动中,社会关系对于人们参加是否起核心作用,不过这类活动还有另外一个重要的因素,那就是参加者要迎合他人对所具有的社会角色的期待,比如家庭成员的期待和评价,这些期待和评价会影响到他对自己的评价。

在一定意义上,这种角色限定性的休闲是把组织性的关系带到了休闲里边,或在家庭里也要考虑个体的角色。比如,带孩子去游乐园,毫无疑问孩子是中心,家长在这个过程中更多的是关注孩子,诸如关照孩子要注意安全等,自己反而体会不到休闲。孩子欢天喜地地玩,对于孩子来说没有角色限定,但对于家长而言则必然会有这种角色限定。

第二节　休闲动机

一、休闲需要

(一) 需要的概念

需要,是人类内在心理的一种缺乏状态,人类的行为是为了满足这种需要而产生的。因此,人类的休闲行为也是为了满足休闲需要而产生的。休闲需要是引发休闲行为的最基本的心理因素。休闲需要有各种类型,为了了解这些休闲需要类型,我们首先应该掌握关于人类需要的理论。最常被引用的人类需要理论是马斯洛(Maslow)的需要层次理论。马斯洛主张人类的需要分五个层次或阶段,其假设是:第一,人类的需要由最低层次上升到最高层次;第二,如果某种需要得到满足,那么这种需要不能再诱发动机;第三,低层需要得到满足以后就会上升到更高一层需要,图 3-1 反映了人类需要从低层次到高层次的五个阶段。

图 3-1　马斯洛的五个需要阶段

第一,生理需要是人类维持生命的需要,如饮食、衣服、居住等方面的需要。这些基本需要未得到满足之前,人们的大部分行为只停留在为满足生理需要的阶段,基本上不会受到其他层次需要的刺激。

第二,生理需要得到一定程度的满足以后,人们会产生安全的需要。安全需要是防止身体和生理需要被剥夺的状态,以及获得自由的需要。

第三，归属和爱情需要也叫社会需要。生理需要和安全需要得到一定程度的满足以后，人们就会产生归属感和爱情的需要。人类是社会存在具有从属于某集团的欲望，喜欢在各方面与同事关系密切，并且希望与异性交往和结婚。

第四，受尊重的需要是在归属需要得到一定程度满足以后产生的，这时人们不仅希望自己成为某些集团的成员，还产生自尊心和从别人那里得到尊重的要求。受尊重的需求得到满足以后，自信心、名誉、力量、统治力等才会出现。

第五，自我实现的需要是尊重需要得到一定程度满足以后出现的，主要表现为不断地自我发展、极大地发挥潜力、寻找自我、实现自我等。

如上所述，马斯洛的需要层次理论，充分说明了人类的需要，奠定了基本需求理论的基础。但是，也有学者对它提出种种批评，许多研究者都认为这个理论并不妥当。

第一，实际研究结果，并不存在马斯洛所言的需求层次。没有证据证明除了生理需要层次以上的需要分类。

第二，需要的本质以及与此相关的需要层次性上升，即较低需要对较高层次需要有决定作用等假设受到批判。一种需要的满足不一定是另一种需求的动因，一个人可以同时产生多种需要。

第三，有的学者指出，一个人的需要不是静态的，应该从动态的角度观察他的需要。个人的需要根据他遇到的各种情况会不断发生变化。

马斯洛的理论虽然存在一定的问题，甚至在基本概念上也受到批评，但是它对于理解人类基本需要做出了基础性的贡献，并且获得许多人的支持。

根据马斯洛的需要理论，人们选择旅行社组织的团体旅游是属于安全需要，因为这样可以排除个人旅游可能发生的恐惧和不安。

归属和爱情需要主要体现在亲善会、同事活动等休闲活动中，人们可以通过这些休闲建立社会关系，获得奖励和扩大交际。此外，访问亲友、寻根问祖等也属于这类需要范畴。

受尊重的需要表现为公司的奖励旅游、坐飞机的特等舱、住高级酒店、滑雪、打高尔夫球等休闲活动。确认社会地位和名誉与自我实现需要相关的休闲活动有：通过休闲确认自己的人的完整性；参加能发挥自己能力的活动，如欣赏艺术作品、鉴赏文化遗迹、冒险、修学体验、生态旅游等。

（二）休闲需要

梯尔曼(Tilman)认为决定人类休闲主要有以下几类需要：追求像冒险那样的新的体验；休息、逃脱和幻想；社会认同；安全需要；在饥饿或痛苦中得到自由；优越感——支配别人或统治自己的领域；联系或感谢别人的社会相互交往；知觉和理解的精神活动；为别人服务；身体活动和健康等。

梅尧和加维斯(Mayo 和 Jarvis)认为：休闲可以提供提高威严、支配、自信心、地位、独立性、认知、爱情、集体成员的地位等机会；马斯洛的五种需要层次中的归属和爱情需要、受尊重的需要、自我实现需要是休闲行为的主要动因；希望确认、感受基本事实和对事物的好奇心与求知欲，对休闲旅游的产生起很大的作用。

克朗普顿(Crompton)则跳过日常的、有机体内的不均衡状态的恢复来分析休闲的本质，他把休闲的动机分为社会心理动机和文化动机。除了上述的研究之外，还有许多学者探讨了休闲需要,归纳起来主要有以下几种。

(1) 身体需要。通过避暑、保养、治疗、体育锻炼等追求身体状态的稳定。

(2) 冒险需要。离开厌倦、熟悉、刻板的日常生活追求新鲜感和刺激。

(3) 社会需要。加强在所属集团内的联系,追求人际关系的圆滑和亲属关系的和睦。

(4) 变化需要。离开厌倦了的生活环境和日常的义务责任,暂时逃脱自己的工作单位、家庭、习惯等。

(5) 尊敬需要。在实际的自我中追求理想的自我,主动打破生活中平均主义行为规范。

(6) 自我实现需要。最大限度地发挥自己的潜力和实践能力,通过旅行满足最佳体验的需求。

二、休闲动机

(一) 动机的概念

动机是指行为的个体内在的推动力,或者是激活身体能量使之达到外部环境目标的内在状态。推动力和激活能源的力量是在紧张状态下产生的,而紧张则是由未被满足的需要产生的。因此,人类为了满足需要而行动,而动机则决定这种行动的方向性。因此,即使产生休闲需求,但如果没有动机,那么就不会产生休闲行为。

图3-2表示了这种动机的诱发过程。动机就是为了解决因需要而引起的紧张,从而促使人们做出既能满足需要又能解除紧张的行为的推动力。需要能否得到满足则取决于行为的方式,而人们采取的行为方式和所选择的特定目标则取决于自己的思考过程,即认识过程和学习过程。

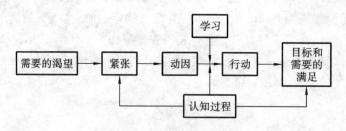

图3-2 动机诱发过程模型

(二) 休闲的参与动机

霆斯雷等(Tinsley et.,al)指出,老人的休闲参与动机主要是自我表现、交际、调节力气、安全、补偿行为(由于某种障碍而没有达到第一个目标时树立类似的另一个目标来满足需要)、为他人服务、刺激、孤独感等。参与休闲的人们的动机是多样的,有的人追求危险,有的人回避危险;有些人喜欢安静,而有些人则喜欢热闹。

休闲的参与动机如表3-3所示。德莱弗和布朗(Driver和Brown)研究野外休闲体验的好处时,谈到休闲的参与动机有以下几种。

表 3-3　休闲的参与动机

动　　机	行　　为
享受自然	风景，一般欣赏，未开发的自然地带
身体状况	—
解除紧张和疲劳	精神上放松，离开繁重的业务和日常生活
摆脱噪音和混杂	平稳、宁静的地方，隐居生活，脱离众人和噪音，隔离
野外学习	一般学习，探险，学习各地区的地理，学习自然
共享同样的价值	拜会朋友，拜会有共同见解的人
独立心	独立，自律，自由自在
家庭纽带	—
自我反省	精神的、个人的价值
会见重要人物	
追求刺激	自我确信，强化自我形象，社会承认，技术开发
身体休息	—
指导、教育他人	技术指导，参加，指挥别人
完成任务	
挑战危险	
减少危险	缓和危险，预防危险
认识新朋友	认识新朋友，观察新人
享受	—

1. 个人发展

构成休闲动机的许多因素都是关于个人发展的。休闲体验有利于形成自我意识、自我实现、自我成就和精神成长等；可以提供价值观的净化、自我反省、领导别人的机会等；增加审美观和学习的机会等。以上个人发展都可能成为影响个人参加休闲活动的强烈动机。

2. 社会交流

休闲提供满足相互见面的需要的机会。个人不能生活在真空世界里，需要社会交往，排除寂寞和孤独感。有研究显示，电脑的发达和因特网的出现减少了社会交流，增加了人的孤独感。德莱弗和布朗(Driver 和 Brown)指出，社会接触以多种形式增进社会关系的亲密感。社会接触的休闲体验不仅存在于家庭、单位等固定集体中，也存在于体育团体、俱乐部、休闲教育等临时集体中。

3. 疗养与恢复

今天，我们生活在极度压抑、复杂竞争的环境中。许多人都有摆脱日常压力和各种问题的欲望。休闲可以提供从工作、家庭、社会关系的压力中暂时逃脱的机会。参加积极的、健康的休闲是摆脱日常业务中消极情绪的最佳方案。

4. 身体的安宁

人类具有参加休闲活动、提高身体状况的基本需要。实际上,大部分休闲是与身体运动有关的健康活动。对于许多人来说,身体活动型休闲是适应技术和信息导向型行为的最佳休闲方案。

5. 刺激

人类具有本能的好奇心,具有不断追求新奇、探险、摆脱倦怠的需要。休闲是接触和体验新的、刺激的活动很好的形式。

6. 自由与独立性

有些哲学家认为,自由和独立是培养人类精神的必要条件。休闲活动是非义务的,是在自发的基础上自由选择和追求的,而且在这样的追求中获得独立的感觉,因此,要求自由和独立的需要通过休闲得到扩大和鼓舞。

休闲和自由一般被认为是同类概念,休闲的各个范畴几乎没有不具备自由性质的。

7. 回归

人类都有寻根问祖的基本欲望。休闲往往提供学习自己历史、文化、家族遗产(传统)的机会。

同步思考 室内休闲活动动机与野外休闲活动动机的区别。

第三节 休闲障碍

一、休闲障碍的概念

休闲参与的障碍很多。有些障碍是个人的,有些障碍是休闲空间及设施的不足或项目的不完备等组织问题。

休闲障碍因素是指限制或妨碍参加休闲活动的质量、期限、强度、频率,以及其他妨碍享受休闲的因素。障碍物、限制因素等障碍因素存在社会和环境中,它们妨碍人们尽情享受休闲体验。

杰克逊(Jackson)把参加休闲的障碍归纳为先前性(antecedent)障碍和干涉性(intervening)障碍两种。先前性障碍是影响或妨碍选择某种休闲活动的障碍。例如,由于美国黑人老人不能使用近郊的游泳池,因此,他们一般回避水上休闲活动。先前性障碍是对娱乐和休闲机会的不完全认识,包括个人休闲信念、社会性的强制等。

干涉性障碍发生在休闲活动和实际参与的选择之间。它包括娱乐设施的可利用性、工作时间、娱乐设施的可进入性和设施的安全性。

> **同步练习** 请把休闲障碍分成个人障碍与社会障碍,分别进行说明。

二、构成休闲障碍的因素

很多时候,我们会看到这样一种现象,尽管空闲时间不少,但参与休闲却显不足。显然,这其中存在一些休闲障碍。这些障碍大抵可以分为收入水平、人际环境、知识背景、技能准备、方便条件、兴趣程度等六个方面。

(一)收入水平

如果手里闲钱少,很多休闲方式就不能被采纳,而只能采取比较简单的方式,如散散步、打打牌,诸如此类最简单的休闲方式。当然,如果手中可自由支配的收入高,那么就可以选择一些高端的休闲消费方式,如打打高尔夫球,甚至也可以选择攀登珠穆朗玛峰。这些休闲消费的方式都需要有大量的经济方面的投入。

(二)人际环境

能不能很好地进行休闲,还与周边有没有一个良好的休闲环境有关。如果身边或者在更广泛的社会层面上有这种休闲的氛围和环境,自然对推进个人的休闲是很有帮助的。毕竟,玩要有玩伴,如果周围没有志同道合的玩伴,恐怕人们就不太容易实现自己的休闲愿望。比如说,有人喜欢打桥牌,可是又没有人会打桥牌,于是想到网上玩,可是水平参差不齐,也很难形成稳定的牌友圈子,也就是说难以形成一个合适的人际环境。

(三)知识背景

人们选取什么样的休闲方式与其知识背景有直接关联。比如,文化素养比较高的,可能就希望选择补偿性或恢复性的休闲,或者无条件的休闲,如看话剧。老北京人看戏不叫看戏,而是叫听戏,这些人可能坐的位置背着戏台,他不看,而是听,听到这儿了叫一声好,听到那儿了叫一声好,在这个过程中这些人非常有娱乐感。但是,如果没有相应的积累,显然就做不到这一点,尽管从收入角度而言,参加这样的活动的成本并不高。

(四)技能准备

很多休闲方式,尤其是体育性的休闲方式都是需要技能的,如果技能准备不足,基本就介入不了。如果说个体在休闲技能方面准备得比较充分,而且在这个过程中不断地提高,那么个体的自我成就感就会越来越强,休闲个体的吸引力就会越来越大。有时候,在休闲技能准备不充分的情况下去参加某些休闲活动,不仅不能获得好的休闲效果,而且有时甚至可能会影响到自己的生命安全,如经常听到的野外露营事故大抵与此有关。

(五)方便条件

方便条件是参与休闲活动的基础条件。前些年休闲设施不完善或缺乏,影响了休闲的参与度;这些年休闲设施逐渐丰富起来,为人们参与休闲活动提供了方便条件。比如,想找个体育馆打打羽毛球、乒乓球,或者找个游泳馆游游泳都很方便。这方面的休闲供给条件已经具备了,而且服务的条件也正在完善。当然,由于区域发展的不均衡,以及人们自身的休闲条件的差异,还是有很多人无法使用这些休闲供给。可见,完善公益性休闲供给是休闲活动开展中要加以关注的重要问题。

(六)兴趣程度

通俗地讲,兴趣程度就是对某件事情到底有多大的兴趣。当然,兴趣在于自己的培养,很多兴趣并不是天然形成的,而是需要有某种社会环境的影响。如果个体对某种事情兴趣越大,就越会加大投入,知识背景储备和技术准备就会越好,因此,也就可以更加有效地参与其中。

如果在以上六个方面存在障碍,那很多人自然只能有闲心而做不了闲事。

从社会的角度来说,应该采取各种措施来消除这些障碍,吸引更多人参加休闲活动;从个人角度来说,需要我们通过自身的努力逐步消除这些障碍,使自己更有兴趣投入到休闲活动中去。

本章小结

休闲行为是休闲主体利用时间和收入等条件,为了满足休闲需要,自发参与并得到满足的能动的过程。

休闲行为是一个过程,它包括从休闲行为的开始到经历以后的满足等一系列阶段。不同的人的休闲行为的过程是各不相同的,即使参加同样的活动,各人也有不同的休闲体验。

人类为了满足需要而行动,而动机则决定这种行动的方向性。因此,即使产生休闲需求,但如果没有动机,就不会产生休闲行为。休闲需要是引发休闲行为的最基本的心理因素,休闲动机是产生休闲行为的直接心理因素。

休闲障碍因素是指限制或妨碍参加休闲活动的质量、期限、强度、频率,以及其他妨碍享受休闲的因素。障碍物、限制因素等障碍因素存在社会和环境中,它们妨碍人们尽情享受休闲体验。

关键概念

休闲行为　休闲需求　休闲动机　休闲障碍

复习思考

1. 复习题

(1) 说明休闲行为的特点。

(2) 说明休闲行为的过程。

(3) 列举引发休闲行为的因素有哪些？
(4) 说明休闲行为模式。
(5) 说明构成休闲障碍的因素。

2. 思考题

(1) 休闲需求与休闲动机的区别是什么？
(2) 选择一个群体，设计调研题目，调研休闲行为，并用所学知识分析这一群体休闲行为，撰写调研报告。

拓展案例　2017 中国休闲度假指数

2017 年 10 月 28 日，在浙江丽水举行的 2017 首届中国休闲度假大会上，《2017 中国休闲度假指数》正式发布。携程旅行网高级副总裁参加大会并指出：休闲度假旅游已经成为国民经济的重要消费形式之一，携程作为我国最大的休闲度假旅游服务商，向超过 3 亿会员提供全方位的休闲旅游服务，并希望通过产品、技术、服务的不断创新，为中国休闲游客带来幸福感。

一、中国休闲度假旅游定义和规模

报告把休闲度假旅游定义为"除了商旅、公派、回乡探亲以外，以休闲度假为目的的旅游行为"。相对于传统的旅游观光、踩点的跟团游，休闲旅游更倾向于自由行度假旅游。

中国休闲度假旅游基于规模庞大的旅游市场基础，报告根据官方公布数据预测，2017 年全国旅游人次可能达到 48.8 亿人次，出境游人次将达到 1.28 亿人次，国内旅游总收入将达到 4.4 万亿元。

从在线旅游平台的客户看，休闲度假需求和产品已经成为主体。2017 年携程旅游度假业务服务自由行、跟团游、自驾游、一日游、门票玩乐等旅游者，预计超过 4000 万人次。

休闲旅游已经成为旅游业最重要的组成部分，根据中国旅游研究院发布的报告，2016 年有 52.7% 的游客已将休闲度假作为出游目的，比例高于观光旅游。报告认为，到 2017 年休闲度假旅游在整体旅游市场占比超过 50%。

二、2017 休闲旅游六大趋势和十大关键词指数

(一) 2017 休闲旅游六大趋势

报告认为，全球旅游正在由传统的观光旅游向以休息减压、放松身心为目的，以个人散客和家庭小团体为主，以个性化私人定制为特征，以大平台、App 为渠道的休闲度假旅游转变。报告同时还发布了休闲旅游的六大趋势，主要包括以下几个方面。

(1) 全球化的趋势。2017 年携程服务度假者达到全球 132 个国家，1118 个目的地城市。

(2) 无景点趋势。休闲旅游以酒店为中心，融入当地人生活区域。

(3) 平台移动化趋势。人们习惯于一站式购买与服务、App 预订、即时决策。

(4) 非标和个性化。民宿、当地向导、私人定制业务成倍增长。

(5) 地面成为主战场。一半以上消费发生在目的地。

(6) 从行前到行中服务。携程自由行微领队服务超千万人次。

相对于传统跟团观光旅游,2017年通过携程预订旅游打包产品的游客中,有6成游客选择的是更休闲和度假属性更强的自由行、定制、自驾、邮轮、私家团等旅游形式。

(二) 2017休闲旅游十大关键词指数

2017年和休闲度假密切相关的十大关键词和主题是什么?携程根据App关键词搜索频次,发布了2017年休闲旅游十大关键词和指数,包括:海岛(100)、美食(96)、自然探索(95)、户外运动(95)、家庭亲子(90)、五星酒店(81)、避寒/避暑(79)、城市休闲(78)、深度体验(71)、疗休养(70)。

三、定制?自由行?自驾?休闲旅游怎么玩

(一) 62%是自由行,定制旅游增长最快

哪种休闲旅游方式最受青睐?据携程旅游统计,2017年预订火爆的度假打包产品是自由行、自驾游,占比62%。其次是半自助游、定制旅游、邮轮、私家团。其中,定制旅游成为居民休闲度假的新兴方式,2016年到2017年同比增长为200%~400%。

(二) 休闲旅游近6成选择飞机出游

近年来,我国交通设施建设突飞猛进,以高速公路、高速铁路、民用航空为骨干的四通八达的交通体系已经形成,为休闲旅游产业发展提供了良好的基础。丰富的交通工具选择被纳入旅游度假产品,哪种方式最受青睐?根据携程跨省休闲旅游的统计,选择飞机出游的休闲游客占比最高,达到59%。高铁是国内休闲旅游性价比最高的方式,有16%的游客选择。短途游客则倾向于舒适的旅游巴士,占比16%,还有部分游客通过邮轮/内河邮轮这种慢节奏的旅游方式出行,特别是在老年人中的选择比例更高。但在短途游中,私家车自驾和旅游大巴依然是最便捷的出游方式。

四、休闲度假的用户画像

(一) 57%是女性

报告指出,女性成为休闲旅游主力,携程自由行、邮轮、当地玩乐、私家团、定制旅游等休闲度假产品出游的游客,57%是女性。

(二) "80后""90后"是休闲旅游主力

消费能力强、体力充沛的31~45岁(37.2%)、19~30岁(25.6%)人群成为休闲旅游主力军,与普通观光跟团游相比,休闲旅游群体呈现明显的年轻化趋势。

(三) 47.5%以家庭亲子为单位

休闲旅游的人群中,以家庭为单位占比最高,全家带孩子一起度假(47.5%)占比将近一半,其次是和朋友一起出游放松身心(20.4%),一些情侣则把黄金周当成了到远方度过二人世界的绝佳机会(17.4%)。

五、休闲度假旅游消费

根据携程休闲度假打包产品预订数据,2017年休闲度假旅游人均消费达到3819元,其中出境游人均消费超过6000元,国内游人均消费超过2000元。人均消费比2016年同比增长10%左右,主要体现在消费者更倾向于选择更远、费用更高的旅游目的地,选择更高等级的产品或酒店,在旅游目的地玩乐上增加费用等。

六、哪些省市休闲旅游消费力、出游力更强？

（一）休闲旅游"出游力"前20强

哪些地区贡献了最多的休闲旅游消费客群？休闲旅游"出游力"排行榜显示，出游人数排名前20的城市是：上海、北京、天津、广州、杭州、成都、南京、深圳、武汉、重庆、西安、长沙、厦门、昆明、无锡、青岛、郑州、沈阳、济南、合肥。沿海经济发达的城市、京津地区休闲旅游出游力最强。

（二）休闲旅游消费力"前20强"

人均消费从高到低的城市分别是北京(4291)、乌鲁木齐(3737)、上海(3720)、广州(3488)、沈阳(3469)、长春(3422)、温州(3401)、南京(3001)、杭州(2993)、青岛(2987)。此外，兰州、哈尔滨、深圳、福州、大连、济南、成都、无锡、石家庄、郑州等城市，也位居休闲旅游消费力前20。与收入水平基本成正比，北上广等一线城市与其他城市的消费水平拉开了差距。

七、2017休闲旅游目的地人气指数

（一）40%可能性选择出境游

携程自由行、邮轮、定制等度假产品的统计显示，2017年60%的休闲游客选择国内旅游，40%选择出境游。

（二）三亚、厦门、上海人气最高

从2017年度假产品到达的目的地城市来看，三亚、厦门、上海、北京、广州、成都、珠海、丽江、重庆、杭州、西安、桂林、青岛、大连、九寨沟、北海、扬州、昆明、长白山、张家界等地的人气指数较高。滨海目的地具有天然优势。

（三）海南、浙江、福建吸引最多度假游客

国内旅游休闲度假哪里最热？从在线预订度假产品的人次大数据排名，年度休闲度假人气指数最高的15个国内省（区、市）分别是海南、浙江、福建、广东、上海、四川、北京、云南、广西、陕西、安徽、江苏、重庆、山东、内蒙古。其中50%的休闲游客都集中在前十个省（区、市）。

（四）东南亚海岛是中国游客休闲旅游后花园

从在线预订度假产品的人数排名，境外休闲度假人气指数较高的目的地城市分别是曼谷、新加坡、中国香港、普吉岛、东京、中国台北、巴厘岛、大阪、首尔、吉隆坡、芽庄、华盛顿、长滩岛、清迈、沙巴、马累、冲绳、暹粒、苏梅岛、岘港。

从国家来看，休闲度假人气指数较高的目的地分别是泰国、日本、新加坡、印尼、越南、马来西亚、菲律宾、美国、马尔代夫、柬埔寨、毛里求斯、澳大利亚、阿联酋、韩国、尼泊尔、斯里兰卡、英国、法国。其中50%的游客集中在东南亚地区，特别是海岛，成为中国游客休闲旅游后花园。

八、年度目的地休闲度假指数排行榜

哪些目的地最适合休闲度假？携程旅游根据旅行者在该目的地的停留天数、自由行比例、消费水平（选择高钻级的比例）等因素，首次发布了2017年度中国目的地休闲度假指数。

从国内来看，三亚、厦门、杭州、上海、成都、北京、大理、昆明、丽江、广州是国内休闲旅游度假指数较高的10强目的地。如表3-4所示。

表 3-4 国内休闲旅游度假指数

排名	目的地	总指数	自由行占比指数	一地停留时间指数	旅游消费指数
1	三亚	92	95	94	87
2	厦门	86	90	81	87
3	杭州	80	90	76	74
4	上海	75	80	75	70
5	成都	72	74	72	70
6	北京	68	60	78	66
7	大理	66	60	67	71
8	昆明	60	60	61	59
9	丽江	58	58	59	57
10	广州	55	57	60	48

从出境来看,马尔代夫、夏威夷、大溪地、毛里求斯、斐济、塞舌尔、巴厘岛、长滩岛、沙巴、普吉岛、中国台湾、迪拜、中国香港、巴黎、伊斯坦布尔是境外休闲旅游度假指数较高的15强目的地。如表3-5所示。

表 3-5 境外休闲旅游度假指数

序号	目的地	总指数	自由行占比指数	一地停留时间指数	旅游消费指数
1	马尔代夫	97	100	98	93
2	夏威夷	93	90	97	92
3	大溪地	91	93	92	90
4	毛里求斯	88	90	88	86
5	斐济	86	87	87	84
6	塞舌尔	83	81	87	81
7	巴厘岛	80	80	83	77
8	长滩岛	77	78	80	73
9	沙巴	74	75	76	71
10	普吉岛	72	66	70	80
11	中国台湾	70	60	78	72
12	迪拜	69	57	82	68
13	中国香港	66	70	62	66
14	巴黎	65	60	70	65
15	伊斯坦布尔	60	58	64	58

（案例来源：2017首届中国休闲度假大会上，携程旅行网高级副总裁汤澜发言稿——《2017中国休闲度假指数》。）

讨论：

1. 2017年中国休闲度假旅游市场有哪些特点？
2. 针对休闲度假旅游市场的变化，供给侧如何改革？

第四章 旅游产业

◆本章导读

第二次世界大战以后,西方国家经历了一个持续稳定的经济增长时期,国际环境相对稳定,人们收入大幅提高,交通运输业日益发达,带薪假期逐渐普及,人们的旅游需求日益高涨,世界旅游业得到了巨大发展,旅游业在国民经济中的地位越来越重要,相对于生产不景气的西方国家的工业部门而言,被称为"朝阳产业"。早在20世纪80年代有关专家通过对世界经济的比较分析,认为旅游业的经济地位仅次于石油工业和汽车工业,成为第三大产业。1992年,世界旅游与观光理事会分析证明,旅游业作为世界上最大产业的态势正在形成。根据世界旅游组织的预测,到2020年在世界范围内将有15.6亿人次的国际旅游者。我国改革开放后,旅游业也取得了长足发展。毋庸置疑,21世纪旅游业已成为世界上最大的新兴产业。

◆学习目标

1. **识记**:概述旅游业、旅游景区业、旅行社业、住宿业和餐饮业的概念。
2. **理解**:解释旅游业在国民经济发展中的产业地位、各旅游业态在旅游产业发展中的地位。
3. **应用**:说明旅游业发展的特征及趋势、旅游景区业、旅行社业、住宿业和餐饮业的特征。
4. **分析**:比较各旅游业态的发展阶段及区域发展特征。
5. **综合评价**:撰写地区旅游产业发展调研报告,评估地区旅游产业发展现状及展趋势。

◆学习任务

名　称	所在地区旅游产业发展报告
学习目标	1. 认知所在地区旅游产业发展阶段及旅游企业类型 2. 描述所在地区旅游产业发展特点

续表

名　　称	所在地区旅游产业发展报告
学习内容	旅游产业及各业态的内涵、类型、数量、经营效益及发展趋势
任务步骤	1. 选择自己所在县/市/省为调研对象 2. 收集该地区官网、该地区统计网站、中国旅游统计年鉴,查阅旅游企业名录、旅游收入等及网评相关数据 3. 分析其旅游产业发展现状及存在问题 4. 梳理相关文字、图片 5. 制作PPT简报
学习成果	"××旅游产业发展调研简报"

◆案例引导

近年来,我国旅游经济快速增长,产业格局日趋完善,市场规模品质同步提升,扶贫富民成效显著,国民旅游休闲生活更加精彩,旅游业已成为国民经济的战略性支柱产业和与人民群众息息相关的幸福产业。

联合国世界旅游组织多年来对中国旅游发展的测算显示,中国旅游产业对国民经济综合贡献和社会就业综合贡献均超过10%,高于世界平均水平。国家旅游局(现文化和旅游部)数据中心测算,过去三年,我国旅游综合最终消费占同期国民经济最终消费总额的比重超过14%,旅游综合资本形成占同期国民经济资本形成总额的比重约6%,旅游综合出口占国民经济出口总额的比重约6%。其中,2017年旅游业综合贡献8.77万亿元,对国民经济的综合贡献达11.04%,对住宿、餐饮、民航、铁路客运业的贡献超过80%,旅游业直接就业2825万人,旅游业直接和间接就业8000万人,对社会就业综合贡献达10.28%。

2017年,我国人均出游已达3.7次,旅游成为衡量现代生活水平的重要指标,成为人民幸福生活的刚需。旅游业列"五大幸福产业"之首。每年近50亿人次的旅游市场,成为传承中华文化、弘扬社会主义核心价值观、提升国民素质、促进社会进步的重要渠道。旅游成为生态文明建设的重要力量,并带动大量贫困人口脱贫,很多地方的绿水青山、冰天雪地正在通过发展旅游业转化为金山银山。"5.19"中国旅游日成为真正的旅游惠民日,近三年各地推出上万条旅游惠民举措,推动了全民共享旅游业发展成果。

而且,我国连续多年保持世界第一大出境旅游客源国和全球第四大入境旅游接待国地位。预计2017年旅游总收入5.4万亿元,比2012年增长2.81万亿元,年均增长15.83%。2017年国内旅游市场为50亿人次,比2012年增长69.12%,年均增长11.08%;2017年国内旅游收入为4.57万亿元,比2012年增长101.15%,年均增长15%。2017年入境旅游人数为1.39亿人次,比2012年增长5%,年均增长1%;其中外国人2017年为2910万人次,比2012年增长7%,年均增长1.4%。2017年出境旅游市场为1.29亿人次,比2012年增长了4580多万人次,按可比口径年均增长9.17%。

旅游产业体系日臻完善。我国现有住宿和餐饮法人企业4.5万家左右,其中住宿业1.9万家(其中星级饭店1.16万家,包括五星级824家、四星级2425家),旅行社2.79万家,景区景点3万多个(其中A级景区10340个,包括5A级249个、4A级3034个),世界遗产52项,全域旅游示范区创建单位506个,红色旅游经典景区300个。休闲度假方面,现有国家级旅游度假区26个,旅游休闲示范城市10个,国家生态旅游示范区110个。专题旅游方面,现有中国邮轮旅游发展实验区6个,国家湿地旅游示范基地10个,在建自驾车房车营地514个,还有一大批健康旅游、工业旅游、体育旅游、科技旅游、研学旅游等"旅游+"融合发展新产品。初步形成观光旅游和休闲度假旅游并重、旅游传统业态和新业态齐升的新格局。

联合国世界旅游组织秘书长瑞法依这样评价,"中国在旅游业方面已经处于世界领先位置。世界的未来看中国,世界旅游业的未来也要看中国"。

思考:为什么说世界旅游业的未来要看中国?

第一节　旅游产业概述

一、旅游业的概念

"旅游业"亦称"旅游产业",它是否是一个产业,目前还有很多争论,有人认为旅游业根本就不存在,或者就不是一个产业。

(一)产业的传统界定依据

在这里首先要明确一下产业的概念。管理学词典中,在"产业"(industry)这一词条下有两个释义。第一个释义为"工业"。第二个释义则是指"产业",即"其主要业务或产品大体相同的企业类别的总称"。

"产业"的这一解释表明,一个产业乃是由众多同类企业集合而成。这些企业之所以归属为同类企业,是因为它们的主营业务都基本相同,或是它们所生产的产品都基本相同。正因为如此,无论是从微观的企业角度,还是从较为宏观的产业角度进行分析,它们为经营该类业务或是为生产该类产品所做的投入以及因此而实现的产出(output),都可以清楚地进行计算。所以,在传统的经济学意义上,人们长期以来一直都是将各相关企业的主营业务或产品是否相同作为界定一个产业的依据或标准。

显然,旅游业距离上述这一传统的产业的界定依据或标准相去甚远。这具体反映在以下几个方面。

第一,旅游业并非是由上述意义上的同类企业所构成,各相关企业的主营业务或产品自然也不尽相同。例如,以饭店为代表的住宿企业所经营的主要业务是提供住宿服务,以航空公司为代表的交通客运企业所经营的主要业务是提供交通运输服务,旅行社企业所经营的主要业务是提供旅行代理服务和组团业务,商业性景点主要经营的则是娱乐和游览接待业务。

第二,在旅游业中,因真正旅游业务的开展而发生的投入与产出,都难以清晰地进行测算和确定。一方面,从微观层面看,几乎任何一个旅游企业的服务对象,都不是只局限于旅游者或异地来访的游客,而是同时还包括并不属于旅游统计范围的其他旅行者以及所在地的当地居民。因此,在该企业为开展经营而做出的全部投入中,除了含有对真正旅游业务的投入之外,还有一部分是属于非旅游业务的投入。将这两种投入区分,并计算这两部分投入所占的比例,都非常困难。同理,要清楚地计算出该企业旅游业务实现的产出(而非该企业全部业务经营所带来的总产出),同样也非常困难。另一方面,从宏观层面看,旅游业并非是一个界线分明的产业。就旅游者所实际购买的目的地整体旅游产品而言,实际上是由诸多相关的传统产业或行业协同提供的。所以,对于一个旅游目的地来说,在测算该地旅游业的投入和产出时,人们通常只能通过对交通运输业、住宿业、餐饮业、旅行社行业等诸多相关行业的投入和产出情况进行调查与分析,从而综合估算出该地旅游业的投入和产出。

第三,在旅游业中,绝大多数旅游企业实际上都隶属于某一传统的标准产业。例如,饭店企业隶属于传统上早已独立存在的住宿业,航空公司隶属于传统的交通运输业,等等。

正是由于这一原因,在世界上绝大多数国家颁布的本国标准产业分类(SIC)中,以及在联合国制定的《国际标准产业分类》(International Standard Industrial Classification, ISIC)中,都没有将旅游业列为独立的立项产业。

在我国过去计划经济时期制定的《国民经济部门分类标准》中,同样也没有"旅游业"这一立项,而是将与之有关的经济活动划归"住宅、公用事业和居民生活服务业"一类。改革开放之后,随着社会主义市场经济的实行,在我国于1992年颁布的《中国行业代码表》中,虽然出现了"旅游业"字样,但根据其中所做的解释,这一"旅游业"实际所指的显然是旅行社行业。

总而言之,按照传统的产业界定标准,宏观经济学家普遍认为,从理论上讲,旅游业构不成一项标准的产业(Middleton,1988)。

同步思考 标准产业如何界定?

(二)旅游业的界定依据

虽然有人对旅游业作为一项产业的地位提出质疑,但现实中,旅游产业的存在却是不容否认的客观事实。虽然世界上多数国家在制定本国的标准产业分类时,都未将旅游业作为一项产业进行明确立项,但是在世界上许多国家和地区制定的国民经济发展规划中,几乎无一例外地都将发展旅游业纳为其中的一项重要内容,旅游业已经成为其国民经济中的一支重要力量。

旅游业虽然不像很多传统产业那样边界分明,但对于一个旅游目的地来说,其整体旅游产品的提供,以及旅游业产出的构成,会涉及诸多不同的传统产业。尽管这些企业的主营业务或各自的产品并不相同,但是在开展业务方面,则都有一个共同点——它们所为之服务的基本顾客,皆为旅游者;基本都是通过提供各自产品或服务项目,去满足同一市场即旅游消费者的需要。在这一前提下,每个分支的旅游产品就形成了整个旅游业的产品,每块分割的与旅游相关的行业就构成了整个旅游业。所以,可将这一共同点作为旅游业的界定依据或标准。

(三)旅游业的定义

旅游业是一个界限模糊而又实际存在的产业,但目前各行各业都自然而然地渗透到旅游业中来,它的这种综合性和多样性特点,使人们很难给它下一个确切和严密的定义。并且由于国度不同,经济制度不同,人们对旅游业的认识也不尽相同。下面列举一些具有代表性的定义。

(1) 1971年,联合国贸易与发展会议认为,从广义上讲,旅游业可表达为生产全部或主要由外国游客或国内旅游者消费的产品或服务的工业和商业活动总和的体现。

(2) 美国旅游学者唐纳德·兰德伯格在《旅游业》一书中认为:旅游业是为国内外旅游者服务的一系列相互关联的行业。

(3) 英国学者利克柯伦切把旅游业说成是"交通工业",他认为:交通工业可以被看作国民经济的一部分,其任务是为离开久居地到外地访问的旅行者服务,这是由许多商业和工业组成的综合经济,其职能都是为了满足旅行的需求。

(4) 日本学者土井厚在《旅游业入门》一书中认为:旅游业就是在旅游者和交通、住宿及其有关单位中间,通过办理旅游签证、中间联络、代购代销,通过为旅游者导游、交涉、代办手续,以及利用本商社的交通工具、住宿设备,提供服务,从而取得报酬的行业。

(5) 我国著名经济学家于光远认为:旅游业是根据旅游这种生活方式的特点,通过满足旅游者的需要,适应旅游者的心理而取得经济和宣传本国文化的效益的一种服务行业。

(6) 我国学者李天元在《旅游学》一书中对旅游业的定义:旅游业就是以旅游者为对象,为旅游活动创造便利条件并提供其所需商品和服务的综合性产业。

(7) 我国学者谢彦君在《基础旅游学》一书中认为:旅游产业即旅游业,有狭义、广义之分;狭义的旅游业是指各个提供核心旅游产品以满足旅游者的旅游需求的旅游企业所构成的集合;广义的旅游业是指各种提供能满足旅游者需求的产品的企业所构成的集合。

实际上,要完全清晰地界定旅游业的技术定义是相当困难的,因为在旅游业的消费中,不能完全排除当地居民消费。

本书所讨论的旅游业是指以旅游资源为依托,以旅游消费者为服务对象,为旅游活动的开展创造便利条件,并提供旅游活动过程中所需商品和服务的综合性产业。

二、旅游业的构成

目前,人们对旅游业的构成还有不同的看法,划分标准不同,旅游业的构成也不同。总体上来说,对旅游业的构成有"三大支柱"、"五大部门"、"六大要素"和"八大方面"等观点。

(一)"三大支柱"说

根据联合国制定的《国际标准产业分类》,旅游业主要由以下三个部分构成,即旅行社部门、交通客运部门和以饭店为代表的住宿业部门,属于这三大部门的企业也就形成了三种旅游企业类型,人们通常将其称为旅游业的"三大支柱"。

(二)"五大部门"说

从一个国家或地区的旅游业发展,特别是基于旅游目的地营销的角度去认识,旅游业则主要是由五大部分所组成(Middleton,1988),即除了前述"三大支柱"中的旅行社部门、交通客运部门和以饭店为代表的住宿业部门之外,还应将以旅游景点为代表的游览场所经营部门以及各级旅游管理组织也包括进去。

(三)"六大要素"说

从旅游者的旅游活动的角度看,主要涉及食、住、行、游、购、娱等相关要素,根据这种总结形成了食、住、行、游、购、娱6种企业(旅行社、以饭店为代表的住宿业、餐饮业、交通客运业、旅游购物业、游览娱乐业)。

2015年召开的全国旅游工作会议又提出新的六要素,即"商、养、学、闲、情、奇",与上述六要素合称为"旅游十二要素"。

(四)"八大方面"说

实际上,若是从旅游者开展活动的内容组合进行分析,旅游业的涉及范围远不止五个部门。基于旅游活动内容的涉及要素(食、住、行、游、购、娱)进行反推,我国旅游业的基本构成至少应包括以下八个部门:交通客运部门、旅游景点部门、住宿服务部门、餐饮服务部门、旅游纪念品/用品零售部门、娱乐服务部门、旅行社部门和旅游行政机构/旅游行业组织。

在前七个部门中,有些企业的营业收入主要来自为旅游者提供服务的业务。而另外有些企业虽然也从事为旅游者提供服务的业务,但因此而获得的营业收入在其营业收入总额中所占的比重并不大。所以,将旅游企业划分为两类,即直接旅游企业和间接旅游企业。

直接旅游企业(direct tourist firms),是指其大部分营业收入都是来自直接为旅游者提供服务的业务的那些旅游企业,即那些若没有旅游者便将无法生存的企业。这类旅游企业中的典型代表便是旅行社、航空公司和饭店企业。

间接旅游企业(indirect tourist firms),是指其业务中虽然也包括为旅游者提供服务,但因此而获得的营业收入在其营业收入总额中所占的比例并不是很大,因而旅游者的存在与否并不危及其生存的那些企业。就一般情况而言,多数餐馆、出租汽车公司、礼品商店、娱乐企业、市区景点等都属间接旅游企业。

本书将从旅行社业、旅游景区、住宿业、餐饮业来介绍旅游业。

> **同步讨论** 旅游业构成的4种观点关注的侧重点

三、旅游业的性质和特点

在产业类型的划分中,旅游业属于第三产业,即服务业的一种,旅游业作为第三产业的一个分支,和农业、工业等第一、第二产业的部门以及第三产业的其他行业相比,其产品涉及面更加广泛。

旅游业除了隶属于第三产业,具备多种功能之外,就其本质属性应是经济性的。对于旅游业内的各种性质的企业,无论是旅行社、饭店住宿业、交通运输公司、商业公司等,在目前我国市场经济条件下,作为企业就是要以盈利为目的,就是要追求利润和效益。尽管旅游业所涉及的行业高度分散,企业经营活动的方式各不相同,但企业的经济性是不容置疑的。例如,旅游饭店的建造、旅游资源的开发这些都需要投资,投资就要考虑收回成本。由于旅游企业的经济性最终形成旅游业的经济性,因此,我们可以确定地说,旅游业是具有经济性质的服务行业,经济性是旅游业的根本属性。

旅游业除了是经济性的服务行业之外,从消费角度看,旅游消费主要是一种文化性消费,如旅游者欣赏名山大川,观赏文物古迹,体验民俗风情,品尝美味佳肴等都是文化消费行为。因此,旅游业也是文化性产业。

同时,旅游业还具有以下一些特点。

(一)旅游业是综合性很强的产业

旅游业是集食、住、行、游、购、娱等服务为一体的综合性大产业,其综合性是由旅游活动的综合性决定的。旅游业的发展需要各产业、各行业的配合,它的发展也可以带动许多相关产业的发展。据美国、澳大利亚等各国的统计分析,直接和间接为游客提供服务的工业部门达30余个,涉及108个门类。

(二)旅游业是脆弱性的产业

旅游业的脆弱性是指旅游业的发展受到各种自然、政治、经济、社会以及旅游业内部各个因素的影响,这种脆弱性主要表现在两个方面。一方面是从旅游业的内部环节看,游客的旅游活动在内容上是一个周到细致的过程,它需要食、住、行、游、购、娱各个环节紧密地结合,一旦某个环节出现问题就会影响到整个旅游过程,从而导致游客的不满意,影响旅游业的经济效益。另一方面是从旅游业的外部环境来看,各种因素的变化都会引起旅游业的波动。例如,国际关系的变化、政治动乱、国际恐怖活动、局部战争;地震、洪水、海啸等自然灾害、恶劣的气候、疾病的流行等。

(三)旅游业是服务性的产业

旅游业属于第三产业,是一种以出售劳务为特征的行业,因此服务的特性是旅游业的核心。旅游业出售的产品由固定的有形设施和无形的服务共同组成。由于服务的无形性和难以控制性,在很大程度上它的优劣决定了整个旅游产品的质量,因此,旅游业要发展首先要提高服务的质量,即通过旅行社、旅游交通、旅游饭店、旅游景区等各方面人员热情而周到的服务,来满足旅游者的综合要求,使旅游者在一次完整的旅游过程中,既得到物质的享受又感到精神的愉悦。总之,无论旅游业为消费者提供何种的旅游产品,这种产品都是有形产品和无形服务有机的结合,都要求旅游工作者以不同的服务方式让游客感到满意。

(四)旅游业是依托性强的产业

从旅游者旅游行为决策来看,旅游动机、余暇时间和可以自由支配的收入是产生旅游行为的条件,而大多数旅游者拥有可以自由支配的收入是依托其所在国家整体经济水平的。可见,一个国家旅游业的发展仅凭自身的旅游资源优势是不够的。不管是国内旅游者的产生还是国际旅游者的产生都离不开经济消费能力。也就是说,旅游业的发展在很大程度上依赖于本国国民经济整体的发展水平和客源国的经济发展水平。同时,旅游业旅游产品的形成及其质量依赖于众多的相关行业,任何一个行业的动荡都会直接导致旅游经营活动无法正常进行。因此,一个国家或地区的旅游业的发展必须依赖该国、该地区旅游资源开发、旅游交通和旅游饭店共同协调,联合发展,否则旅游业就无法正常运转。所以说,旅游业是依托性强的产业。

(五)旅游业是季节性明显的产业

旅游业的淡季、旺季特征主要表现在以下两个方面。一方面是旅游者的旅游时间相对集中,存在淡季、旺季特点。客源国或客源地节假日的时间相对集中,决定了旅游经营企业的生产活动存在淡季、旺季,从而存在旺季供不应求,旅游设施超负荷运转,淡季却门庭冷落,大量旅游资源闲置,导致旅游从业人员歇业的局面。另一方面是旅游目的地的自然气候条件呈现出季节性,导致游客出游的季节性和旅游企业经营的季节性,旅游业的这一特点对旅游企业提出了挑战。

四、旅游业在国民经济中的影响

旅游影响又称旅游效应,是指由旅游活动所引发的种种利害关系。旅游业的经济影响是指旅游活动对一个国家或地区的国民经济所产生的各种关系的总和。在许多地方,旅游业带来了非常明显的经济发展,创造了大量的就业机会,同时也有些不利影响。

(一)旅游业对国民经济的积极影响

1. 增加外汇收入,平衡国际收支

发展国际旅游可以带来可观的经济效益,创造大量外汇收入,增强国家的外汇支付能力,有利于平衡国际外汇收支。2016年,全国旅游外汇收入1200亿美元,同比增长5.6%,并实现旅游服务贸易顺差102亿美元。

2. 回笼货币,积累资金

旅游业在加速货币回笼、促进市场繁荣与稳定方面有重要作用,具体可以从以下两方面来看。

第一,发展旅游业适应了社会大众日益增长的旅游需要。随着生活水平的提高,消费结构的改善,人们用于旅游消费的开支将稳步增长。

第二,旅游业的兴起会刺激人们对商品的消费欲望,扩大商品销售额,加速货币回笼。由于旅游消费是一种较高水平的综合性消费,所以,旅游消费比日常消费能更多、更快地回笼货币。

3. 带动相关行业的发展

按照发达国家的经验,旅游业与公共事业的比例是1∶5,即旅游业投入1元,相应的配套设施投资要 5 元。而世界旅游组织的统计分析认为,旅游业与相关产业的投资带动作用之比为 1∶7。旅游业不仅直接给交通、饭店、餐饮服务、商业网点、景区景点等带来客源,而且间接带动农村和城市建设、加工制造和文化体育行业的发展。根据世界旅游组织的测算,旅游直接就业 1 人会带动间接就业 4.3 人,而我国旅游业劳动密集型特征较为明显,带动就业人数相比其他国家更为显著。

4. 转移大量农村富余劳动力

在我国目前已建成的 9000 多个 A 级景区中,有很大一部分分布在广大农村地区。农村地区由旅游投资带来的就业人口增加比城镇更为明显。乡村旅游已经成为推动乡村振兴的重要途径,一个年接待 10 万人次的乡村旅游景点,可直接和间接安置 300 位农民就业,为 1000 个家庭增收。

5. 促进贫困地区脱贫

旅游业在消除贫困方面具有独特优势。旅游业在发展初期具有"投资少,见效快,效益高"等特点。发展旅游业对资金比较缺乏而旅游资源丰富的贫困地区来说是一个很不错的选择。旅游扶贫成为一种"造血"式扶贫,是助力精准脱贫有效的抓手之一,是促进贫困地区农村第一、二、三产业深度融合发展的有效载体,是贫困群众全方位、多形式参与产业发展的良好平台,也是贫困地区经济发展的新增长点和贫困群众收入的新增长源。

(二)旅游对国民经济的消极影响

1. 可能引起物价上涨

一般情况下,外来旅游者的收入水平较高,其消费能力会高于旅游目的地的居民,因而他们能出较高的价钱购买食、住、行、游、娱及纪念品等商品。当有大量旅游者到访的情况下,会引起旅游目的地物价上涨,从而损害当地居民的经济利益。随着旅游业的发展,对土地的需求会越来越大,地价就会迅速上升,这会影响到当地居民的住房建设与发展。

2. 可能引起产业结构发生不利变化

一般而言,旅游业的发展会使当地的产业结构朝着合理化的方向发展。但如果处理不当,也会对产业结构产生不利影响。一些原先以农业为主的国家或地区,由于从事旅游服务的个人收入高于务农的收入,使得大量劳动力弃农从事旅游业。这种产业结构变化的结果,导致该地农副业产出能力的逐渐下降。

第二节 旅游景区业

旅游景区是旅游业的重要组成部分,是旅游者产生旅游动机的直接因素,是一个国家或地区旅游业赖以存在和发展的最基本条件。

一、旅游景区的概念

旅游景区,也称旅游地、旅游目的地,其概念内涵较为广泛,是一个非常笼统的概念,一般是指由若干地域上相连的、具有若干共性特征的旅游吸引物、交通网络及旅游服务设施组成的地域单位。从广义上讲,任何一个可供旅游者或来访游客参观游览或开展其他休闲活动的场所都可以称为旅游景区(点)。例如,我国杭州的西湖风景区、肯尼亚的野生动物保护区等。

本书采用的概念是 2003 年 10 月国家质量技术监督检验检疫总局发布《旅游景区质量等级的划分与评定》(修订)中华人民共和国国家标准 GB/T1775—2003 中(以下简称国标),将"旅游景区"定义为:旅游景区(点)是以旅游及其相关活动为主要功能或主要功能之一的空间或地域。该国标中"旅游景区"是指具有参观游览、休闲度假、康乐健身等功能,具备相应旅游服务设施并提供相应旅游服务的独立管理区。该管理区应有统一的经营管理机构和明确的地域范围,包括风景区、寺庙观堂、旅游度假区、自然保护区、主题公园、森林公园、地质公园、游乐园、动物园、植物园及工业、农业、经贸、科教、军事、体育、文化艺术等各类旅游景区。

 中国旅游景区发展报告

二、旅游景区的类型

(一) 常见分类

1. 按设立的性质分类

按照这种方法,可把旅游景区划分为纯商业性的旅游景区和公益性的旅游景区。前者指投资者完全出于营利目的而建造或设立的旅游景区,后者指政府部门和社会团体出于社会公益目的而建造或设立的旅游景区。

2. 按照其所依赖的吸引因素的形成原因分类

按照景区所依赖的吸引因素的形成原因可划分为自然旅游景区和人文旅游景区。前者的吸引因素是自然环境特色;后者的吸引因素为人类文化活动或现代人造景观。

3. 按照其功能分类

按照其功能可划分为观光型旅游景区、度假型旅游景区、娱乐型旅游景区和活动型旅游景区。观光型旅游景区是以满足旅游者观光游览的旅游需求而开发的景区;度假型旅游景区是以满足旅游者休闲度假的旅游需求而开发的景区;娱乐型旅游景区是以满足旅游者康体健身、消遣娱乐的旅游需求而开发的旅游景区;活动型旅游景区是以满足旅游者体验

和参与性活动的旅游需求而开发的景区。

4. 按照其客源市场分类

按照其客源市场可划分为国际性旅游景区、全国性旅游景区和地区性旅游景区。国际性旅游景区是指以吸引国外旅游者为主的景区；全国性旅游景点是指以吸引全国范围内的旅游者的景区；地区性旅游景区是主要为一定地域范围内的旅游者服务的景区。

5. 按照其内容和表现形式分类

按照其内容和表现形式可划分为古代遗迹、历史建筑、博物馆、早期产业旧址、公园和花园、主题公园、野生动物园区、美术馆等。

三、旅游景区质量等级评定与划分

国家标准是目前我国旅游景观管理的重要依据。新的国标将旅游景区（点）质量等级划分为五级，从高到低依次为 AAAAA、AAAA、AAA、AA、A 级旅游景区。旅游景区质量等级的标牌、证书由全国旅游景区质量等级评定机构统一规定。

（一）旅游景区（点）质量等级的划分依据与方法

根据旅游区（点）质量等级的划分条件确定旅游区（点）质量等级，按照"服务质量与环境质量评分细则"、"景观质量评分细则"评价得分，并结合"游客意见评分细则"的得分总和进行。对于初步评定的 AAAAA、AAAA、AAA 级旅游景区（点）采取分级公示、征求社会意见的方法，然后确定旅游景区（点）质量等级。

（二）旅游区（点）质量等级划分条件

国家标准按照旅游区（点）旅游交通、游览、旅游安全、卫生、通信、旅游购物、综合管理、年旅游人数、旅游资源与环境保护、旅游资源吸引力、市场吸引力、年接待游客人数、游客抽样调查满意率等条件，将旅游区（点）质量等级划分为五级。现将各级条件简要进行介绍。

（1）AAAAA 级旅游区（点）。旅游交通、游览、旅游安全、卫生、邮电服务、旅游购物、综合管理、资源和环境保护极好，旅游资源吸引力、市场吸引力极强，具有世界影响，年接待海内外旅游者 60 万人次以上，其中海外旅游者 5 万人次以上。游客抽样调查满意率很高。

（2）AAAA 级旅游区（点）。旅游交通、游览、旅游安全、卫生、邮电服务、旅游购物、综合管理、资源和环境保护良好，旅游资源吸引力、市场吸引力很强，具有全国影响，年接待海内外旅游者 50 万人次，其中海外旅游者 3 万人次以上。游客抽样调查满意率高。

（3）AAA 级旅游区（点）。旅游交通、游览、旅游安全、卫生、邮电服务、旅游购物、综合管理、资源和环境保护较好，旅游资源吸引力、市场吸引力较强，具有全省影响，年接待海内外旅游者 30 万人次以上。游客抽样调查满意率较高。

（4）AA 级旅游区（点）。旅游交通、游览、旅游安全、卫生、邮电服务、旅游购物、综合管理、资源和环境保护一般，旅游资源吸引力、市场吸引力一般，具有地区影响，年接待海内外旅游者 10 万人次以上。游客抽样调查满意率较高。

（5）A 级旅游区（点）。旅游交通、游览、旅游安全、卫生、邮电服务、旅游购物、综合管理、资源和环境保护基本满足要求,旅游资源吸引力、市场吸引力较小,具有地区影响,年接待海内外旅游者 3 万人次以上。游客抽样调查满意率基本满意。

四、旅游景区的作用

作为吸引和满足人们进行旅游活动的旅游景区,在现代旅游业的发展中具有十分重要的地位,发挥着突出的作用。

(一)旅游景区是构成旅游产品的核心

从旅游产品的构成情况看,旅游景区既是构成旅游产品的核心要素,又是激发人们旅游动机、吸引旅游者的决定性因素。因此,没有旅游景区就没有旅游产品,也就没有现代旅游业的发展。

(二)旅游景区是形成旅游目的地的基础

旅游目的地是由一定的旅游景区和相关旅游设施及旅游服务组合或集中的地域,简称旅游地。它可以是一个接待国家,也可以是某一个地区,是一种综合性的旅游产品,在一定程度上反映了旅游产品供给的规模和水平。从旅游目的地产生和发展历史来看,成功的旅游目的地都是从单一旅游景区发展而来的。因此,旅游目的地的形成必须以旅游景区为基础。

五、我国几类主要的旅游景区

(一)风景名胜区

1. 风景名胜区的概念

风景名胜区是指具有观赏、文化或科学价值,自然景物、人文景物比较集中,环境优美,具有一定规模和范围,可供人们游览、休息或进行科学、文化活动的地区。

2. 我国风景名胜区的发展概况

我国风景名胜区保护工作于 1979 年启动。截至 2004 年 11 月,我国经政府审定命名的风景名胜区已有 677 个,总面积占国土面积的 1% 以上。国务院先后于 1982 年至 2017 年批准公布了九批共 200 多处国家重点风景名胜区。

(二)博物馆

博物馆是宣传教育机构,是国家的重要文化设施和公共设施,同时也是爱国主义教育基地,是丰富人民精神生活的重要载体。博物馆的多少与好坏是衡量一个国家和地区经济文化发达与否的标志之一,也是各地区重要的旅游吸引物。

1. 博物馆的概念和功能

根据 1989 年修订的《国际博物馆协会会章》规定,博物馆是一个不追求营利的,为社会和社会发展服务的、向公众开放的永久性机构,以研究、教育和娱乐为目的,对人类和人类环境的见证物进行搜集、保存、研究、转播和展览。

博物馆对社会的主要功能和作用是收藏保护文物和标本并进行研究,举办陈列展览进行宣传教育,提供文化娱乐服务等。

2. 博物馆的类型

博物馆主要可分为三大类,即社会历史类博物馆、自然和科技类博物馆以及艺术类博物馆。此外,还有名人故居博物馆等其他类型的博物馆。

3. 我国博物馆旅游的发展

中华人民共和国成立时,中国博物馆仅有24个,主要分布在经济文化比较发达的大城市。多年来经过不断发展,不仅在数量上增加40多倍,而且初步改变了分布不合理状态,全国各地大部分省、市、自治区都建立了博物馆,广东、江苏、陕西、江西等省还在每个地、市建立了博物馆。但是,与西方发达国家相比,我国博物馆的发展水平还有待提高。

据统计,西方发达国家一般平均10万～20万人拥有一个博物馆,中心城市平均一两万人就有一个博物馆。而我国除了北京、上海等地勉强可比外,全国平均约60万人才拥有一个博物馆,差距十分明显。另外,我国博物馆每年接待中外观众1.5亿人次,与美国博物馆年观众达其人口总数的3倍相比,差距也是显而易见的。

(三)森林公园

我国的森林公园大多数是在原有的国有林场的基础上转型组建而成的。森林公园为国家森林公园、省级森林公园和市(县)级森林公园,均设有专职管理机构。

1. 森林公园的概念

森林公园是为了保护我国自然森林生态系统的多样性和完整性,促进林木资源的保护和持续利用,而在一些森林生态资源丰富和独特的地区设立的区域。

2. 我国森林公园的发展状况

我国建立国家级森林公园的历史很短,我国森林公园的建设是在20世纪80年代起的。1982年我国建立了第一个国家森林公园"张家界国家森林公园"。在国外,一些发达国家建立国家级的森林公园比我国早100多年,如美国于1872年批准成立的黄石国公园便是典型的代表。

我国的森林公园建设大致经历了两个阶段。第一阶段是从1982—1990年,其特点有以下几个。

(1)每年批建的森林公园数量少,9年中总共只批建了16个。

(2)国家对森林公园建设的投入相对较大。

第二阶段从1991年开始,其特点有以下几个。

(1)森林公园数量快速增长。

(2)国家对森林公园的投入减少,主要通过地方财政投入、招商引资、贷款等。

(3)行业管理加强,开始走向法制化、规范化、标准化。

据统计,我国现已建立各类森林公园3000多处,其中,国家级森林公园总数达826处。全国森林公园的分布范围扩大到除我国台、港、澳地区以外的31个省、自治区、直辖市,初步形成了对我国林区独具特色的以森林景观为主体,地文景观、水体景观、天象景观、人文景观等资源有机结合而形成的多样化的森林风景资源的保护管理和开发建设体系。

(四)自然保护区

1. 自然保护区的概念

自然保护区是指对有代表性的自然生态系统、珍稀濒危野生动植物物种的天然集中分布区、有特殊意义的自然遗迹等保护对象所在的陆地、陆地水体或者海域,依法划定出面积予以特殊保护和管理的区域。

由于自然保护区保存了完整的自然环境和生态系统,因此,对人们研究自然资源、自然历史、自然条件、生物与非生物之间的关系,以及环境保护监测活动等都有很大的价值,是人们进一步探索、深刻认识自然规律的重要基地。

2. 我国的自然保护区

自然保护区建设对于保护自然资源和生物多样性、维持生态平衡和促进国民经济可持续发展均有着重要的战略意义。

我国的自然保护区建设始于20世纪50年代,经过近60年的努力,到2017年年底,全国自然保护区已经发展到2738个,在全国范围内初步形成了一个类型齐全、分布基本合理的自然保护区网络。这些自然保护区的建立,使我国70%的陆地生态系统种类、80%的野生动物和60%的高等植物,特别是国家重点保护的珍稀濒危野生动植物的绝大多数都在自然保护区内得到较好的保护。同时,这些自然保护区还起到了涵养水源、保持水土、防风固沙、稳定地区小气候等重要作用自然保护区的建立,不仅保护了珍贵的动植物资源,使它们得到发展,而且可以利用自然保护区对珍稀动植物的生态和生物学特性进行研究,为引种驯化提供科学依据,为大量繁殖、培育新品种提供种源。

(五)世界遗产

"世界遗产"是全人类共同继承的文化及自然遗产,它集中了地球上的文化和自然遗产。

1. 世界遗产的定义

《世界遗产公约》对"世界文化遗产"和"世界自然遗产"分别进行了定义。

"世界文化遗产"的定义是:①文物从历史、艺术或科学角度来看,具有突出的普遍价值的建筑物、雕刻和绘画,具有考古意义的部件和结构、铭文、岩穴、住宅区及各类文物的组合体。②建筑群。从历史、艺术或科学角度看,在建筑形式、统一性及其与环境景观结合方面,具有突出的普遍价值的单独或相互联系的建筑群体。③遗址从历史、美学、人种学或人类学的角度来看,具有突出的普遍价值的人造工程或自然与人类结合工程以及考古遗址的地区。

"世界自然遗产"的定义是:从审美或科学的角度看,具有突出的普遍价值的由自然和生物结构或这类结构群组成的自然面貌;从科学或保护的角度看,具有突出的普遍价值的地质和自然地理结构以及明确划定的濒危动植物种生长区域;从科学、保护和自然美的角度看,具有突出的普遍价值的天然名胜或明确划定的自然区域。

2. 我国的世界遗产资源

世界遗产由联合国教科文组织建立的世界遗产委员会审议评定。截至2017年,我国已有50多处文化遗址和自然景观被列入世界遗产,数量仅次于意大利,居世界第二位。

我国具体的世界遗产如下:

(1) 文化遗产。

文化遗产有长城,莫高窟,北京故宫,秦始皇陵及兵马俑坑,周口店北京猿人遗址,拉萨布达拉宫历史建筑群(大昭寺、罗布林卡),承德避暑山庄及其周围寺庙,曲阜三孔(孔府、孔庙、孔林),武当山古建筑群,丽江古城,平遥古城,苏州古典园林,天坛,颐和园,大足石刻,龙门石窟,明清皇家陵寝,青城山-都江堰,皖南古村落(西递、宏村),高句丽王城、王陵及贵族墓葬,澳门历史城区,安阳殷墟,开平碉楼与村落,福建土楼,登封"天地之中"历史古迹,元上都遗址,大运河,丝绸之路:长安-天山廊道的路网,土司遗址等。

(2) 自然遗产。

自然遗产有黄龙风景名胜区、九寨沟风景名胜区、武陵源风景名胜区、云南三江并流保护区、四川大熊猫栖息地、中国南方喀斯特、三清山世界地质公园、中国丹霞、澄江化石遗址、新疆天山、湖北神农架、青海可可西里、梵净山。

(3) 文化与自然双重遗产。

文化与自然双重遗产有泰山、黄山、峨眉山-乐山大佛、武夷山。另外,我国的昆曲和古琴被列为人类口述和非物质遗产代表作。

(4) 文化景观遗产。

文化景观遗产有庐山、五台山、杭州西湖文化景观、红河哈尼梯田、花山岩画。

(六) 地质公园

地质公园是以其地质科学意义、珍奇秀丽和独特的地质景观为主,融合自然景观与人文景观的自然公园。建立地质公园的主要目的有三个:保护地质遗迹、普及地学知识、开展旅游和促进地方经济发展。

1. 中国国家地质公园的定义

中国国家地质公园是以具有国家级特殊地质科学意义、较高的美学观赏价值的地质遗迹为主体,并融合其他天然景观与人文景观而构成的一种特殊的自然区域。

2. 中国的国家地质公园

中国国家地质公园计划于1989年正式启动,2000年8月正式建立国家地质公园申报和评审机制。地质公园分为四级:县市级地质公园、省级地质公园、国家地质公园、世界地质公园。截至2011年,中国已批准建立国家地质公园218处。

(七) 主题公园

1955年,华特·迪士尼在美国加利福尼亚州的洛杉矶成功地建成了全球第一个现代意义上的主题公园——迪士尼乐园。迪士尼乐园集游乐、科学博览、社区中心、戏剧表演为一体,是父母子女享受美与奇观,共享天伦之乐的好场所,吸引了大批来自国内外的旅游者,获得了巨大的成功,华特·迪士尼也因此成为一个传奇式的人物。同时,迪士尼乐园的成功刺激了世界各地各种主题公园的发展,时至今日,主题公园在世界旅游业的发展中仍扮演着非常重要的角色。

1. 主题公园的概念

关于主题公园的定义,至今还没有一个比较明确的说法。保继刚教授对主题公园下的定义是:主题公园是具有特定的主题,由人创造而成的舞台化的休闲娱乐活动空间,是一种休闲娱乐产业。

2. 主题公园的类型

对于主题公园的分类有多种方法,一般分为三种类型。

(1) 游戏娱乐公园。

这类公园大体上都属于娱乐综合体,按照投资规模和影响力大小,又可分三类。

第一类为大型主题公园。它的主要特点是旅游者市场为全国市场和国际市场。大型主题公园一般由主题鲜明或由多个部分构成的品牌吸引力,有舒适的旅游住所,投资巨大。例如,迪士尼乐园等。

第二类为地区性主题公园。其主要特点是具有一定主题的路线和表演,有潜在的品牌,旅游者市场为省内市场和邻省市场,投资较大,如香港海洋公园等。

第三类为城市游乐园。其主要特点是位于城市周围,旅游者市场为所在城市,投资相对较少,如苏州乐园等。

(2) 文化教育公园。

这类公园有一定的教育教学功能,或以文学文化遗产为主题,同时辅以游乐和餐饮设施,如北京大观园、上海科技馆、各地的动植物公园等。目前,此类公园增长很快。

(3) 影视文化公园。

这类公园一般将影视拍摄与旅游者的游览娱乐融为一体,如我国无锡的三国水浒城、浙江横店影视城等。

除此以外,我国还有一些其他类型的公园,如以中华传统民族文化为主题的深圳锦绣中华、中国民俗文化村等;以异国文化为主题,如深圳世界之窗、北京世界公园等;以科学、科幻为主题的主题公园,如上海科技馆、常州恐龙园等。

3. 我国的主题公园

我国主题公园的发展可粗略地分成两个阶段。第一阶段是 20 世纪 80 年代中期以前,各地以兴建游乐场为主;第二个阶段是 20 世纪 80 年代末期,以 1989 年深圳锦绣中华景区成功开业为代表,我国的主题公园建设进入快车道,后来全国各地相继出现了各种以民族文化、世界文化、仿古文化、影视文化等为主题的各种主题公园,我国的主题公园如雨后春笋般涌现和壮大起来。但是,由于盲目上马、主题雷同、管理不善、竞争激烈等原因,我国的很多主题公园难以维持甚至倒闭,因此社会各界对主题公园的指责颇多。但透过表象,我们必须看到,主题公园在现代旅游业发展中发挥了不可替代的作用。而且,中国的主题公园市场目前仍是一个高速成长的市场,有大量潜在的主题公园发展项目,因而被众多国际投资者所关注。促进我国主题公园健康发展的关键在于有关方面要提高对主题公园的认识水平,优化规划设计,改善经营管理,加强宏观调控。

> 同步阅读 《中国旅行服务业发展报告2017》发布

第三节 旅行社业

旅行社业是旅游业中主要的经营部门之一。按照国际学术界中的一般认识,旅行社行业在旅游业经营中属于饭店、航空公司等旅游供应商的产品分销渠道。

一、旅行社的界定

旅行社介于旅游产品和旅游者之间,参与旅游产品的销售活动,促进买卖行为的实现,是旅游活动的组织者。

2009年1月国务院颁布的《旅行社条例》规定:旅行社,是指从事招徕、组织、接待旅游者等活动,为旅游者提供相关旅游服务,开展国内旅游业务、入境旅游业务或者出境旅游业务的企业法人。同时规定:国务院旅游行政主管部门负责全国旅行社的监督管理工作;县级以上地方人民政府管理旅游工作的部门按照职责负责本行政区域内旅行社的监督管理工作;县级以上各级人民政府工商、价格、商务、外汇等有关部门,应当按照职责分工,依法对旅行社进行监督管理;旅行社在经营活动中应当遵循自愿、平等、公平、诚信的原则,提高服务质量,维护旅游者的合法权益,旅行社行业组织应当按照章程为旅行社提供服务发挥协调和自律作用,引导旅行社合法公平竞争和诚信经营。

根据这一解释,凡是经营上述旅游业务的营利性企业,不论所使用的具体名称是旅行社、旅游公司,还是旅游服务公司、旅行服务公司、旅游咨询公司或其他称谓,皆为旅行社企业。

二、旅行社的类型

(一)国外旅行社的分类

在西方国家,旅行社根据其业务分为以下三类。

1. 旅游经营商

旅游经营商组织设计开发旅游产品并进行批发销售。旅游经营商有自己的零售网点,既可以通过旅游代理商出售旅游产品,也可以通过自己的零售网点直接将产品卖给旅游者。

2. 旅游批发商

旅游批发商组织并推销旅游产品,它设计开发旅游产品,并通过从事零售业务的中间商建起成套的旅游产品销售出去。其旅游产品主要是旅游线路和各种服务项目的组合。旅游批发商均具有较强的销售能力,同时在销售过程中也要投入一定的费用。

3. 旅游代理商

旅游代理商是旅游零售商的代表,其通过从旅游批发商或旅游经营商手中购买旅游产品,然后销售给旅游者。旅游代理商直接面对大众,具体招徕和组织游客。其业务包括提供旅游产品咨询意见、预订服务、宣传产品、征集反馈意见等。

(二)国内旅行社的分类

第一阶段,新中国成立至20世纪80年代中期。我国先后成立了中国国际旅行社、中国华侨旅行社、中国旅行社、中国青年旅行社四大旅行社。

第二阶段,20世纪80年代中期至1996年年底。国务院于1985年颁布的《旅行社管理暂行条例》把我国的旅行社划分为一类旅行社、二类旅行社和三类旅行社三大类别。一类旅行社负责经营对外招待并接待外国人、华侨、港澳台同胞来中国、归国或回内地的旅游业务;二类旅行社不对外招待,只经营一类旅行社或其他涉外部组织的外国人、华侨、港澳台同胞来中国、归国或回内地的旅游业务;三类旅行社只经营中国公民在国内的旅游业务。

第三阶段,1996年10月国务院颁发的《旅行社管理条例》把我国旅行社分为国际旅行社和国内旅行社。国际旅行社的经营范围包括国内旅游业务、入境旅游业务、出境旅游业务,国内旅行社的经营范围仅限于国内旅游业务。

第四阶段,2009年国务院颁布的《旅行社条例》取消了沿用多年的旅行社分类,统一了从事国内旅游业务和入境业务的准入条件,规定取得旅行社业务经营许可证后,既可以经营国内旅游业务,也可以经营入境旅游业务。旅行社取得经营许可满两年,且未因侵害旅游者合法权益受到行政机关罚款以上处罚的,可以申请经营出境旅游业务。同时,《旅行社条例》还将经营入境旅游业务所需的注册资本最低限额由150万元降至30万元,大大降低了入境旅游市场的准入门槛。《旅行社条例》的实施意味着凡是旅行社均可经营入境旅游业务,而且旅行社设分社将不再设置门槛。

全球排名前十的OTA(在线旅行社)企业,如表4-1所示。

表 4-1 全球排名前十的OTA企业

序号	旅行社代理商	所在国家	备 注
1	Priceline	美国	客户反向定价,在线旅游C2B模式开创者
2	tripAdvisor	美国	全球最受欢迎的旅游社区和旅游评论网站,以打造社区为中心
3	Expedia	美国	代理+批发商模式为主,业务庞杂,品牌多元化
4	携程旅行网	中国	在线旅游+传统旅游,转型"手指"+"水泥"
5	HomeAway	美国	全球最大的假日房屋租赁在线服务提供商
6	去哪儿	中国	从旅游垂直搜索、平台到TTS
7	Kayak	美国	旅游产品精专搜索技术服务商

续表

序号	旅行社代理商	所在国家	备注
8	Orbitz	美国	旅游OTA大数据试水者
9	MakeMytrip	印度	印度最大的在线旅游公司
10	travelZoo	美国	美国在线旅游信息服务＋top20精选特惠

同步讨论 互联网＋对旅行社的影响

三、旅行社经营的特点

（一）资金投入较少

旅行社是旅游中间商，是通过提供旅游中介服务获取收益的企业。作为一个企业，旅行社出售的产品，无论是单项的还是综合的，都是一种服务产品，它不必借助于投资巨额的机器、厂房等设备来完成。事实上，除了必要的营业场所、办公设施和通信设备外，旅行社经营几乎不需要有更多的固定资产占用。与一般的商贸企业相比，旅行社对流动资金的需要量也是有限的，尤其是作为组团社的旅行社，在经营中它依照"先付款后接待"的惯例，在招徕客源时可以暂时拥有一笔数量可观的流动资金为己所用，这就可以使旅行社的自筹资金大为减少。

（二）竞争激烈

由于资金投入较少，再加上从事旅行社业务不需要很高的学历，所以新进入者面临的行业壁垒较低，从而易形成较激烈的市场竞争。

（三）依附性较强

旅游产品具有较强的综合性，作为旅游产品的流通中介，旅行社的存在与发展总是离不开其他相关企业的协作。旅行社特别是国际旅行社必须依靠客源地的旅行社为其提供客源，必须依靠当地众多的其他旅游企业为其提供各种相关服务。旅行社对客源市场与服务市场的依赖，决定了其经营活动的中心之一就是要积极主动、千方百计地与相关企业建立长期可靠的相互协作与信任关系。

（四）季节性强

由于旅游业具有季节性的特点，因此，旅行社经营也就表现出很强的季节性，容易受气候、节假日等因素的影响。一般而言，旅游旺季游客最多，而旅游淡季游客最少；另外，每逢"五一"、国庆节、元旦、春节，以及国外的圣诞节，出游人数最多。

（五）经营风险较大

旅行社业务的一个显著特点是客源与效益的不稳定，这无疑增加了旅行社经营的难度和经营的风险，而这种经营风险又是由旅游市场特殊的供求关系决定的。

从供给方面看，由于旅行社自己不生产产品，因此其供给能力受制于各个旅游生产者的生产能力，而这种生产能力在一定时期内呈刚性。

从需求方面看，整个旅游市场的需求波动较大，其中既有颇具规律的周期性淡旺季变化，又有随机性较强的个别旅游者需求的变化。

除此之外，国际局势的稳定与动荡、各国经济的繁荣与萧条、汇率的上升与下降等对旅游需求也都会造成突发性的影响。

（六）良好的声誉与信用对旅行社经营至关重要

旅行社是中介机构，旅行社提供给旅游者的是一种看不见、摸不着、无法预先感知的无形产品，因而，从某种意义上讲，旅行社是在向旅游者出售"诺言"。旅游者在购买旅游产品时，之所以选择这家旅行社，而不选择那家旅行社，除了价格因素以外，主要考虑的是旅行社的声誉与信用，因此，良好的声誉与信用对旅行社经营至关重要。

四、旅行社的作用

不论是在我国还是在其他国家或地区，旅行社在旅游业中扮演的角色或所起的作用，主要反映在以下几个方面。

（一）旅行社是旅游活动的组织者

旅行社在旅游经营者和旅游消费者之间起到桥梁纽带作用。旅行社通过其中间服务，将与旅游者的旅游需求密切相关的各种服务要素进行设计和组合，形成相对完整的旅游产品，然后销售给旅游者，并保证各旅游企业之间的联系与衔接，使旅游活动能够顺利进行。

（二）旅行社是旅游产品最主要的销售渠道

交通运输部门、住宿业部门以及诸多其他类型的旅游供给商，虽然自身也直接面向旅游消费者大众出售其产品，但其大部分产品销量都是通过旅行社这一分销渠道去实现。特别是地处旅游目的地的旅游供应商。

（三）旅行社促进旅游业的发展

旅行社最接近客源市场，旅行社在掌握需求动向和指导旅游供给方面的具有率先能力。一方面，旅行社对于市场需求信息及消费者对有关旅游产品的评价了解得最快，同时旅游者在查询旅游信息和安排出游计划方面，会去咨询旅行社，出游归来后会将自己的感受和意见向有关旅行社进行反馈；另一方面，旅行社与其他各旅游部门都有密切的业务联系，因而在为旅游者提供咨询服务方面，所提供的也都是最新而有效的信息。

对于新兴旅游目的地来说，初创期阶段，旅行社部门的业务能力在一定程度上会决定该地旅游业的客源规模。主要在于旅游供给部门难以及时全面地了解消费者市场的需求动向,随时使产品适应变化了的市场需要,从而难以有效地争取客源。对于我国旅游业而言,在开展入境旅游业务和出境旅游业务方面,旅行社的作用表现得十分突出。

> **同步思考** 旅行社未来发展的趋势

五、我国旅行社的发展

随着中国进入大众旅游时代,同时旅游业发展也快速融入休闲时代、散客时代、自驾时代、高铁时代、同城时代、信息时代。目前,旅行社业发展呈以下几个特点。

(一)大型旅行社集团化

大型旅行社所要解决的重心问题是规模经济问题。大型旅行社在实现集团化之后,其基本业务包括三个方面,即产品开发(特别是适合大众旅游市场的标准化旅游产品)、市场开拓和旅游接待。而销售业务(这里限指国内旅游和出境旅游)则主要由数量众多的中小旅行社代理。这些举足轻重的旅行社集团把全部资源集中于三块相互联系的旅游业务中,会提高自身和整个行业产品开发和市场开拓的力度,提高总体接待质量,同时还会因为避免了很多分散的重复劳动和相应的竞争而减少资源耗费。

(二)中型旅行社专业化

中型旅行社的专业化主要体现在所经营的产品上。中型旅行社针对某些细分市场,对某些产品进行深度开发,形成特色产品或特色服务。通过专业化经营集成本优势与产品专业化优势于一身,解决中型旅行社因规模较小形不成规模经济,难以直接与旅行社集团竞争的问题。而对行业来说,专业化的特色经营起到拾遗补阙的作用,中型旅行社的专业化开发会使旅游产品更加多样化,从而增强旅游产品的总体吸引力。

(三)小型旅行社代理实现网络化

随着大型旅行社实现集团化、中型旅行社实现专业化,众多小型旅行社的调整是在全国范围内实现网络化,成为旅行社业面向旅游者的窗口。通过代理制来实现网络(这里的网络化还包括旅行社之间的业务联系这层含义)。而旅行社集团完全凭借自己的力量实现广泛布点会大幅度提高其经营成本,而且会加大控制难度和经营风险。因此,众多小旅行社如果能够实现向代理社的转变,就可以摆脱举步艰难的局面。

第四节 住宿业

住宿业是由各种经营住宿服务的企业所构成,是为旅游者提供住宿、餐饮及多种综合服务的行业,是人们在旅行游览活动中必不可少的"驿站"。在旅游业的各组成要素中,住宿业是一个十分重要的环节,通常被认为是旅游业的三大支柱之一。今天,住宿业已经成为全球旅游热潮中不可缺少的一部分,是商业全球化发展的主力军。住宿业的迅猛发展,也给当地社会的政治、经济、文化等方面的发展带来了重要影响,是一个地区整体发展水平的重要标志。

住宿业中的企业类型很多,人们对这类企业有着多种不同的称谓,如宾馆、饭店、酒店、旅馆、招待所、旅社、度假村、度假营地等等。但无论使用何种名称,这类企业的基本业务一般都是面向不同类型的来访旅游者提供食宿等接待服务。在我国旅游业中,人们通常所称的饭店、宾馆或酒店,其实大多相当于国际上所称的"hotel"。所以,在本节中,对于住宿接待企业,我们采用原国家旅游局在正式文件中作为规范使用的"饭店"这一统称,同时也将"饭店业"用作"住宿业"的代称。

一、住宿业的演进

住宿业是人类古老的行业之一,它是伴随着人类旅行活动的开展而出现在人类社会的,饭店最初的基本功能是为旅途中的人们提供过夜住宿服务。随着人类社会的发展和经济的发达,饭店的服务功能及服务范围大大扩展,其装备水平和服务手段也日趋现代化、专业化。现代的各类型饭店企业就是分别从中国的驿站、中东的商队客店、古罗马的棚舍、欧洲的路边旅馆及美国的马车客栈演变而来的。从历史的角度进行观察,全球住宿业的演进,大致上可划分为以下几个阶段。

(一) 客栈时期

从历史遗迹和古代文献来看,欧洲的客栈设施起源于古罗马时期,后以英国最为著名;中国的客栈设施起源于商代中期建立的驿站,后来还出现"迎宾馆"、"邸店"、"会馆"等。但就整个世界范围而言,从商业性的住宿接待设施开始出现,直至19世纪中叶这段漫长的时期内,大多数外出旅行活动的开展,都是出于以贸易经商为代表的事务性原因或目的,并且主要是国内的陆路旅行。就市场规模而言,旅行活动的参加者人数相对很少,仅为人口中很小的一部分,以朝廷官员、商人、朝圣者居多。特别是在旅行方式上,绝大多数的旅行活动都是徒步进行,所能利用的代步工具也都很简陋。到了这一历史阶段的后期,最先进的交通运输工具也不过是马车。由于当时人员流动的规模很小,加之当时交通运输工具的运力非常有限,使得小型客栈或旅店就能基本满足需求。所以,截至19世纪中叶,分布于主要道路沿线及城镇中的小客栈或小客店(inn),一直都是这一时期中主要类型的住宿接待设施。换言之,这一状况是由当时的市场规模和需求层次所决定的。这种住宿设施的特点是规模小、设施设备简陋、服务项目少,一般只提供简单的食宿服务。

(二) 大饭店时期

虽然被称为"饭店"(hotel)的住宿接待设施首先出现于18世纪中叶,但是,由于受当时市场需求的限制,这种接待能力相对较大、接待条件相对较好的新型住宿设施在19世纪中叶以前并未真正得到推广与发展(Medlin,1980)。

在19世纪中叶至20世纪初这一时期内,除了商贸旅行活动之外,出于非经济性目的而外出旅游的人数有了大幅度的增加,观光和度假逐渐成为很多人外出旅行的重要原因。随着西方工业革命的完成和资本主义经济的发展,导致旅游市场需求的发育和旅行社的出现,旅游活动的规模和开展活动的方式都有了很大的变化。特别是在交通运输技术方面,随着铁路和轮船成为交通客运的主要手段和大规模人员流动的出现,住宿市场的需求规模也因之而增大。由于这一背景,传统的小客店已无力满足变化了的市场需求,从而使得接待能力较大、接待条件较好的新型住宿设施的出现不仅成为可能,而且成为必要。饭店(hotel)和宾馆(guest house)这类住宿设施迅速取代了传统的小客栈,成为住宿业中的主力。

在欧洲,著名的大饭店有德国的巴登别墅和凯撒大饭店、法国的巴黎大饭店和罗浮宫大饭店、英国的萨伏伊大饭店等;1829年,美国波士顿的特里蒙特饭店被称为世界上第一座现代化饭店,为新兴饭店行业确立了标准,推动了现代化饭店的发展,成为饭店业发展史上里程碑。这一时期的经营管理代表人物是恺撒·里兹,"客人永远不会错"这一服务理念就是他提出的,他本人的名字也成为"一流"的代名词。

这种住宿设施的接待对象主要是享有特权的上流人物、社会名流和富裕阶层,设施豪华,注重内部硬件设施的建设和服务质量的完善。

(三)商业饭店时期

20世纪初至20世纪50年代,是饭店业发展的重要阶段,从各方面奠定了现代饭店业的基础。20世纪以后,随着社会经济的发展,商业旅行急剧增加,消费者对实惠、舒适的食宿设施需求随之增加。以前所建造的食宿设施,无论是大饭店还是小客栈,都无法满足这种需求,于是,面向商务旅行者和一般中产阶级旅游者服务的商业饭店应运而生了,尤其以美国为代表。前期以美国饭店业大王斯塔特勒为代表,他享誉饭店业40年之久,被公认为世界商业饭店创始人,他把"提供普通民众能付得起费用的世界第一流服务"作为经营目标,并大力推行科学管理和标准化;后期是美国另一位饭店业大王希尔顿,他取代了斯塔特勒的地位。

商业饭店主要讲究舒适、方便、清洁、安全、实用,而不追求奢侈和豪华;经营管理上采用科学管理思想和方法,注重价格合理、注重质量的标准化和降低成本,以获得最佳利润。这一时期各国相继成立行业协会,制定行业规范,成立专业学校;饭店业也逐渐成为一个重要的产业部门,饭店管理也正式成为管理学的一个重要分支。

(四)多种住宿设施竞争时期

第二次世界大战结束之后,伴随着交通运输技术的发展,汽车成为人们中短程外出时的主要旅行方式,飞机则成为人们远程旅行的主要交通工具。所有这些情况的出现,都助推了旅游市场规模的扩大。随着大众旅游局面的形成,住宿市场需求随之呈现出多样化的发展趋势,传统类型的饭店逐渐显出局限性。因此,到了这一阶段,一些新型的住宿接待设施开始在世界各地涌现,如汽车旅馆(motels)、度假村(holiday resorts)、度假营地(campsites),以及各种各样的自助式住宿接待设施,例如青年旅舍(youth hostels)、公寓(service apartment)等,于是,形成了诸多类型的住宿设施共同竞争的局面。在当今的住宿业中,饭店业的规模仍在继续成长和扩大,根据联合国世界旅游组织(UNWTO)的估算,进入 21 世纪以来,全世界饭店客房总量的年增长率约为 25%,但商业饭店这种类型的住宿设施仍是当今世界住宿业中的最具代表性的中坚力量。

如今,饭店设施已不再仅仅是为出门在外的人提供住宿服务的场所。饭店功能的拓展和服务项目的增加,已使很多地方的饭店成了外来游客及当地社会的重要社交中心。更重要的是,饭店设施的设计、建造、装修、经营和管理也都在日益专业化。

这个时期,饭店类型多样化的同时,饭店经营管理朝集团化方向发展;饭店管理日益科学化、现代化。

二、饭店的分类

根据实际工作的需要,人们有时会对饭店进行类别划分。虽然人们通常会根据有关饭店企业的主要业务或主要接待对象,将其分作三类——度假饭店(resort hotel)、商务饭店(business hotel)和会议饭店(convention hotel)。但实际上,对于饭店的分类,并不存在绝对统一的划分依据或标准。综合观察人们对有关饭店类型的称谓,我们会发现,常见的分类依据或标准主要包括以下几种。

(1) 根据饭店的坐落地点进行分类:如城市饭店、度假地饭店、海滨饭店等等。

(2) 根据饭店与交通设施或交通工具的关系进行分类:如铁路饭店、机场饭店、海港饭店、汽车饭店(注:此处所称的汽车饭店并非是设于公路沿线被称为"motel"的汽车旅馆,而是设于城市闹市区的"motor hotel")。

(3) 根据饭店的主要业务或主要接待对象进行分类:如商务饭店、度假饭店、会议饭店、长住型饭店。

(4) 根据饭店的规模进行分类:如大型饭店、中型饭店、小型饭店。

(5) 根据饭店的档次或等级进行分类:如高档、中档、低档饭店,星级饭店,经济饭店。

(6) 根据饭店的经营管理方式进行分类:如独立饭店、连锁饭店。

(7) 根据饭店企业的经济类型进行分类:如国有饭店、民营饭店、外资饭店、合资饭店。

此外,还有很多其他的新型饭店,如主题饭店、精品饭店、胶囊旅馆等,这里不再列举。但无论如何,对饭店进行分类只不过是为达到某一目的而采用的一种手段,而非工作目的本身。

三、饭店的等级及其评定工作

在世界各地,大凡重视发展旅游业的国家和地区,普遍都对该地的饭店设施实行分等评级。此举的目的主要在于两个方面:一是为了控制本国或本地区旅游产品的质量,维护本国或本地区作为旅游目的地的市场形象;二是为了保护旅游消费者的利益,便于消费者在选择饭店时用作参考。

(一) 国际上的一般情况

在欧美各国,对饭店的等级评定通常是由该地的饭店行业组织,或者是由代表旅游消费者的某些组织或团体进行的。例如,在英国伦敦,饭店的等级是由该地的出租汽车司机组织进行评定,因为出租汽车司机经常接送饭店客人,因而最了解客人对有关饭店的反映和评价。出于类似的原因,在美国的有些地方,饭店等级则是由全美汽车驾驶者协会(AAA)进行评定。相比之下,在很多发展中国家中,由于该国的饭店多为国有企业,加之旅游行政管理组织多为政府部门,对旅游业发展的直接干预程度较高,因此,饭店等级评定工作多会在国家旅游组织的领导下进行。

就当今国际上的流行情况而言,饭店的等级一般划分为五个层次,分别以星号(★)的多少作为标识,由低至高分别为一星级、二星级、三星级、四星级和五星级。但实际上,由于种种原因,世界各地对饭店等级的层次划分并不统一。譬如,有的地方将饭店划分为四个等级,有的则划分为七个等级。而且,即使是在同一个国家(例如在美国)中,各地区对饭店等级的层次数,以及用以标识等级的符号,也不尽相同。尽管如此,为了便于国际来访者在选择下榻饭店时进行比较,这些不采用星号标定其等级的饭店,往往都会附带说明该饭店的等级大致相当于国际上的×星级。在我国,旅游行政部门对饭店等级的划分也由过去的五个层次,演变为目前的六个层次,由低至高分别为一星级、二星级、三星级、四星级、五星级和白金五星级。

值得注意的是,尽管国际上也有某些饭店自称是"六星级",甚至"七星级"饭店,但实际上,这些称谓其实都是有关饭店企业出于营销宣传的目的,为了强调本饭店的品质不凡而做的自我标榜。按照国际饭店业中专业人士的通常理解,所谓"五星级"饭店,意味着该饭店已经是"尽善尽美"(perfect),对客人的要求能做到"有求必应"。依照这一理解,在当今世界上,真正能够为国际饭店业专业人士所公认达到"五星级"水准的饭店,其实为数不多。例如,众所周知,以星号标识饭店等级这一做法始自于法国。然而,在法国的饭店等级评定制度中最高等级为"四星"而非"五星"。其中的原因或许也是与此有关。所以,我们应当明白,根据国际上的普遍共识,对饭店进行分等定级的根本目的在于维护消费者利益和方便消费者的选择。倘若超出消费者的惯常理解而任意标榜饭店的等级,那么对饭店进行等级评定将会失去此举的市场意义。就国际上的一般情况而言,人们在评定某一饭店的等级时,通常都会涉及考核"硬件"和"软件"两大方面的多项指标。

其中主要的考核内容包括以下几点。

(1) 设施和设备的档次和健全程度。

(2) 服务项目的健全程度和提供服务的质量水准。

(3) 顾客的满意率和满意程度。

(4) 社会形象。

饭店等级评定工作的实施原则一般包括以下几点。

(1) 参评饭店必须有一年以上的营业史。

(2) 饭店等级的高低,通常不受规模大小的限制。

(3) 获评等级并非永久不变,根据该饭店日后的实际表现,其等级可升可降。

(二) 我国饭店的星评工作

我国对饭店的星级评定工作始于1988年。几十年来,这一工作的开展不断有所调整,现行的工作依据是国家标准颁布的《旅游饭店星级的划分与评定》(GB/T 14308—2010)。

目前,分为一星级—五星级及白金五星级。评定等级的具体做法是:饭店星级评定工作在全国旅游饭店星级评定机构的领导下进行,实行分级管理。

全国旅游饭店星级评定领导机构负责制定饭店星级评定工作的实施办法和检查细则;授权并督导省级旅游饭店星级评定机构开展工作;组织实施五星级饭店的评定与复核工作;并对下属全国各级饭店星级评定机构所评出的饭店星级持有否决权。

各省、自治区、直辖市旅游饭店星级评定机构在国家旅游局(现文化和旅游部)的指导下开展工作,负责组织实施本地区饭店的星级评定与复核工作;对本地区下级旅游饭店星级评定机构所评出的饭店星级持有否决权;承担向全国旅游饭店星级评定机构推荐五星级饭店的责任;负责将本地区所评星级饭店的批复和评定检查资料上报全国旅游饭店星级评定机构备案。

其他城市或行政区域设立的旅游饭店星级评定机构按照全国旅游饭店星级评定机构的授权,在所在地区省级旅游饭店星级评定机构的指导下,负责组织实施本地饭店的星级评定与复核工作;向上级星评机构推荐较高星级的饭店,并负责将本地所评星级饭店的批复和评定检查资料逐级上报全国旅游饭店星级评定机构备案。

> **同步思考** 未来优秀的酒店须具备的要素

四、饭店业中的集团化经营

自大众旅游兴起以来,全球饭店业的规模有了相当大的发展。根据世界旅游组织的统计数字,1990年全球饭店客房总量大约为1210万间,到了步入21世纪后,全球饭店客房总量已增大到2000多万间,其中欧洲约占44.7%,美国约占27%,亚洲和太平洋地区约占13.9%,非洲约占3.1%,中东约占1.5%(Goeldner和Ritchie,2006)。

但是,综观世界各地住宿设施的情况,虽然大部分饭店的都是客房数为50间以下的小型企业,但在整个住宿市场中占据支配地位的力量却是大型饭店连锁公司(Morrison,2010)。事实上,近40年来,在全球饭店业规模不断扩大的同时,饭店业的集中化程度也在明显发展。从全球饭店业情况看,《饭店》(Hotels)杂志每年都对饭店连锁集团的全球300强进行排名,如表4-2所示。据估算,这些排位前300家的饭店连锁公司大约占据了全球饭店业国际客源市场的90%。

表4-2　2016年度全球酒店集团10强

排名	酒店集团名称	总部所在地	房间数/间	酒店数/家
1	万豪国际	美国	1164668	5952
2	希尔顿	美国	796440	4875
3	IHG洲际酒店集团	英国	767135	5174
4	温德姆酒店集团	美国	697607	8035

续表

排名	酒店集团名称	总部所在地	房间数/间	酒店数/家
5	上海锦江国际酒店集团	中国	602350	5977
6	雅高酒店集团	法国	583161	4144
7	精选国际酒店集团	美国	516122	6514
8	北京首旅如家酒店集团	中国	373560	3402
9	华住酒店集团	中国	331347	3269
10	贝斯特韦斯特酒店集团	美国	293059	3677

（资料来源：美国《Hotels》杂志，2017。）

观察当今世界上饭店集团的发展现状，我们会发现，饭店集团大致上可分为两类：一类为饭店连锁集团；另一类则为饭店合作集团。

（一）饭店连锁集团

饭店连锁集团，是一种由某一个饭店公司的品牌为纽带，将若干成员饭店统一于该品牌旗下，实行集团化联号经营的紧密型饭店集团。本集团旗下所有各成员饭店都使用相同的店名和店徽，经营相同的产品服务，采用相同的营业规程，提供相同水准的接待服务。目前世界上这类饭店连锁集团中的势力较大者，已发展到300多个。在已经进入我国经营的外国饭店企业中，如"万豪""洲际""雅高""希尔顿""凯悦""香格里拉"等为人们所熟知的品牌均是这种饭店连锁集团下属的成员饭店。

1. 集团化经营的优势

在现代饭店业中，集团化经营之所以会形成一种普遍的趋势，原因就在于人们很容易发现，与独立经营的单体饭店企业相比，饭店连锁集团在经营上占有明显的优势。这些优势集中到一点，便是实行集团化经营所能带来的规模经济。具体地分析，这些优势主要包括以下几点。

1）资本优势

饭店连锁集团由于规模大，其自身资金实力就比较雄厚。此外，在确实需要开发某一重大项目，而一时面临资金短缺时，公司一方面有条件通过在成员饭店间调集资金，以应对该项目开发的所需，另一方面，可以凭借本公司的资产实力作担保能够比较容易地从银行等金融机构获得贷款，甚至可获得低息贷款。对于这一点，独立经营的单体饭店企业往往难以做到。

2）技术经济优势

饭店连锁集团可根据成员饭店的分布情况，将某些重大设施设备统一为各成员饭店服务，从而可降低成员饭店有关服务项目的单位产品成本。例如，在设有多家成员饭店的某一城市或地区中，可设置一间洗衣房承担所有成员饭店的洗衣业务；可设置一个服务于所有成员饭店的食品生产/加工车间或设备维修队等，而不是各成员饭店都分别设置这些大型设备或施工队伍。这种由本公司集中提供的做法，可有效地节省各成员饭店的单位产品或服务的成本，降低有关产品或服务项目的收费价格，从而有助于提升这些产品或服务项目的价格竞争力。同样,独立经营的单体饭店也难以做到这一点。

3) 市场营销优势

第一,由于各成员饭店都使用同样的店名和店徽,采用统一规格的设施设备,实施统一的服务程序和实行同样的服务标准,从而易于在市场上树立品牌形象。

第二,最重要的是,上述标准化的实施,可令旅游消费者熟悉或毫不困难地预知该连锁集团每一个成员饭店的产品或服务项目,以及这些产品或服务的质量。

第三,每一个成员饭店开展的营销宣传,客观上可以起到对整个集团的宣传效应。

第四,各成员饭店之间可通过相互代理预订,互通客源,从而有助于客源不外流。

第五,饭店连锁集团可凭借自身实力,利用最先进的应用技术,建立和完善自己的计算机预订系统。

所有这些方面的情况,都决定了饭店连锁集团在客源竞争中的能力和优势。相比之下,所有这些方面也往往都为独立经营的单体饭店力所不及。

4) 集中采购优势

对于成员饭店营业所需的大宗设备和各种物资,饭店连锁集团通常都是实行集中采购。由此所带来的优势,主要反映在以下几个方面:第一,由于大批量采购,有助于强化饭店连锁集团在与有关供应商进行谈判时的地位,易于获得价格以及其他方面的优惠,从而能使成员饭店的营业成本得以降低;第二,面对多种品牌的同类设备和饭店用品,饭店集团公司可先选择某些品牌的产品,由部分成员饭店进行试用、检验和比较,然后择优进行大批订购,从而有助于减小采购失误的风险。在这些方面,独立经营的单体饭店往往是难以做到的。

5) 管理效率方面的优势

在饭店连锁集团的经营中,由于很多方面的管理职能(如人力资源管理、员工培训、财务管理等)通常都是由集团总部集中行使,因而其成员饭店所发生的管理费用,普遍都低于业务规模大致相同的独立饭店。此外,对于某些聘用代价很高却又只是在某些重要时刻才会派上用场的高级专业人员,如高级会计师、财务专家、高级营销专家等,可由集团总部进行聘用。当下属成员饭店遇到有关难题时,集团总部会派出这些高级专业人员去帮助解决问题。通过这种安排,可使各成员饭店在实现高水平管理的同时,又不至于付出过重的代价。对于这一点,独立经营的单体饭店企业往往无力做到。

6) 分散风险的优势

对于饭店连锁公司来说,由于成员饭店分散于不同国家或地区开展经营,从而有助于降低整个集团的经营因某地的经营环境突发不利情况,而有可能带来灭顶之灾的风险。

2. 饭店连锁集团的经营方式

饭店连锁集团旗下的成员饭店,并非都是由该饭店公司自己拥有产权和经营权。综观半个多世纪以来饭店连锁集团的发展,饭店连锁集团的常见经营方式基本上可分为以下几种类型。

1) 直接经营

这类经营方式是饭店连锁公司通过直接投资或者购买与兼并,自己拥有饭店产权,并由自己直接经营管理。

2)租赁经营

这类经营方式是饭店连锁公司从有关房地产开发商或是从某些其他投资者(饭店设施的业主)手中租来房产,由自己进行经营。换言之,饭店连锁公司对这些饭店只是有经营权而没有产权。饭店连锁公司需根据双方签署的租赁合同,定期向这些饭店设施的业主支付租金。

3)委托管理

这类经营方式是由饭店连锁公司代理经营和管理,即某些饭店设施的投资者(如投资饭店房产的保险公司)在购进饭店房产后,因自己无力经营或不擅长饭店业务,转而委托某一饭店连锁公司进行经营和管理,饭店连锁公司根据同这些饭店业主签订的管理合同,派遣人员代为管理或协助管理这些饭店的经营。饭店连锁公司按双方所签管理合同中的相关规定,或收取管理费或按比例分享利润。到目前为止,我国饭店业中的中外合资饭店和中外合作饭店大多属于有关连锁集团中的这类成员。

4)特许经营

这类经营方式是经饭店连锁公司的特许,在连锁公司旗下开展经营。所谓特许经营,即饭店连锁公司同意向某些独立饭店的业主出让特许经营权,后者根据同饭店连锁公司签订的特许协定,在交付特许使用费或利润分成的前提下,使用饭店连锁集团的品牌,按照由饭店连锁公司设计和规定的服务程序和产品规范,在饭店连锁公司的监督和指导下,由业主自行管理和经营这些饭店。换言之,这类成员饭店的特点在于,饭店连锁公司并不派员参与其经营管理,只是在必要时对其经营工作给予指导。因此,我们也可以称这类饭店为受饭店连锁公司指导经营的饭店。

半个多世纪以来,饭店连锁集团规模的不断扩大,很大程度上是由于后两类经营方式的饭店数量不断增加的结果。由于饭店连锁集团所拥有的管理实力和竞争优势,特别是基于它们已经在市场上树立起来的形象和市场声誉,可以断言,饭店连锁集团的发展今后将会继续下去。

(二)饭店合作集团

饭店合作集团是若干独立经营的饭店为了追求通过联合集体行动所能带来的规模经济,而自愿组合建立起来的一种饭店合作组织。这种合作组织通常设有一个中央机构,负责主持该组织合作领域内的有关工作,所需的活动经费通过征收会员费及认捐等形式,由加盟该组织的成员饭店共同分担(Littlejohn,1982)。

饭店合作集团是一种以共同利益为纽带,在自愿基础上形成的松散型联合组织,对于那些非连锁集团成员的独立饭店企业来说,通过加盟饭店合作集团,能够获得如同饭店连锁集团所拥有的营销优势,故而自出现以来发展速度非常迅速。时至今日,在抗衡连锁集团的竞争方面,饭店合作集团已发展成为饭店业中一支颇有生气的力量。以当今世界上最大的饭店合作集团——最佳西方国际集团为例,目前加盟该合作集团的成员饭店已达4110座,分布于全球80多个国家和地区,客房总量超过31万间。

根据成员饭店间的主要合作领域,饭店合作集团可分为以下几种类型。

1. 营销合作集团

在饭店合作集团中,最早出现的一类便是营销合作集团。最初加盟这种合作集团的成员饭店都是独立经营的单体饭店。组建这类饭店合作集团的目的,是为了使成员饭店能够以较为平等的地位,同饭店连锁集团竞争客源。通常的做法是,由加盟该合作集团的饭店共同组建一个联合营销机构。该机构以合作集团的名义,为全体成员饭店开展促销宣传、招徕客源,并协调各成员饭店在这些方面的合作,从而形成一个规模较大的促销和销售网络。例如,英国的"泰晤士流域饭店集团"、"南安普敦旅游饭店集团"、"世界第一流饭店"等。

2. 采购合作集团

这是继营销合作集团之后出现的一种饭店合作集团,并且其中有一些是在营销合作的基础上发展起来的饭店合作组织。目前,这类合作集团在全部饭店合作集团中所占的比例最大。这类合作集团得以发展的原因在于,它们可借助集团大批量购买的有利地位,同有关供应商进行谈判并实现压价购买,从而使很多独立饭店纷纷联合起来组织这种采购合作集团。同时,通过集团批量购买所形成的采购优势,也不断吸引新的饭店加盟,从而使得这种合作集团的规模不断扩大,如最佳西方国际集团。

3. 员工培训合作集团

这类饭店合作组织最初出现的背景是,很多独立饭店无力单独设立自己的培训中心,因而希望借助联合起来的力量,共同组建一个培训中心服务于各加盟饭店员工培训工作的需要,以便能够在员工素质方面与饭店连锁集团相抗衡。但后来随着情况的变化,这种类型的饭店合作组织已经所剩无几。

4. 预订系统合作组织

由于独立经营的单体饭店在与大型饭店连锁集团竞争客源时,一般都无力建立自己的预订系统,便出现了这一组织。这类预订合作组织参加者的范围较广,没有经营规模、经营地域或目标市场等方面的限制。这类预订系统合作组织的结构实际上很松散,特别是纯粹的预订系统组织更是如此。加盟这类系统的成员饭店除了缴纳费用使用该预订系统之外,基本上没有什么真正意义上的合作发生。所以,严格地讲,这类预订系统组织并不真正具备集团的性质。

五、我国饭店业的发展

自从我国实行改革开放政策以来,饭店业的发展也取得了令人瞩目的成就,我国饭店业迅速走过了发达国家饭店业近百年的历程,大致可以分为四个阶段。

(一)接待型阶段(1949—1978年)

到1978年,我国有条件接待入境旅游者的住宿设施为数很少,总计不过130多家,客房15000余间。这些住宿设施中有一部分是1949年前遗留下来的老饭店,其余部分则是新中国成立后各地为了接待来华访问的外国政府官员、海外华侨以及来华工作的外国专家而兴建的国宾馆、华侨饭店和高级招待所。这些涉外住宿设施虽然大都冠以"饭店"或"宾馆"之称,但在管理方式上都属招待所的性质,饭店是外事接待工作的一个附属单位,大多属于差额补助的事业单位。

（二）起步阶段（1978—1988年）

在改革开放之初，由于饭店业总体规模小，而且绝大多数饭店功能单一，设备陈旧，难以满足入境旅游迅速增长的需要。所以，在此后的几年中，我国各地在对原有涉外住宿设施进行更新改造的同时，通过利用内资和引进外资等方式增建了一大批现代化的新饭店，如北京建国饭店。到1985年，我国的饭店数量比1980年翻了一番。1985年，国务院关于发展旅游业的"五个一起上"政策的颁布，有力地调动了中央、地方、部门、集体和个人投资旅游设施建设的积极性，特别是旅游饭店的建设出现了空前的高涨势头。到了1988年，我国旅游涉外饭店近1500家，客房数增加至22万余间。同时，我国饭店业也基本完成了由政府接待型向企业化经营的转变。

（三）曲折发展阶段（1989—1998年）

这段时期是改革开放以来我国饭店业发展的波折期，先是受1989年国内外大环境影响，我国入境旅游人数锐减，与此同时，开始出现了由此所引发的行业恶性竞争，平均房价大跌，投资者信心发生波动，国际饭店集团进入的脚步也几乎停滞。但是，到1993年，我国旅游饭店数量还是快速增加到2550余家，客房38万余间。1993年以后，已经进入中国市场的国际饭店集团继续加快步伐，未进入的集团开始陆续涌入抢占市场，国内各行业及一些大型房地产公司陆续投资饭店业，中国饭店业进入迅速发展的快车道。旅游饭店数量从1993—1998年期间保持了年平均增长17%的速度，远超国民经济的增长率。但是，与之相伴的是饭店的经营效益持续下滑，盲目投资建设的恶果开始凸显，到1998年全行业出现负利润。

（四）恢复上升阶段（1999年至今）

在国内旅游快速崛起以及来华旅游和进行商务活动的客源数量持续增长的带动下，经历了1998年的全行业效益大幅滑坡之后，客房出租率开始回升，但由于行业内的竞争日益加剧，平均房价下降，全行业的盈利没有达到同步增长，截至2016年利润总额为4.71亿元。同时，饭店数量增速有所放缓，截至2016年，我国的星级饭店达到1.16万家。同时，消费者需求逐渐多样化，中低端市场快速成长，截至2016年，国内酒店市场仍以经济连锁酒店为基础，其占比为73%，中档超过高端，占比达7%。经济连锁酒店是中国住宿市场中发展较成熟的类型之一，而且占据较大的市场比重。此外，我国饭店业还出现了大量新兴业态，非星级饭店开始壮大，如民宿、客栈、共享住宿的市场需求迅速增长。我国饭店集团也逐渐壮大，走向了世界舞台，出现了十余家排名在世界前50名的饭店集团。在一定程度上，目前我国饭店业是国民经济中管理制度严密，管理标准与国际水平基本同步的产业之一，已经具备了相当的产业规模。

  酒店业进入调整期　变局与转型何在？

第五节 餐饮业

俗话说"民以食为天",餐饮业作为我国第三产业中的一个重要产业,具有生产加工、饮食品零售和劳动服务的综合属性。餐饮业与许多其他产业密切相关,在社会发展与人民生活中发挥着重要作用。餐饮业是劳动密集型行业,具有吸纳就业人员多、产业关联度高的特点,它能有效地带动种植业、畜牧业、水产养殖业、食品加工业、零售业等行业的发展,带动文化娱乐、旅游休闲等消费,所以,餐饮业不仅对国民经济发展有着直接贡献,还有着很强的间接拉动作用。

一、餐饮业的概念

按欧美《标准行业分类法》的定义,餐饮业是指以商业赢利为目的的餐饮服务机构。

在我国,据国家标准《国民经济行业分类》(GB/T 4754—2011)的定义,餐饮业是指通过即时制作加工、商业销售和服务性劳动等,向消费者提供食品和消费场所及设施的服务。因此,从概念上看餐饮业经营者所必备的条件有以下几个。

(1)要有固定的场所,该场所应有有形的建筑物,有一定接待能力的餐饮空间,同时要有可以提供餐饮产品及餐饮服务的设备和设施,少数的还需要达到法律规定的标准方可进行相应的餐饮经营。

(2)主营业务是提供食品、饮料和服务,这是餐饮经营区别于其他经营活动的特点之一。

(3)要以赢利为目标,餐饮市场经营者要将利润作为本企业的经营核心,致力于节约成本、提高效益。

但是,现代餐饮业的经营模式创新使得餐饮经营在某些时候不再仅限于上述几个条件的限制。比如,流动餐饮企业、外卖式餐饮业、无店铺式餐饮业,其营业场所往往就是不固定的;许多大型综合经营的餐饮业,主营业务除提供餐饮产品、服务外还兼营诸如零售、娱乐等业务;唯一不变的就是餐饮业经营的最终目标都是为了获得利润。

二、餐饮业演进

餐饮业大约起始于人类文明的初期,并且伴随着人类文明的进步和城市的出现而逐渐发展起来。餐饮业的发展受国家的历史文化、气候环境、经济发展水平、宗教信仰和传统习惯等诸多因素的制约,中外餐饮业有各自的发展历史,并互相渗透、促进和推动。

(一)我国餐饮业发展概况

1. 初步形成期

中国餐饮业历史悠久,距今50万年前的北京人已开始用火烧熟食物,烹饪由此发端。

早在商周时期,金属工具、原始瓷器、酿酒作坊和食盐的出现,为餐饮业的形成创造了条件。当时的人们开始掌握刀功与火候技术,烹饪方法有烧、烤、煎等多种,这些都反映了我国先秦时期的烹饪技术已发展到相当高的水平。但是,当时生产力水平低,餐饮业也相对落后,尚未产生餐桌座椅,所以,用芦苇或其他植物编成筵,用较细的料编成席,设宴待客或聚会。在《周礼》中记载了设筵之说法:"设筵之法,先设者皆言筵,后加者曰席。"这一阶段称为筵席阶段,筵席阶段宴会活动方式多样,主要为奴隶主、贵族所享用。

此时,全国的都邑和都邑之间的要道上,都出现了饮食店铺,出售酒肉饭食,已经产生了经营者、专业厨师、服务员,商朝名相伊尹就曾经是一名厨师。

2. 发展时期

秦汉时期是中国餐饮发展的第二阶段。由于当时农业、手工业、商业有了很大的发展,对外交往日益频繁,在中央集权的封建国家里,餐饮文化不断出现新的特色。这一时期,"丝绸之路"引进了国外食品、饮品及文化,还出现了少数民族经营的酒肆和饮食店铺,中国餐饮业在社会大变革中博采各民族饮馔的精华,取得了长足的发展。

3. 黄金时期

唐宋时期是我国餐饮史上的黄金时期之一,具体表现在:食源继续扩大,瓷餐具风行,工艺菜新兴,风味流派显现。这一时期的烹饪技法也有长进,热菜的制作工艺进入了成熟期,传统烹饪趋于定型。《食经》为中国烹饪、餐饮理论的研究开了先河。随着生产力的发展,餐饮生产有了进步,用餐时的器具也发生了变化,产生了小餐桌和条案。民间多用方桌,而宫廷、官府的宴会活动则用条案举行,食品放在条案上,主人在上,宾客在四周围案而坐,形成主次分明的宴会气氛。"宴会"这一名词在这一时期也正式使用。同时,餐饮业开始出现扎堆经营现象,是现代美食街区的雏形。尤其是宋代,餐饮业突破住宅区与市,昼与夜的界限后,呈现高速发展,经营档次齐全、网点星罗棋布、经营方式灵活、服务周到、分工精细。

4. 成熟定型期

元明清时期,我国餐饮业继续发展,技术更加精湛,菜品更为丰富,以豪华宫廷大宴为标志中国烹饪达到了封建时代的最高水平。期间食谱已近千种,灶具式样增多,设计更精巧。烹饪技术经数千年的积累、提炼,得到了升华,已初步形成有原有规律、有程序、有标准的烹饪工艺。这一时期的筵规模宏大,格式多样。宴会采用圆桌,餐厅讲究台型计、台面布置,斟酒、上菜注重服务程序和服务质量。点的组合、席面的铺排、接待礼仪、乐舞的配合,都呈出新的特色。现在遗留下来的许多餐饮类中的老字号基本形成于这一时期,如全聚德、谭家菜等。

至晚清时期,随着殖民者的到来,西方餐饮随之而来,各式西式原料和西式烹饪技法、服务方式传入中国,这对中国的餐饮业发展产生了一定的影响。

5. 繁荣创新期

从辛亥革命至20世纪80年代,由于种种原因,我国餐饮业发展缓慢,基本继承明清时期特色,没有太大发展。据统计,1978年我国的餐饮经营网点还不到几万家,营业收入才55亿多元。20世纪80年代以后,随着改革开发的进程,餐饮业出现了快速蓬勃的发展态势,连续保持高速增长,餐饮企业数量繁多,类型丰富,出现连锁化和特许经营等现代化经营模式,并且走向世界。2017年,全国餐饮收入约39644亿元,同比增长10.7%,餐饮业在扩内需、促消费、稳增长、惠民生方面作用强劲。预计未来五年内,我国餐饮收入将突破5万亿元大关。

(二)国外餐饮业发展概况

国外餐饮业起源于古代地中海沿岸的繁荣国家,基本定型于中世纪,其发展由于受诸多因素的制约,在不同的历史阶段、不同的国家各具特色。

1. 古埃及时期

在古埃及,早在公元前1700年,已有酒店存在。考古发现了同一时期或更早时期的菜单,菜单上写的基本上是面包、禽类、羊肉、烤鱼和水果等。当时,妇女和儿童不准进入各种酒店和餐馆,但到公元前400年时,妇女和儿童已成为各种酒店和餐馆中不可缺少的一部分。

2. 古希腊时期

在古希腊,早期的酒店多设在各种庙宇旁边。牲畜首先被人们送到庙宇中敬奉神灵,祭扫之后把牲畜抬到酒店里举行宴会,让大家分享,并开怀畅饮。当时,古希腊的酒店主人已经开始向旅行者提供食品和饮料,主要包括地中海地区的谷物、橄榄油、葡萄酒、奶酪、蔬菜和肉食等。

3. 古罗马时期

古罗马时期,餐饮业已颇具规模。庞贝古城的考古发现表明当时客栈、餐馆和酒店十分兴盛,至今仍能分辨出有100多家酒店或餐馆酒吧的遗址。西餐即是起源于古罗马,且十分重视食物的造型,重大宴会还需要报菜名。

4. 文艺复兴时期

16世纪中期,意大利成为欧洲文艺复兴的中心,艺术、科学的繁荣和商业经济的发展,使烹饪技术博采众长,吸收世界各地烹饪精华形成了追求奢华、讲究排场、典雅华丽的特色,意大利因此被誉为"欧洲烹调之母"。

5. 18世纪后

18世纪中期,法国成为欧洲政治、经济和文化中心,由于其物产丰富、农牧渔业发达,餐饮业迅速发展。法国菜选料广泛,烹饪方法考究,大量使用复合调料,使菜肴味道浓郁、丰富多彩。烹饪技艺和菜肴组合比较科学,并注意保留食品的热量和营养成分,形成独具特色的法国餐饮风格。20世纪60年代,法国又提出"自由烹饪"的口号,改革传统烹饪工艺,力求更符合人们的要求。法国因此被公认为世界烹饪王国,法国菜受到人们的普遍欢迎,在世界上广为传播。

美国餐饮业形成于18世纪末。随着大量移民进入美洲,美洲大陆餐饮业迅速形成和发展。至今,美国餐饮业已成为美国重要的服务产业之一,其"营养丰富快速简便"的餐饮特色,随着国际经贸交流的迅猛发展而推向世界各地。

纵观中、外餐饮业的发展概况,世界餐饮业是随着人类经济活动的出现和文明程度的提高而产生和发展的。中、外餐饮业在发展过程中既各自独立,又互相渗透。中餐向西餐借鉴增加蛋白质的比重,学习西餐的烹饪方法,引进了咖啡、可可、洋酒等;西餐向中餐借鉴,增加碳水化合物的比重,学习中餐的烹饪方法,吸收了中餐特有的饮料——茶。中、西餐的餐具和服务程序也都在相互补充,相得益彰。中、西餐相互交流、相互促进、共同发展,创造了世界餐饮业的新局面。

三、餐饮业的分类

(一)按照投资兴建目的分类

1. 商业综合性餐饮

商业综合性餐饮是指宾馆、酒店、度假村、公寓、娱乐场所中的餐饮部系统,包括各种风味的中西餐厅、酒吧、咖啡厅、泳池茶座,常被业界成为酒店餐饮。

2. 商业单纯性餐饮业

商业单纯性餐饮业是指各类独立经营的餐饮服务机构,包括社会餐厅、餐馆、酒楼、餐饮店、快餐店、小吃店、茶馆、酒吧、咖啡屋,常被业界称为社会餐饮。

3. 非商业性餐饮业

非商业性餐饮业是指企事业单位餐厅及一些社会保障与服务部门的餐饮服务机构,包括企事业单位的食堂、餐厅,学校、幼儿园的餐厅,监狱的餐厅,医院的餐厅,军营的饮食服务机构。

(二)按照国家标准分类

中国国家标准《国民经济行业分类》(GB/T 4754—2017)对餐饮业进行了明确的分类,主要包括以下几类。

1. 正餐服务

正餐服务是指在一定场所内提供以中餐、晚餐为主的各种中西式炒菜和主食,并由服务员送餐上桌的餐饮活动。

2. 快餐服务

快餐服务是指在一定场所内提供快捷、便利的就餐服务。

3. 饮料及冷饮服务

饮料及冷饮服务是指在一定场所内以提供饮料和冷饮为主的服务,还可细分为茶馆、咖啡馆、酒吧以及饮料及冷饮服务。

4. 其他餐饮服务

其他餐饮服务可细分为小吃、餐饮配送及其他未列明的餐饮业,其中小吃服务是指提供全天就餐的简便餐饮服务,包括路边小饭馆、农家饭馆、流动餐饮和单一小吃等餐饮服务。

(三)根据业态分类

中国烹饪协会根据餐饮业的常见业态,将其分为正餐行业、快餐行业、团餐行业、火锅行业、小吃行业、西餐行业、清真餐饮行业等。

四、餐饮业的特征

（一）对国民收入的依赖性

餐饮业的发展规模和速度在很大程度上是建立在国民收入水平基础上的。国民收入水平越高，人们的社会交往活动越频繁，对餐饮产品的需求量越大。

（二）劳动力密集性

餐饮业是劳动力密集的服务业之一，不论是厨房或卖场，都需要大量人力投入各项作业的运作。虽然少部分有中央厨房的业主能够以自动化制造设备取代人力，但对绝大多数的经营者而言，厨房仍是高度劳动力密集区。在卖场部分，即使是顾客参与程度最高的速食业，其卖场的劳动力密集度与其他种类服务业相比较，仍然很高。由此可见，劳动力在餐饮业是不可缺少的投入要素，所以，人力资源的调配安排，成了餐饮业的重要问题。

（三）产业关联性大

餐饮业的关联产业众多，但与食品加工业的关联最大，随着新业态的外资企业的加入，与其他企业的关联会越来越大，周边关联企业也会进一步增多。

（四）生产、消费与销售同步性

餐饮业从购进原料、加工制作、销售交易、消费都在同时进行，有异于一般工业产品按规格大量订制，因此较不容易估计销售量以控制生产量。顾客点菜时，既是餐饮产品销售的开始，也是餐饮产品生产与消费的开始，因此，餐饮业兼容了生产、消费与销售三个环节。

（五）商品易腐坏

餐饮业一般是顾客上门来才有生意，而在食品原料由生的原料状态变化到商品的过程中，无论商品是生的还是熟的，都容易变坏。若顾客不及时购买商品，很快会腐坏。

（六）营业有明显的波动性和间歇性

餐饮业每日营业有明显的高峰时段，因此，在经营上需要有特殊的安排。这种高峰现象可分两个方面说明。一是在过去，由于受到人们一日三餐饮食习惯的影响，一般来讲，营业时间通常是早、午、晚三段区分。而如今消费市场变化多端，消费时间分散于二十四小时的各个时间段。二是在全年营运中，餐饮业有明显的冷热淡旺情形。例如，火锅业、冷饮业，在旺季卖场热闹非凡，但在淡季却比较冷清。

（七）文化性

餐饮业是在长期的历史发展过程中，随着人类对饮食的不断追求而逐步发展的。不同国家、不同地区、不同民族的地理、气候和生活环境、生活习惯不同，各地物产不同，食品原材料的种类不同，从而使餐饮产品形成各种不同风味，具有鲜明的文化性。

（八）敏感性

餐饮业同旅游业、娱乐业、交通运输等行业相似，其消费状况容易受到经济波动以及突发事件的影响，具有很强的敏感性，如疾病流行、原材料价格上涨、经济危机等。

五、餐饮业的地位和作用

中国的餐饮文化历史悠久，餐饮业在我国已有几千年的发展历史。在全面建设小康社会的今天，餐饮业不仅关系百姓大众的生活质量和健康水平，更关系到社会的和谐和安定。作为国民经济的重要组成部分和发展潜力巨大的产业，其地位和作用表现在以下几个方面。

（一）助推经济增长、实现国民收入再分配

改革开放以来，经过30多年的发展，我国餐饮业已成为经济运行中发展势头又快又好的行业之一，在某种程度上已成为一个时期或一个地区经济发展的晴雨表。餐饮业的零售额连续十几年高速增长，增幅均超过同期社会消费品零售总额。据调查显示，我国强劲的餐饮消费创造的增加值不仅为政府的年度创收做出了很大贡献，更成为招商引资的重要渠道。餐饮业同时为国内旅游者、当地居民和各种企事业单位提供服务，处于国民收入再分配环节，可以大量回笼货币，从而对国民经济的发展起到积极的推动作用。

（二）繁荣活跃市场、拉动相关行业的发展

餐饮业的发展规模、速度和水平，往往直接反映一个国家、一个地区的经济繁荣和市场活跃程度。餐饮业是国民收入和人民生活水平迅速提高，消费方式和消费结构发生深刻变化的重要体现。同时，餐饮业兼有商品服务和消费服务的双重功能，能有效地带动种植业、加工业、装饰装修业等行业的发展和文化娱乐、旅游休闲等消费。中华美食不仅口味和营养俱佳，还蕴含着丰富的饮食文化。大力发展餐饮业，广泛宣传中华饮食文化，还能推动关联度高的产业现代化发展，进一步延伸餐饮经济的链条作用。

（三）促进社会消费方式和消费结构变化、扩大劳动就业

人类的饮食消费主要在家庭、工作单位和社会餐饮服务业中进行。经济越发达，国民收入水平越高，人类的对外流动活动越频繁，家务劳动社会化程度越高，越能促进餐饮业的发展。餐饮业的迅速发展，为人们的社会饮食消费创造了条件，可以减轻人们的家务劳动，促进其消费方式和消费结构的改变。同时，餐饮业是劳动密集型产业，一般又不需要太高的技能和投资，门槛低、投入少、就业多，特别适宜城镇下岗再就业人员和农村剩余劳动力等群体，这对于解决我国日益突出的就业矛盾和三农问题具有重要的现实意义。

（四）促进旅游业的发展

餐饮业是旅游业六大要素的重要组成部分。发展旅游业，可以加强国际、国内交流，吸

收外汇,满足国内人民日益增长的物质和精神生活需要,促进国民经济的发展。国内外旅游者前来游览观光、探亲访友、科学考察,需要品尝饮食风味,领略当地人民的生活情趣。餐饮业不仅可以满足客人的需求,而且高超的烹调艺术、独具特色的饮食产品,也是饮食文化的结晶,本身又可以成为旅游资源,广泛吸引国内外旅游者。

六、餐饮业的发展趋势

(一) 餐饮 O2O 将依然强劲,功能更加多样

餐饮 O2O 的模式如团购、餐饮外卖等,仍将继续盛行,尤其是外卖市场仍会较快增长,炒菜、米饭与中式快餐点击率仍保持领先;餐饮预订、美食交友、大众点评等也将继续发展。此外,由于越来越多餐饮企业意识到微营销的重要性,如何利用微信等工具拓展自己的营销渠道已成为不少餐饮决策者迫切需要学习的东西。同时,有不少餐饮企业开始开发自己的线上平台。另外,餐饮企业经营者将更关注顾客体验感和满意度,更加重视研究顾客评价,通过分析其中包含的问题,改进自己的产品与服务,使互联网平台转变为与顾客互动交流、提升满意度的平台,而不仅仅是一个销售平台、传播平台。

(二) 智能化将进一步在餐饮企业中应用

专家预测,五年内餐厅将逐步实现从前厅到后厨的智能化,除了此前普遍使用的 iPad、微信点餐,以及已经出现的机械人餐厅等,宜家还推出了智能料理台,英国已经出现智能厨房系统。今后可能出现以下餐饮行业发展趋势:电子屏代替迎宾员,自动显示餐厅会员的姓名、积分、可获折扣等,并自动为其安排餐位或排队;自助点餐机投入使用,客人点菜不需要等半天,自己就能点菜;新研发的餐厨垃圾处理器能够将油脂直接分解为水,而固体垃圾将被直接压缩为一块块"垃圾砖",因此,中餐厅的厨房有望告别脏乱差;智能餐厅也将升级,除了机械人大厨,还会出现高科技代替服务员、点菜员、收银员,机器代替洗碗工等。同时,更多的机器将代替大厨,如智能切菜工具及锅等,刀工和厨艺将更加强大。在国内,"人人湘"在北京已经开设一家智能餐厅,实现了无服务员、无收银员、无采购员、无专业厨师。

(三) 餐饮消费 4.0 时代到来,食品安全和健康养生将备受关注

随着消费价值观的变化,我国消费者对餐饮业的要求历经了从吃饱到吃好,再到吃滋味,现在到吃安全健康四个阶段,也有人士称为"餐饮 4.0"阶段。近年来,地沟油、添加剂、农药蔬菜等问题不断曝光,食客对于菜品安全问题更为关注。烹制菜品除了要掌握好的技术外,最重要的还是要选择好的食材。那些绿色健康食材将更加大行其道,消费者将更注重食用那些不经过化肥催熟、农药灭虫,没有被化学物质污染过或接触过的食材。

同时,国家领导人要求确保食品安全是民生工程、民心工程,是各级党委、政府义不容辞之责,要落实"四个最严"的要求,切实保障人民群众"舌尖上的安全";各级政府要切实发挥食品安全委员会的统一领导、综合协调作用,加快健全从中央到地方直至基层的权威监管体系,落实最严格的全程监管制度,严把从农田到餐桌的每一道防线,对违法违规行为零

容忍、出快手、下重拳,切实保障人民群众身体健康和生命安全。

健康养生是继安全后另一个中国消费者的餐饮需求,随着中医养生和中医药膳的推广和深入民心,近年来这种需求不断增强,将会出现将中医体检、理疗、食疗为一体的餐饮企业。

(四)新兴时尚及小而美餐饮将持续升温

从餐饮行业自身结构来看,大众化发展趋势更加明显。商务部的资料显示,目前朋友聚餐、家庭聚会等大众化餐饮需求占餐饮市场的80%左右,单店、几百平方米的"小而精""小而美"的特色店、连锁店成为餐饮业未来发展趋势,休闲餐饮、快时尚餐饮、轻奢餐饮等新兴业态将大行其道,且盈利能力较强。

单品打天下将成为一大特色,部分中餐馆也会专注做好单品,并作为主打。这种单品店产品便于标准化、运作简单、不需要大店面和豪华装修、人力成本低、经营难度小,且回报周期短,尤其是在如今铺租费用、人工费用不断飙升的餐饮市场,不失为一种小投入、大回报的投资手段。而且,小店和单品更容易在消费者心目中形成记忆点,如"炉鱼"、"我爱鱼头"的单品策略,赢得了市场青睐。

(五)更多资本将介入,餐饮业扩张呈现资本化

资本加码餐饮业将成为大势所趋,而资本更愿意投给人气高的餐饮企业。所以,知名餐饮连锁店需要开始提炼经营技术、积淀品牌价值、整合上下资源。

融资扩张成了餐饮业加速发展的新模式。将来会有更多资本看中餐饮发展快的模式,兼并介入餐饮行业,"打劫"传统餐饮业。区域加盟、众筹等形式将会助力餐饮企业快速扩大规模,获得资本市场青睐。越来越多的餐饮企业将开始接触、利用众筹平台。新三板也将受到餐饮企业的青睐。

(六)商超餐饮将显现过剩局面

受网上销售持续迅猛发展的冲击,商业综合体审时度势继续向集社交、休闲、娱乐、学习、购物等多功能的城市休闲生活目的地转型,餐饮与商业综合体形成联动发展新常态。餐饮在商业综合体中的占比持续上升,成为商业综合体名副其实的"主打牌"。一些餐饮企业与国内大型连锁商业地产公司进行联动,确保能与商业综合体一起享受客流福利。连锁商业综合体所提供的稳定平台、被它品牌吸引的消费人群以及良好的基础设施建设,与餐厅的品牌效应优势互补,双方捆绑发展有利于降低成本和提升扩张计划性,盘活了传统商业综合体的经营模式。但目前商业综合体也呈现出同质化竞争趋势,商超餐饮将显现出过剩局面。

(七)民俗餐饮街区将越来越受政府重视和消费者青睐

近年来,陕西省袁家村、马嵬驿、水街、永兴坊、回民街等民俗餐饮街区取得巨大成功,其较好地将饮食文化、本土小吃、本土民俗、乡村或城市休闲旅游结合在一起。该类型业态将越来越受当地政府、开发商、外地游客、本地市民的青睐,再加上在休闲旅游强势增长和国家提出"全域旅游"发展模式的背景下,民俗餐饮街区规划和建设将成为未来的热点,将

会有越来越多的餐饮企业进入。但目前需要注意如何避免同质化。

本章小结

本章主要分析了旅游业的内涵、构成、影响及重要性,并分析了旅游业的三大支柱景区业、旅行社业、住宿业,以及餐饮业的内涵、分类、特征及发展趋势。

关键概念

旅游业　旅游景区　旅行社　住宿业　餐饮业

复习思考

1. 复习题

(1) 旅游产业构成的四种观点是什么?
(2) 列举旅游景区的主要类型。
(3) 列举住宿业的主要类型。
(4) 举例说明住宿业的发展趋势。
(5) 简述饭店星级评定的内容及流程。
(6) 简述旅游景区评级的内容及流程。

2. 思考题

调查所在地旅游业的发展情况,撰写调研报告,要求包括发展历程、旅游业各行业的发展现状、存在的问题、发展建议。

拓展案例

从"景点旅游"走向"全域发展"

全域旅游,已成为时下最为热门的旅游词汇。全国多个地方提出要全面践行全域旅游发展理念,以此推动当地旅游业的新一轮发展。经过一段时间的实践和推进,全域旅游概念正在不断丰富和拓展,其内涵也得到了充分外延。

1. 从"观光式"到"体验式",旅游市场需求发生变化

随着国民消费与出行能力的迅速提升,散客自由行逐渐成为主导旅游形式,人们对旅游的期待也不断提高。"出门旅行的目的是为了体验当地文化与生活方式,若是下车拍照,上车睡觉,走一圈回来后还是啥都不知道。"旅游爱好者瞿婷女士说道。

"暑假前就有很多人来预订了,大多是家庭或结伴的学生。"北京一家旅行社的工作人员告诉记者,近期旅行社生意不错。另外,针对中小学生的夏令营项目也颇受欢迎,如今"90后"学生更注重旅途中有怎样的体验和怎样的收获,景点线路不再是唯一的选择了。

"世界那么大,我想去看看。"如今出门旅游的人,有对看看外面世界的期盼,有对融入当地生活的渴望,人们已经不再满足于按图索骥式的景点观光,需求的变化为旅

游经营者提出了新的课题。

统计数据显示，2015年40亿人次的国内游人群中，自由行人群占比80%，达32亿人次；1.2亿人次出境游客中，三分之二的游客选择自由行，达到8000万人次。散客时代，原本不是旅游景区景点的地方正在变成新的旅游目的地，无景点旅游逐渐成为常态。

2016年初，国家提出全域旅游战略，突破了传统的以抓景点为主的旅游发展模式，通过优化旅游资源疏解和减轻核心景点景区的承载压力，成为未来旅游的发展方向。

2. 从"门票经济"到"产业经济"，打破景区内外的二元割裂

2013年，湖南的凤凰古城开始向游客收取门票，三年后，因游客骤减、商户亏损等原因不得不取消收费；张家口的"草原天路"，从2016年5月1日开始拦路收费，仅持续到5月23日就结束了它短暂的收费史；同年，云南丽江古城的"收费"风波又一次开始上演。

对于一次次引发争论的"围城收费"现象，不少专家都评价道，这属于典型的"门票经济"思维，只看重门票收入，却损害了旅游地的口碑，连带影响了餐饮、住宿、娱乐服务等相关产业，长期来看得不偿失，因此，转变发展思维是关键。

从"景点旅游"到"全域旅游"要实现几大转变，其中就包括从单一景点景区建设管理到综合目的地统筹发展的转变，从门票经济向产业经济转变等。这为未来的旅游产业发展提供了新思路。

中国旅游智库秘书长指出，传统的景区、景点的节点开发模式使景区内外二元结构矛盾突出。由于封闭的开发模式，许多景区又处于发展的初级阶段，辐射带动能力不足，景区内外常常两极分化严重，无论是环境、服务、老百姓的收入水平等都是"两重天"，景区发展的成果也不能让当地民众受益。

在专家看来，旅游开发应当宜居和宜游兼顾，全域旅游的核心正是居民和游客互生互利，让生产、生活、生态，以及当地人和外地人和谐共处，改善行者和居者的关系，在保障游客享受高品质的旅游服务的同时，兼顾改善旅游目的地的宜居环境。

3. 从"以点带面"到"以面育点"，促进旅游要素在全域范围内流动

2016年，各地纷纷开启全域旅游的实践，尤其在乡村生态、民俗文化等方面颇受关注。陕西省渭南市白水县、黑龙江省哈尔滨市阿城区、黑龙江省哈尔滨市通河县、江西省上饶市横峰县、云南省红河哈尼族彝族自治州泸西县等32个县在京结成"旅游联盟"，面向全国共同开发游客市场、共享游客资源、规范经营，推动我国县域旅游景点产品向观光、休闲、度假等全域旅游转变。

数据显示，2016年上半年，乡村旅游实际完成投资1221.3亿元，较去年同期增长62.3%。同时，城市旅游服务设施的建设力度也在加大。

全域旅游是空间全景化的系统旅游，是跳出传统旅游谋划现代旅游、跳出小旅游谋划大旅游。拆除景点区管理围墙，实现多规合一，推进公共服务一体化，旅游监管全覆盖，实现产品营销与目的地推广的有效结合。

北京联合大学旅游学院教授李柏文认为，要打通景区内外、行业内外、区域内外阻碍全域旅游要素流动的一切瓶颈，打破部门分割、行政分割等，促进旅游要素在全域范

第四章　旅游产业

围内充分流动和优化配置,进一步释放全域旅游生产力。

对于产业发展来说,全域旅游战略对旅游目的地的基础设施和公共服务,如道路交通、餐饮供给、信息通信等带来全方位的考验,以景区为核心的"以点带面"发展模式正在转变为"以面育点"的模式。

石培华指出:旅游也可以成为稳增长、调结构、促就业、减贫困、惠民生的重要领域;旅游发展承担新使命,需要从战略全局上重新思考与谋划旅游发展新理念、新模式,获取更加强劲的动力源泉,释放旅游综合功能。

(案例来源:搜狐网。)

讨论:

1. "全域旅游"战略提出背景是什么?
2. "全域旅游"战略的主要内涵是什么?
3. 发展"全域旅游"对你所在地旅游业发展有何作用?可以有哪些具体做法?

第五章
文化产业

◆ 本章导读

现代人追求休闲已成为一种时尚,形式多样的休闲生活和休闲行为都离不开文化产业的支撑。休闲离开文化,如同缺乏灵魂的空壳,将失去休闲存在的意义;文化离开休闲,如同没有引擎的发动机,将失去文化创新的动力。文化既是休闲的载体,也是休闲的主体。作为提供文化产品和服务的文化产业,无疑成为休闲产业中的重要主体产业之一。动漫产业、娱乐产业、出版产业、影视演艺业和文化博览业等文化产业在我们日常生活中随处可见,已成为大众休闲的必需品。

◆ 学习目标

1. 识记:概述文化产业、动漫产业、娱乐产业、泛娱乐产业、出版产业、数字出版、影视演艺业、影视旅游、文化博览业等概念。
2. 理解:描述常见文化产业的分类、特点、表现形式以及发展趋势。
3. 应用:应用所学知识举例说明日常生活中常见文化产品和服务,并就文化同休闲的辩证关系进行实践论证。
4. 分析:比较不同类型文化产业的区别和联系,分析文化产业存在的共性。
5. 综合评价:撰写某一地区某一文化产业调研报告,评估该地区某一特定休闲文化产业发展现状及发展趋势。

◆ 学习任务

名　　称	××地区××文化产业调研
学习目标	1. 认知"文化产业" 2. 描述常见文化产业的分类及特点
学习内容	文化产业的分类、市场、资源、发展现状、发展趋势

续表

名 称	××地区××文化产业调研
任务步骤	1. 网上搜索"文化及相关产业分类（2012）" 2. 选择一个文化产业进行资料收集、整理、学习 3. 分析该文化产业的分类、市场、资源、发展现状、发展趋势 4. 梳理相关文字、图片 5. 制作PPT简报
学习成果	"××地区××文化产业调研简报"
备注	统计局|文化及相关产业分类（2012） http://www.gsgz.gov.cn/site/content/2016-10-11/25210.html

◆ 案例引导

文化产业＋双创：六大趋势助推形成经济发展新动能

文化是创新的重要源泉。在党中央、国务院关于大力推进大众创业、万众创新的系列部署推动下，文化产业领域大众创业、万众创新蓬勃兴起，催生了数量众多的文化产业新生力量，促进了文化产业创新发展。"文化产业＋双创"呈现出六大发展趋势：

（1）双创汇聚文化产业新动能。双创促进了文化企业生产组织方式变革，增强了企业创新能力和创造活力。新浪微博创建的多频道网络（MCN）文化产业创新创业服务平台向创客们提供网上服务，搭建文化产业创新创业互联网交流分享平台，通过微博平台可以对零散的内容创作者进行专业化的服务和管理。

（2）"互联网＋"催生新业态。互联网改变了现代文化的生产、传播、消费方式，个性化定制、精准化营销、网络化共享等特性使文化产业的经营方式和商业模式也随之发生改变。上海喜马拉雅音频内容创业服务平台是国内较大的移动音频平台，拥有超过3.7亿手机用户，为广大文化创客提供创业培训和商业推广的机会。

（3）双创促就业、助脱贫。西部地区积极探索具有地方特点的文化双创助力脱贫攻坚的路径。西藏阿里地区文化局依托地区图书馆创建文化众创空间，借助对口援藏政策，与内地文化部门、文艺单位、高校开展合作，通过"对口开发、组团开发、跨地域开发"等多种模式，摸索出了一条把历史文化资源优势转化为经济社会发展优势的途径。

（4）开辟文化双创新阵地。长沙图书馆建设新三角创客空间，提供150多万种专业图书、3000种报纸杂志以及国内外知名数据库等供创客们使用，并为创客团队提供项目跟踪、文献咨询等专业信息服务，组织开展创客沙龙、创新训练课、创客大赛、创意作品展览等活动，用知识资源激发创客的创意活力。

（5）促进传统文化传承与发展。双创激发了青年传承传统文化的动力与活力。福建闽江学院青年漆艺家孵化基地构建导师带团队创业的垂直型众创空间，创新漆文化和漆艺技法，深入研究中国漆艺工艺、传承发扬漆艺工艺，着重筹建中国漆工技法实验工作室，挖掘、恢复和创新中国漆文化与工艺。

(6) 双创带动大学生创新创业。双创促进了高校文化艺术类专业大学生的创业就业。深圳大学城创意园众创空间为高校大学生文化创意、创新、创业搭建服务平台,以低廉的场地租金为大学生创业者提供创业支持,优秀项目还可以享受111天的免租优惠,现已入驻100多家大学生双创团队,吸引海内外留学生1050名,孵化培育200多个文化创意企业和项目。

(案例来源:文化产业+双创:六大趋势助推形成经济发展新动能[EB/OL]. http://theory.gmw.cn/2017-09/27/content_26359611.html.)

思考:双创背景下,文化产业的新业态、文化扶贫的新模式、文化产业和文化事业融合发展的新途径等呈现出的发展趋势有哪些?带给你的启示是什么?

第一节 文化产业概述

一、文化产业概念

文化产业是大众文化崛起后的一种产业形态。在西方,文化产业是现代都市工业社会或大众消费社会的特殊文化类型,是通过现代化的大众传媒所承载、传递的文化产品。联合国教科文组织对文化产业的定义是:文化产业就是按照工业标准,生产、再生产、储存以及分配文化产品和服务的一系列活动。

《文化及相关产业分类(2012)》规定的文化及相关产业是指为社会公众提供文化产品和文化相关产品的生产活动的集合。根据该定义,我国文化及相关产业的范围包括:

(1) 以文化为核心内容,为直接满足人们的精神需要而进行的创作、制造、传播、展示等文化产品(包括货物和服务)的生产活动;

(2) 为实现文化产品生产所必需的辅助生产活动;

(3) 作为文化产品实物载体或制作(使用、传播、展示)工具的文化用品的生产活动(包括制造和销售);

(4) 为实现文化产品生产所需专用设备的生产活动(包括制造和销售)。

什么是文化产品?什么是文化相关产品?

二、休闲与文化的关系

休闲是文化的基础。从生活实践的层面讲,休闲有助于"人与自然"、"人与人"、"人与人自身"的和谐发展;从文化精神的层面讲,休闲是对生命意义和快乐人生的生活实践和生命体验,是具有重要意义的人文文化现象,是人类美丽的精神家园。

文化体现休闲的价值。休闲本身就是一种文化,文化是休闲最重要的属性。休闲的价值不仅体现在其实用价值上,更重要的体现在休闲所蕴含的文化。文化为各种形式的休闲做向导,支撑休闲产业的可持续发展,体现休闲的价值。

休闲和文化相辅相成,不可分割。休闲促进文化的发展,文化蕴含休闲的底蕴,可谓"休闲即文化,文化即休闲"。

 举例说明,文化中包含哪些休闲要素?

三、文化产业分类

《文化及相关产业分类(2012)》将文化及相关产业分为五个层次。第一层为 2 大部分,第二层为 10 个大类,第三层为 50 个中类,第四层为 120 个小类,第五层为小类下设置的延伸层。本书仅列出前两层。

 《文化及相关产业分类(2012)》

第一层包括文化产品的生产、文化相关产品的生产两部分。

第二层根据管理需要和文化生产活动的自身特点分为 10 个大类:新闻出版发行服务、广播电视电影服务、文化艺术服务、文化信息传输服务、文化创意和设计服务、文化休闲娱乐服务、工艺美术品的生产、文化产品生产的辅助生产、文化用品的生产、文化专用设备的生产。其中,前 7 类为文化产品的生产,后 3 类为文化相关产品的生产。

第二节 动漫产业

一、动画、漫画和动漫

(一)动画

动画是一门综合艺术。从表现形式来看,动画集合了绘画、媒体、电影、音乐、戏剧、文学等多种艺术形式。从技术手段来看,动画采用逐帧拍摄的方法,通过连续播放进而形成活动影像。从视觉暂留原理来看,动画通过把拍摄对象的形态、动作、变化等分解成许多瞬间的画幅,再用摄影机连续拍摄给视觉造成流畅的动态图画效果。

埃米尔·雷诺被誉为"动画之父",1844年出生于法国,1877年发明"活动视镜",1886年发明"影戏",光学影戏机的发明奠定了动画的技术基础。1892年,雷诺在巴黎葛莱凡蜡像馆首次向观众放映光学影戏,标志着动画的正式诞生。

(二)漫画

漫画是一种绘画艺术形式,通常采用象征、暗喻、影射等方法,经简单而夸张的绘画手法来展示生活或时事,用于歌颂、揭示或者讽刺生活中的某些人和现象。漫画无固定的绘画形式和技法,可采用任何绘画工具和物料,几乎无任何限制。按表现形式,可将漫画分为单幅漫画、四格漫画和剧情漫画(又称为连环画)。

我国最早被称为漫画的作品出现在1925年5月的《文学周报》,连载丰子恺的画并注明为漫画。丰子恺开创了中国现代漫画的先河,代表作品有《人散后,一钩新月天如水》、《阿宝赤膊》、《你给我削瓜,我给你打扇》等。

(三)动漫

动漫是动画和漫画的合称。"动漫"一词最早见于1998年11月创刊的《动漫时代》,后经《漫友》杂志传开,在我国迅速普及。

日常生活中,"动漫"一词使用频率很高,但经常被误用,主要有以下几种错误观点:①动漫即动画;②动漫指经由漫画改编成的动画;③动漫指会动的漫画;④动漫指非低龄向(或青少年向)的动画。对于持有上述错误观点的人,动漫文化圈有人将其称为"动鳗"。

 对你印象最深的动漫作品是什么?

二、动漫产业的概念及特点

动漫产业以"创意"为核心,以"文化"为基调,以动画、漫画为主要表现形式,以动漫直接产品和动漫衍生品为生产对象,进行的一系列开发、生产、经营、营销等活动。动漫直接产品包括动漫图书、报刊、电影、电视、音像制品、舞台剧和基于现代信息传播技术手段的动漫新品种等。动漫衍生品包括与动漫形象有关的服装、玩具、文具、食品、电子游戏等。

动漫产业是文化创意产业的一个重要分支,属绿色GDP新兴朝阳文化产业,能有效推动国民经济发展、优化产业结构升级、增强国家文化软实力。动漫产业具有以下几个特点。

1. 高投入、高风险、收益不确定

动漫产业属知识密集型、科技密集型产业,核心围绕"创意"展开,具有高投入的特点。动漫产业围绕动漫产品进行选材、融资、创作、发行、出版、演出和销售等,任何一个环节出问题都将导致整个产品面临巨大风险;此外,动漫产品如若未能有效引起顾客注意和喜爱,将很快被市场淘汰,具有高风险和收益不确定的特点。

2. 衍生产品众多

动漫产业以形象授权方式衍生到服装、玩具、电游等其他各个领域。近年来,动漫主题游乐园、主题餐厅、主题会展、主题晚会等大量出现,为动漫产业的发展和宣传做出突出贡献。动漫衍生品利润可观,发展迅速,已成为动漫产业的重要组成部分。

> **同步讨论** 举例说明你在生活当中见到的动漫衍生产品有哪些?

3. 市场需求大

动漫产业因其产品种类多、传播渠道广、易获取等特点,拥有庞大的消费群体。动漫市场年龄跨度很大,以"90后""00后""10后"消费群体为主,青少年、儿童及婴幼儿对动漫产品偏好较大,并且成年人对动漫产品的需求也呈现不断上升的趋势。

三、动漫常见词汇

(一) ACGN

ACGN 为英文 Animation(动画)、Comic(漫画)、Game(游戏)、Novel(轻小说)的合并缩写,从 ACG 扩展而来。ACGN 的出现表明动漫文化的涵盖领域越来越广,也表明动画、漫画、游戏、轻小说在动漫产业链上相互关联相互依存。

(二) 二次元/三次元/2.5次元

二次元的本义是指"二维平面";在动漫文化中指在图书、荧屏等二维平面上呈现的动漫形象;也可指人类幻想出来的唯美世界,有"架空"、"虚构"之意。该用法始于日本,由于日本早期动画、游戏作品都是以二维平面图像构成,被称为"二次元世界",简称"二次元"。目前,二次元也泛指各种动漫产品,侧重于二次元世界的载体。在这里需要指出,不管是二维动画还是三维动画,只是一种画面技术,并不涉及次元纬度,同属架空幻想世界,均为二次元。

三次元与二次元相对应,是我们存在的次元,也就是现实世界。此外,基于现实世界的人和事所诞生的图像、影视作品属于三次元,而非二次元。

2.5次元介于两者之间,存在于现实真人世界和虚拟动漫世界之间,也指真人表演与虚拟动画合成的作品,以及由 ACGN 作品衍生而来的舞台剧等真人表演作品或者周边产品等。COSPLAY 被认为是2.5次元最主要的表现形式。随着次元世界分类逐渐清晰,关于2.5次元的说法渐渐淡化,2.5次元通常归属于二次元。任何和动漫相关的现象,均可称为二次元;和现实世界相关的现象,称之为三次元。

> **同步调查** 你属于几次元?二次元的特征有哪些?

（三）COSPLAY

COSPLAY 全称为 Costume Play，直译为服装扮演，通常翻译成角色扮演、动漫真人秀，指利用服装、造型、道具、化妆来扮演模仿动漫作品中的角色。进行 COSPLAY 的人被称为 coser（或者 cosplayer）。

（四）周边

周边是动漫本体的一种延伸，指以动漫原型为基础，对周边的潜在资源进行挖掘。周边产品属动漫衍生品的一种。周边可分为硬周边和软周边，硬周边是指观赏收藏价值高而实用价值低的动漫产品，如扭蛋、手办、景品、模型等；软周边是指借用某个动漫形象生产的具有一定实用性的产品，如服饰、文具、食玩、优盘、手机壳等。

（五）同人

同人是一种创作形式，既可以指原创，也可以指二次创作。作"原创"讲时，是指不受商业影响的自我创作，比商业创作有更大的创作自由度。作"二次创作"讲时，是指根据原著设定而进行再次创作的作品，以原著的基调进行改编、仿作、甚至全新演绎。同人作品具有不以营利为目的、自由创造性强、非商业化的特点。

 举例说明什么是周边？什么是同人？

（六）声优/CV

"优"在古汉语和日语中含有"演员"、"艺人"、"表演者"的意思。声优即是指配音演员，也就是在幕后进行配音的演员，以声音作为其表演手段，为动画、游戏、影视剧、外语片等进行配音工作。例如，日本著名声优花江夏树，其主要作品有《东京食尸鬼》金木研、《双星之阴阳师》焰魔堂辘轳等。

CV 全称为 Character Voice，是用来标示作品中角色由哪位配音员进行配音的，也就是角色声音的意思。

（七）BGM

BGM 全称 Background Music，意思为背景音乐，指在动画、游戏、影视剧等播放过程中用于烘托、调节、酝酿气氛的音乐。另外，在公共场合（如校园、商场、咖啡厅等）连续播放的音乐也可称为背景音乐。

 分享一首你喜欢的动漫 BGM。

以动漫电影为例，动漫音乐除 BGM 以外，还包括：OP（Opening Song，片头曲）；ED

(Ending Song,片尾曲);IN(Interlude,插曲);CS(Character Song,角色歌);TM(Theme Song,主题歌);IM(Image,印象歌)等。

(八)新番

新番为日语词汇,原指新出影视节目的统称,现多指新番动画,也就是新出的动画。通常情况下,新番动画播出时间为一、四、七、十这几个月份,春季新番指四月开播的新番,夏季新番指七月开播的新番,秋季新番指十月开播的新番,冬季新番指一月开播的新番。此外,在其他月份开播的新番,将上述4个月份前后一个月都归入当月新番。例如,春季新番包括三月、四月和五月开播的新番。

四、中国动漫产业发展历史

中国动漫产业的发展开始于新民主主义时期,经历了启蒙、稳定发展、繁荣、停滞、再次繁荣、低迷、崛起的阶段,在曲折中不断前行,符合否定之否定的历史规律。从某种意义上说,中国动漫产业发展史是我国现代文化产业发展的一个缩影,同我国现代历史息息相关,在曲折前行中不断发展壮大。

(一)启蒙阶段

20世纪20年代,美国无声动画片《大力水手》、《从墨水瓶里跳出来》等传入我国上海,使正处于半殖民地半封建社会的中国人感到神奇和着迷,同时也激发了中国早期动画人的信念和强烈信心。

中国动画片创始人万氏四兄弟(万籁鸣、万古蟾、万超尘、万涤寰)在没有技术支持和资金支持的艰苦条件下,于1926年推出中国第一部独创动画片《大闹画室》,于1935年推出中国第一部有声动画片《骆驼献舞》,于1941年推出中国第一部长动画片《铁扇公主》。这个阶段,中国动画主要以模仿欧美国家为主,但中国韵味十足。

(二)稳定发展阶段

1946—1956年是中国动画片的稳定发展时期。1946年10月1日,东北电影制片厂(长春电影制片厂前身)成立,是新中国第一个电影制片基地。在中国共产党的领导下,东北电影制片厂于1947年推出木偶片《皇帝梦》,于1948年推出动画片《瓮中捉鳖》,为新中国成立后动画片的发展奠定了扎实的基础。1950—1956年,中国动画片的创作和生产呈现出以下特点:①在题材上以童话故事为主;②在风格上突出民族特色;③在技术上由黑白片向彩色片转化。1955年,我国第一部彩色传统动画片《乌鸦为什么是黑的》诞生。

(三)繁荣阶段

1957—1965年是中国动画片第一个繁荣阶段。1956年,党中央提出在科学文化工作中实行"百花齐放,百家争鸣"的方针。在双百文艺方针指导下,动画制作的积极性得到充分调动,中国动画产业进入第一个繁荣发展阶段。1957年,上海美术电影制片厂成立,是中国第一家独立摄制美术片的专业厂。在这个阶段,中国动画人才荟萃,大师云集,创造了诸多享有盛誉的经典动画片，在国际上形成"中国动画学派"。例如，《大闹天宫》、《小蝌蚪找妈妈》、《草原英雄小姐妹》等。

（四）停滞阶段

1966—1976年，中国动画产业遭受重创。1967—1971年，全国动画生产厂家"停产闹革命"。1972年，上海美术电影制片厂率先恢复生产。这一阶段，我国生产制作的动画片以歌颂工农兵为内容，以写实为表现手段，创作生产受到严重限制，动画产量也仅有17部，动画人才损失严重。这个阶段的优秀动画作品有《小号手》、《小八路》、《东海小哨兵》等。

（五）再次繁荣阶段

改革开放之后，中国动画进入再次繁荣的阶段，创作了许多经典作品和动画形象，成为"80后"、"90后"美好的回忆，承载着这一代人的童年记忆。这个阶段动画题材丰富、形象鲜明、内容深刻、制作水平较之前有很大提升，代表作品有《哪吒闹海》、《猴子捞月》、《黑猫警长》、《葫芦兄弟》等。1987年，小霸王公司成立，小霸王游戏机短期内迅速风靡全国，推动了我国动漫游戏的发展。

（六）低迷阶段

20世纪80年代中期，中国动漫产业受到美日动漫作品强有力的冲击，且电视的普及使得电视动画片的需求迅速增加。美日动漫作品新颖、有趣、制作精良，有适合各个年龄阶段的优秀作品，而我国的动漫作品多以低龄儿童为受众群体。该阶段我国动漫作品创新不足，动漫产量也无法跟上增长的需求，美日动漫产品很快占据中国市场，中国动漫产业进入低迷阶段。这个阶段传入我国的优秀作品有：《天空之城》（日本）、《龙猫》（日本）、《狮子王》（美国）、《玩具总动员》（美国）等。我国在这个阶段的优秀动漫作品有：《大头儿子和小头爸爸》、《海尔兄弟》、《蓝猫淘气3000问》等。

（七）崛起阶段

进入21世纪，随着计算机、互联网、数字技术等科学技术的发展，以及动漫文化的普及和推广，在经历了一段低迷发展阶段之后，中国动漫开始迅速崛起。除传统意义上的儿童动画片和动漫游戏外，青少年动漫、动漫电影、动漫周边、动漫基地等在我国迅速发展。这个阶段的动漫作品有：《秦时明月》、《画江湖之不良人》、《西游记之大圣归来》、《大鱼海棠》、《昨日星空》等。

当前，中国动漫产业发展迅速，优秀作品层出不穷，同时带动其他产业良性发展。但与此同时，和美国、日本等动漫强国在创作形式、形象风格、拍摄技术等方面还存在一定差距，中国动漫产业任重而道远。

五、几种常见动漫产业

动漫产业产品可分为两大类，一类是以ACGN为主的直接动漫产品，另一类是通过形象授权方式由ACGN衍生出来的周边产品或衍生品等。除动画和漫画以外，下面介绍其他几种常见主要动漫产业。

（一）动漫游戏

动漫游戏是指以动漫人物、故事为原型，依托数字技术、网络技术和信息化技术，模仿、改编或者再创作的游戏。动漫游戏按玩法可分为动作游戏、益智休闲、角色扮演（RPG）、卡牌游戏、策略游戏、经营养成等多种类型。例如，《阴阳师》属卡牌游戏，《火影忍者-官方正版》属角色扮演，《魔法学园》属经营养成等。

> **同步讨记**　你喜欢玩何种类型的动漫游戏？你认为动漫游戏中的休闲属性和文化属性分别是什么？

（二）动漫小说

动漫小说又名"轻小说"，是兴起于日本的一个新型小说分支，属娱乐性文学作品。动漫小说通常使用漫画风格的插画，采用日常惯用口语书写，写作手法随意，内容浅显易懂，广受年轻读者喜爱。此外，动漫小说易改编为动漫影视作品或动画片。日本动漫小说如《凉宫春日的忧郁》（作者：谷川流；插画：伊东杂音）；中国动漫小说如《长安幻夜》（作者：范黎明；插画：韩露）。

（三）动漫服装

动漫服装的含义有多种。第一种含义是指动漫作品中的角色所穿的服装，是一种虚拟服装；第二种含义是指COSPLAY服装，模仿动漫作品而设计的高还原度真实服装，通常作演出或展览用；第三种含义是指将动漫作品中的某些元素融入服装设计中的真实服装，在日常生活中经常可见，如周边文化衫、龙猫睡衣，或将某个动漫形象印于服装某个部位等。

（四）动漫主题公园

动漫主题公园是指以知名动漫作品为主题，采用现代科学技术和多层次空间活动的设置方式，以模拟景观和园林环境为载体，集中多种娱乐内容、休闲要素和服务接待设施于一体的现代旅游目的地。经典动漫作品是动漫主题公园发展的灵魂。我国著名的动漫主题公园有：上海迪士尼度假区、江苏大丰海贼王主题公园、浙江杭州Hello Kitty乐园、湖北随州西游记公园等。

第三节　娱乐产业

一、娱乐和娱乐产业

娱乐，最早见于《史记·廉颇蔺相如列传》：请奏盆缻秦王，以相娱乐。而后见于《咏怀》

诗:娱乐未终极。都是"娱怀取乐"的意思。作动词讲,娱乐是使人感到轻松愉快的意思;作名词讲,娱乐是供人消遣、休闲的产品、服务或者活动。娱乐是人追求快乐、缓解压力的一种天性。著名主持人汪涵曾在其主持的节目中对娱乐做出了如下解释:"娱"在古汉语中通"悟",是在领悟过后的一种情绪;"乐"在甲骨文中的意思为"成熟的麦子";"娱乐"的含义为"领悟之后的感受和成熟之后的喜悦"。

 谈谈你对"领悟之后的感受和成熟之后的喜悦"这句话的理解。

娱乐产业是指为娱乐活动提供场所和服务的行业。关于娱乐产业的定义有很多,但具有一定的共性。首先,娱乐产业基于一定的文化积淀,富有文化内涵,隶属于文化产业的范畴;其次,娱乐产业用来供人消遣、制造快乐,使生活有趣,满足精神需求;再者,娱乐产业同其他产业一样,涉及娱乐产品和服务的生产、交换、消费、分配等商品流通的各个环节;最后,娱乐产业涉及面广泛,创造空间极大,可与任何其他产业进行有机结合,可谓"一切行业都是娱乐业"。

中国娱乐产业可分为文化娱乐产业、数字娱乐产业、传媒娱乐产业和博彩业四个方面,如表5-1所示。这四个方面并非完全对立,如电影院既属于文化娱乐产业的范畴,也属于数字娱乐产业的范畴,在某种程度上还属于传媒娱乐产业的范畴。这四个方面各有侧重点,但是,由于现代产业的多元化发展和数字技术在各项产业中的融合,四个方面的界限也越来越趋向模糊。

表 5-1 中国娱乐产业分类

	主要特点	代表产业
文化娱乐产业	满足人们精神文化生活需求	歌舞厅、电子游艺厅、网吧等
数字娱乐产业	依托数字技术(如互联网技术);产业平台近乎无限的可扩展性	游戏、动画、影音、数字出版等
传媒娱乐产业	借助互联网、影视、广告等手段;传播知识、新闻、娱乐等信息	广播电视媒体、网络媒体等
博彩业	合法性、赌博性、公益性	澳门五大博彩业(赌场、赛马、赛狗、彩票、足球博彩);中国内地以公益性彩票为主

二、大数据与娱乐产业

在物联网时代,大数据将成为娱乐产业的核心资产。最有价值的大数据,是由多种消费行为组成的场景数据。单一消费者多种数据的交集(而不是单个数据)才有深入分析的价值。数据如果离开了场景、没有消费行为,参考价值将大大减弱。例如,通过对基于地点的数据进行分析和运用,一部电影可以锁定基于影院周边的家庭用户,把观影和家庭情感联系在一起,推出亲子观影、母亲节活动、"合家欢"等相关的观影活动,提升家庭用户的票房。

在大数据的具体应用上，娱乐产业的生态全球化商业模式至关重要。全球化首先是内容的全球化，充分利用生态圈和互联网大数据红利，任何一个国家的公司可以在全世界寻求合作伙伴，将更多元化的平台、更蓬勃的生态、更优质的内容呈献给全世界。

> **同步思考** 为什么说大数据将成为娱乐产业的核心资产？

三、文化娱乐产业

文化娱乐产业是指向消费者提供具有文化底蕴的精神娱乐产品或服务的产业。它是以大众娱乐消费需求为市场，将具有娱乐属性的图形、文字、音符、旋律等文化符号，通过现代科技手段和流通服务平台转化为各类文化娱乐产品和服务。文化娱乐产业按娱乐休闲服务类型可分为以下几类。

（一）歌舞厅娱乐

歌舞厅娱乐集个性化和娱乐化于一体，通过歌舞节目展示（含自我展示和观看他人展示）和对环境氛围的营造，满足消费者唱歌、跳舞等精神文化需求而开展的休闲娱乐活动。歌舞厅通常包括歌厅、舞厅、KTV、迪厅、其他营业性歌舞娱乐场所。当前，歌舞厅娱乐服务不仅提供唱歌、跳舞、卡拉OK影音设备等基本服务，而且还提供酒水、食品等其他服务，带动其他产业共同发展。部分酒吧、休闲会所因提供歌舞表演也具有歌舞厅娱乐性质。

（二）电子游艺厅娱乐

电子游艺厅是指在法律和相关政策许可范围内，依托电子设备，为消费者提供自娱自乐、人机对抗或者与他人竞技的互动体验式电子游艺场所。日常生活中，最常见的电子游艺厅为电玩城和VR体验馆。电玩城是在当前年轻人中流行的娱乐场所之一，我们应以放松心情和休闲娱乐为出发点，切忌通过电玩游戏进行非法赌博行为。

（三）网吧

网吧为广大消费者熟知，面向18周岁以上成年人，提供电脑硬件和软件，以便利消费者互联网上网服务为目的的营利性场所。进入网吧须年满18周岁且携带本人身份证。随着家庭电脑的普及和消费者日益提升的服务需求，传统网吧受到了严重的冲击，取而代之的是网咖在近些年的流行。网咖顾名思义就是网吧和咖啡厅的结合，最初是为商务人士提供舒适迅捷的上网办公环境，室内装修高雅华丽，按不同顾客需求划分游戏休息区、饮食区、办公区等，集互联网上网服务、休闲和办公于一体。现在网咖经营对象已扩展至普通大众，以年轻群体为主。

> **同步思考** 网吧和网咖的区别有哪些？

（四）其他室内娱乐

随着人民日益增长的美好生活需要，文化休闲娱乐成为现代人生活不可或缺的一部分，越来越多的室内娱乐项目出现在我们周边，如以观赏演出为主的电影院、歌剧院等，以运动健身为主的健身房、溜冰场等，以游戏为主的桌游室、棋牌室等，以饮品休闲为主的酒吧、咖啡厅、茶馆等，以探险体验为主的真人密室逃脱、鬼屋等，以活动和交流为主的中老年活动中心等。

（五）游乐园

游乐园多建在城市人口密集地区或旅游热门区域，以各种游乐设施项目为基础，以休闲娱乐为目的，兼具公园和游艺性质的营业性文化游乐场。不同的游乐园有不同的称呼，如北京欢乐谷、长沙世界之窗、西安乐华城·国际欢乐度假区、西安迪比斯欢乐水世界等。此外，在一些大型公园内部也会设有游乐园，修建部分游乐设施供市民或者游客娱乐，相比专门的大型游乐园，这类修在公园内的游乐园规模偏小，以单纯玩耍为主，缺少主题文化。

（六）其他娱乐业

文化娱乐产业包含范围广，除上述产业以外，还有其他种类繁多的娱乐业。近些年来，发展较好的文化娱乐产业还有家庭娱乐产业、电视娱乐产业、汽车文化娱乐产业和少数民族娱乐产业。

1. 家庭娱乐产业

家庭娱乐从古至今就以各种不同的形式出现在寻常百姓家中。随着社会经济和居民消费水平的提高，越来越多的休闲娱乐活动已向家庭内部转移。改革开放之后，家庭娱乐活动以棋牌类、留声机、录音机、电视机为主。进入21世纪，科技的迅速发展和多元化智能终端进入家庭，家庭用留声机和录音机等已逐渐被淘汰，取而代之的是DVD、电脑、数字电视、体感游戏机等新型家庭娱乐。此外，随着智能手机的普及，越来越多的年轻人将手机视为最主要的家庭娱乐工具。

> **同步讨论** 在你的家庭中，常常会进行哪些形式的家庭娱乐？这些家庭娱乐为你的家庭带来哪些影响？

2. 电视娱乐产业

电视娱乐产业隶属于文化产业中文化产品的生产活动类别的广播电视服务类，以娱乐文化为核心内容，为直接满足人们的娱乐需求而进行的创作、制造、传播、展示电视娱乐节目（包括相关产品和服务）的生产活动。电视娱乐产业包含以电视为传播手段的各种娱乐活动和与此相关的娱乐产品及服务，并可以因此带来商业价值的一切产业形态。电视娱乐产业最主要的表现形式为各种各样的娱乐节目，如选秀节目《星光大道》、谈话节目《鲁豫有约》、亲子节目《爸爸去哪儿》、全民健身节目《男生女生向前冲》等。

3. 汽车文化娱乐产业

汽车文化娱乐产业是汽车产业和文化产业的结合物，以汽车文化或创意等无形资产投入为主,是科技创新与内容创新高度融合的产业,具有附加值高、创新性强、环境友好等特点。汽车文化娱乐产业的细分门类为:汽车造型与内饰设计、汽车广告与会展、汽车运动、汽车文化设施服务、汽车文化人才培养、汽车传媒与信息服务、汽车文化创作服务、汽车文化休闲娱乐服务、汽车文化娱乐产品的生产与经营。

4. 少数民族娱乐产业

少数民族娱乐文化具有悠久的历史,主要表现形式有民族舞蹈、民族歌曲、民族节日庆典、民族体育等。少数民族娱乐产业依托于少数民族娱乐文化,以少数民族特有的文化符号(如服饰、歌舞、仪式等),通过智力、科技、创意和知识产权的开发与运用,直接生产或衍生出来的相关产品和服务的一系列产业,有助于少数民族文化的宣传、少数民族地区经济的发展和就业的增长。当前,少数民族娱乐产业的发展模式可分为:少数民族大型实景演出模式、少数民族影视文化创意产业模式、少数民族文创产品开发模式、少数民族节庆会展与创意民俗发展模式、少数民族智慧民俗村旅游模式等。

四、"互联网＋文化娱乐"新业态——泛娱乐产业

(一)泛娱乐产业的概念和分类

泛娱乐产业以 IP(Intellectual Property,知识产权)为核心,基于互联网与移动互联网的多领域共生,打造明星 IP 粉丝经济。IP 可以是一个故事、一个角色或者其他任何大量用户喜爱的事物。泛娱乐产业的本质是内容产品在多元文化娱乐业态之间的迭代开发,通过内容产品连接、受众关联和市场共振,有效地降低了文化娱乐产业的前期开发风险,同时扩大受众范围,挖掘产品的长尾价值,实现规模效应,切实提高产业回报率。

泛娱乐产业可进一步细分为以下几类:网络游戏、网络影视、网络直播、网络动漫、网络文学。其中,网络游戏是泛娱乐产业的核心产业,是 IP 的关键变现渠道,在整个产业链中发挥龙头带动作用。

 你对泛娱乐产业和 IP 是否有了解?

(二)泛娱乐的起源和发展

腾讯公司于 2011 年提出泛娱乐的概念,并于 2012 年推出泛娱乐战略,基于此战略逐步构建了一个打通游戏、文学、动漫、影视、戏剧等多种文创业务领域的互动娱乐新生态,初步打造了"同一明星 IP、多种文化创意产品体验"的创新业态。随着泛娱乐理念的逐步推广,涌现了腾讯、阿里巴巴、百度、光线传媒、华谊兄弟、小米科技等。

随后,泛娱乐的理念受到了主管部门的认可与支持。《2014 年中国游戏产业报告》明确提出:腾讯等公司的"泛娱乐"战略盘活游戏与其他文化产业融合发展。泛娱乐成为我国"互联网＋"的重要表征和趋势之一。泛娱乐产业已经成为我国新经济的重要组成部分和拉动力量,2016 年泛娱乐产业总产值约为 4155 亿元。

同步阅读 📖 从《旅行青蛙》谈起：阿里游戏的泛娱乐IP之路

（三）泛娱乐产业发展总体特点

1. 文化娱乐产业链上、中、下游深度融合

从产业链角度来看，文学和动漫为泛娱乐产业链的培养和孵化层（上游），影视和音乐为泛娱乐产业链的影响力放大、运营和辅助变现层（中游），游戏、演出和衍生品为泛娱乐产业链的主要变现层（下游），三大产业链层次和谐勾连，并不断优化升级。

2. IP的核心地位和串联作用日益凸显

IP经过多层次开发，为行业增值服务提供了新思路，帮助行业跨越增长瓶颈，带来新一轮高速增长。

3. 二次元文化IP逐步主流化

随着二次元的逐步主流化，动漫产业的发展也逐步摆脱细分化、专业化发展模式，打通游戏、动漫、文学、影视等泛娱乐文化业态，向大众化市场进行扩展。

4. 地方"双创"政策支持泛娱乐产业发展

随着"互联网＋"、"大众创业、万众创新"等国家战略的深入实施，作为这些战略的承载产业，泛娱乐产业受到部分地方政府的大力支持。

（四）泛娱乐产业的未来趋势

泛娱乐产业发展态势良好，未来发展有以下几个趋势：
（1）整体依然呈增长态势，产业规模和影响力进一步扩大。
（2）内容生产机制更加成熟，优质IP争夺激烈。
（3）明星、网红等成为重要的IP资产。
（4）用户趋向年轻化，"95后"、"00后"等年轻标签人群成主力。
（5）内容付费呈规模性增长，泛娱乐内容变现形式不断扩容。

第四节 出版产业

一、出版、出版产业与出版产业结构

出版得益于印刷术的发明。印刷术是中国古代四大发明之一，唐朝时期发明雕版印刷术，北宋时期毕昇发明活字印刷术。"版"在古汉语中有"用于印刷书刊图画的底"的意思，

如木版、铜版等,可引申为"批量进行内容复制的媒介"。出版,即是指把公开发表的内容通过图书、报纸、期刊、音像、电子、互联网等媒介进行大规模复制和传播。现代出版包括编辑、复制和发行(含网络传播)三个方面。

出版活动包括出版物的出版、印刷或者复制、进出口、发行。出版产业是指从事出版活动的单位的集合体,包括从事出版物出版的出版社、期刊社、报社、音像和电子出版社、新媒体公司等,从事出版物印刷或者复制的印刷公司等,从事出版物进出口的进出口商等,从事出版物发行的批发商、分销商、零售商等。

出版产业结构包括两个方面的关系,一个方面是指出版产业和国民经济其他产业的关系,另一个方面是指出版产业内部不同出版门类的关系。通过对出版产业结构的考察,可以反映出版产业的发展规模、发展速度以及发展质量的变化和趋势。

二、出版产业分类

出版产业按出版活动可分为出版、印刷复制、出版物进出口、出版物发行。按出版媒介可细分为图书出版、报纸出版、期刊出版、音像制品出版、电子出版物出版、数字出版。

(一)图书出版

图书出版是指书籍、地图、年画、图片、画册,以及含有文字、图画内容的年历、月历、日历,以及由中宣部新闻出版署认定的其他内容载体形式的编辑,并通过印刷发行向社会出售的活动。或者说,是指依照国家有关法规设立的图书出版法人实体的出版活动。

(二)报纸出版

报纸是指有固定名称、刊期、开版,以新闻与时事评论为主要内容,每周至少出版一期的散页连续出版物。报纸出版是指和报纸相关的出版活动。

(三)期刊出版

期刊又称杂志,是指有固定名称,用卷、期或者年、季、月顺序编号,按照一定周期出版的成册连续出版物。期刊出版是指和期刊相关的出版活动。

> **同步思考** 图书、报纸、期刊三者的区别是什么?

(四)音像制品出版

音像制品是指录有内容的录音带(AT)、录像带(VT)、激光唱盘(CD)、数码激光视盘(VCD)及高密度光盘(DVD)等。音像制品出版是指和音像制品相关的出版活动。

(五)电子出版物出版

电子出版物是指以数字代码方式,将有知识性、思想性内容的信息编辑加工后存储在固定物理形态的磁、光、电等介质上,通过电子阅读、显示、播放设备读取使用的大众传播媒体,包括只读光盘(CD-ROM、DVD-ROM 等),一次写入光盘(CD-R、DVD-R 等),可擦写光盘(CD-RW、DVD-RW 等),软磁盘,硬磁盘,集成电路卡等,以及中宣部新闻出版署认定的其他媒体形态。电子出版物出版是指和电子出版物相关的出版活动。

(六)数字出版

数字出版已成为出版产业的"新宠",近些年发展态势迅猛。数字出版是指利用数字技术进行内容编辑加工,并通过网络传播数字内容产品的一种新型出版方式,其主要特征为内容生产数字化、管理过程数字化、产品形态数字化和传播渠道网络化。数字出版有效融合传统媒体和新媒体,将传统出版内容数字化,此外,也生产新的基于数字技术的出版物。数字出版的主要形态有:电子图书、数字报纸、数字期刊、网络原创文学、网络教育出版物、网络地图、数字音乐、网络动漫、网络游戏、数据库出版物、手机出版物(含彩信、彩铃、手机报纸、手机期刊、手机小说、手机游戏等)等。

三、中国出版产业现状及发展趋势

伴随互联网技术的迅速发展、无纸化阅读趋势流行以及人们绿色消费意识的提高,传统纸质出版受到严重冲击,与此同时,数字出版则表现出"形态多、传播广、增速快"的大好局面。《2016 年新闻出版产业分析报告》中明确指出,数字出版、印刷复制和出版物发行仍为拉动新闻出版产业增长的"三驾马车",数字出版的增长速度和增长贡献率在新闻出版各产业类别中继续遥遥领先,印刷复制与出版物发行的增长贡献率有所下降。表 5-2 为 2016 年新闻出版产业结构。

截至 2017 年 1 月 1 日,我国共有 30 家国家新闻出版产业基地(园区),其中有 14 家为国家数字出版基地(园区)。2016 年,14 家国家数字出版基地(园区)的营业收入合计占全部 30 家基地(园区)的比值高达 74%。在全部 30 家基地(园区)中,2016 年营业收入排名前 6 位的是:上海张江国家数字出版基地、江苏国家数字出版基地、广东国家数字出版基地、安徽国家数字出版基地、广东国家网络游戏动漫产业发展基地、西安国家数字出版基地,前 6 位当中有 5 位都是数字出版基地(园区)。

表 5-2 2016 年新闻出版产业结构

产业类别	营业收入			
	金额/亿元	增长速度/(%)	比重/(%)	比重变动/(%)
图书出版	832.31	1.19	3.53	-0.27
期刊出版	193.70	-3.63	0.82	-0.11
报纸出版	578.50	-7.61	2.45	-0.44
音像制品出版	27.51	4.80	0.12	0.00
电子出版物出版	13.20	6.37	0.06	0.00
数字出版	5720.85	29.91	24.24	3.90
印刷复制	12711.59	3.81	53.87	-2.66
出版物发行	3426.61	5.96	14.52	-0.41
出版物进出口	91.52	8.69	0.39	0.00

未来几年,我国出版产业仍将表现出"数字出版高歌猛进,电子、音像、图书平稳增长,期刊、报纸艰难前行"的局面。

同步测试 拉动我国新闻出版产业增长的"三驾马车"是什么?

四、出版产业链

出版产业链包含价值链、企业链、供需链和空间链四个维度,以连续追加出版价值为目的,依据特定的逻辑关系和时空布局关系客观形成的链条式战略同盟。出版产业的价值链是指一系列互不相同但又相互关联的出版活动所构成的一个创造价值的动态过程。出版产业的企业链是指各种类型的出版企业之间通过物质、资金、技术、人才、信息等相互流动或者相互作用形成的企业链条。出版产业的供需链是指将同出版活动相关的供应商和需求者有效衔接起来的一系列企业或部门。出版产业的空间链是指同一种出版产业链条在不同地区之间的分布。同其他产业链类似,出版产业链也存在着大量的上下游关系,上游环节向下游环节输送产品或服务,下游环节向上游环节反馈信息,如图 5-1 所示。

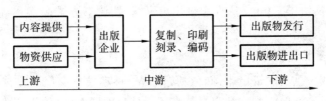

图 5-1 出版产业链

同步测试 出版产业链的四个维度是什么?

五、"互联网+"背景下的数字出版产业

数字出版产业应时代而生,随时代而兴。2016 年,我国数字出版产业整体收入持续增长,总收入达 5720.85 亿元,比 2015 年增长 29.9%。互联网广告达 2902.7 亿元,占数字出版收入的 50.7%。移动出版、在线教育(K12)、网络动漫等新兴板块发展强劲,三者总收入占数字出版收入的 31.56%,比 2015 年增长了 2.49%。此外,数字出版产业用户规模保持平稳,有两个突出特点:其一,网络游戏用户大幅度增长,从 4.51 亿增至 5.66 亿;其二,原创网络文学注册用户数保持高速增长,从 2.97 亿增至 3.33 亿。

(一)数字出版产业发展特点

在相关政策支持下,数字出版标准体系日趋完善,行业管理机制进一步健全,数字出版

产业发展呈现出以下几个特点。

1. 网络文学发展强劲

网络文学主流化进程加快,现实主义题材日益增多,《欢乐颂》、《翻译官》等都是引起较大社会反响的现实主义题材作品。网络文学同动漫、影视、游戏等领域交叉融合,使得数字出版涉及领域广,待发掘潜力大。

2. 数字教育出版成果显著

在线教育、翻转课堂、MOOCs、SPOCs、数字教材、电子书包、微课、雨课堂等教育教学服务模式与产品不断涌现。传统教育教学借助互联网技术,使得学习更加有趣、有效,使学习者可以随时随地按照自己的实际情况进行自由学习。

 "AR+教育数字出版联合实验室"让学习更"好玩"

3. 有声读物成为数字阅读新增长点

喜马拉雅FM、蜻蜓FM等有声读物平台知名龙头已然兴起,市场竞争格局初步形成。听书成为一种趋势,听书App受广大手机用户青睐,使读书方式多样化,读书娱乐网络化,阅读学习自由化。

4. 社交媒体多元化发展

社交媒体已成为重要的资讯来源,微博、微信等移动端社交媒体已成为信息获取的重要渠道以及网络舆论重要源头。社交媒体在传播信息的同时,也使得广大用户能够实时交流、参与、反馈、转发、共享,信息传播速度快、范围广、互动深。

(二)数字出版产业发展趋势

1. 人工智能技术重塑出版流程

人工智能技术为新闻出版业的转型融合提供了更多的可能性,在出版发行、印刷物流、数据加工、数字阅读、数字教育等领域得到广泛应用。人工智能技术将大幅提高出版效率,减少劳动成本,实现精准化、个性化服务。

2. IP运营实现从量变到质变的跨越

未来IP的竞争,不仅仅是内容的竞争,还是IP生命长度,即持续影响力的竞争。优质IP拥有大量粉丝,能带动粉丝经济和周边经济。创造更多的优质IP并实现长期运营,是数字出版产业未来发展的重点之一。

3. 知识付费渐趋兴起

互联网迎来了内容创业风潮,付费社区、音频问答、在线课程知识付费产品表现抢眼。知识付费的兴起,一方面是内容创业者对于知识变现模式的探索,另一方面是用户对于互联网信息获取提出了更深层次的要求,人们对知识获取的需求从"大而全"正逐渐转向"细而精"。

4. 网络直播行业将迎来变革期

网络直播成为新的社交方式和营销模式。直播＋游戏、直播＋新闻、直播＋体育、直播＋教育、直播＋电商等模式将不断发展并日趋成熟。与此同时,网络直播乱象及其背后的吸金潜规则也引起社会各界的广泛关注,相关部门已采取措施制止网络直播平台传播低俗色情暴力等违法有害信息,并且将出台"直播内容百不宜"相关规范。网络直播应传递正能量,直播新时代和美好生活。

> **同步讨论** 谈谈数字出版的利与弊。探讨数字出版对传统出版业的冲击。

第五节 影视演艺业

一、影视、演艺与影视演艺业

影视,顾名思义为电影和电视剧的总称,还包括动画片、影视节目等。影视艺术是一门综合性较强的艺术,将视觉观赏与听觉感知相统一,将空间呈现与时间流转相统一,将生活纪实与艺术表演相统一等,是现代科学技术与艺术的融合,是文学、戏剧、音乐、美术等和影视表演的融合,是各种美学层次的融合。

演艺,是一种表演的艺术,包括歌舞、戏剧、曲艺、杂技、相声、小品、魔术等艺术形态。演艺业具有"高度原创"和"双重原创"的特点,"高度原创"是指演艺业依赖于原创剧本、原创歌曲、原创台本等;"双重原创"是指演出人员对剧本(或歌曲、台本等)的解读及艺术表现。版权制度是演艺业发展的基础与核心,精品原创是演艺业品牌建设的重点。

影视演艺业,主要是指影视表演(含电影表演和电视剧表演)的创作、生产、演出、发行、放映以及经纪代理共同构成的产业体系。影视表演由演员扮演角色,在摄影机前按照剧本表演相关情节,通过银幕或荧屏间接呈献给观众最终的表演形态。影视制作含三个阶段:前期准备工作,包括剧本创作、分场大纲、编制预算、寻找外景、签订导演、选取演员、确定制作团队成员等;中期拍摄工作,由导演统筹和领导,拍摄人员录制,演员进行表演,以及其他技术人员、服装造型师等共同配合完成拍摄;后期完善工作,包括剪接、背景制作、配音、配乐、字幕等。

> **同步思考** 影视演艺业的休闲属性和文化属性分别是什么?

二、影视演艺业的基本功能

影视演艺业包含经济商品、文化艺术、意识形态三重属性,具有商品交换、休闲娱乐、宣传教育等基本功能。

(一)商品交换功能

影视演艺业的主要产品为电影和电视剧的放映,以及由此衍生出来的相关产品。电影和电视剧作为商品,具有使用价值和价值,其使用价值体现在满足人们的精神需要;其价值体现在凝结在电影和电视剧生产过程中的无差别的人类劳动。电影作为商品,其交换主要通过电影票的购买来实现。电视剧作为商品,其交换并没有体现在观众的直接付费,而是制片商和电视台之间的交换,电视台则主要通过插播广告来盈利。

(二)休闲娱乐功能

影视演艺业是基于文化内涵的表演艺术,具有观赏、消遣、认知的功能。人们通过观看电影或电视剧,来获取精神上的愉悦、消遣空闲时间、感知生活、了解历史等,实现心理减压和身心休息。

(三)宣传教育功能

影视演艺业是意识形态的重要载体,影视作品中的意识形态包括知识分子精英意识形态、主流意识形态和市民意识形态。电影和电视剧应充分发挥宣传教育功能,突出新时代主旋律,积极传播社会正能量,正确引导影视舆论。

同步讨论 结合具体例子,探讨影视演艺业的宣传教育功能体现在哪些方面?

三、影视演艺业的分类

影视演艺业主要分为电影演艺和电视剧演艺两大类,分别以电影作品和电视剧作品为载体。我国电影产业和电视剧产业的发展在时间节点上多有重合,在政策方面也存在较多一致。两者在内容生产方面存在着较高相似之处,但在发行和播出环节上存在一定差别。首先,播出平台的性质不同,电影的上映平台主要是院线,电视剧的播出平台主要是电视台。其次,商业模式不同,电影产业的商业模式是 B2C 模式,电视剧产业的商业模式是 B2B 模式。最后,政府规制对影视作品的定位存在差异,规制者更倾向于将电影作为娱乐产品,将电视剧作为意识形态工具。

四、影视城与影视旅游

(一) 影视城

影视城由影视拍摄基地发展而来,专业从事影视剧拍摄制作、影视剧拍摄景区及相关旅游资源开发经营等业务,集影视拍摄、生态度假、观光旅游、康复疗养等功能于一体,是影视演艺业衍生品的重要一环。我国有四大5A级影视城,分别为金华东阳横店影视城景区、中央电视台无锡影视基地三国水浒城景区、银川镇北堡西部影视城、晋中市乔家大院文化园区。

1. 金华东阳横店影视城景区

金华东阳横店影视城景区位于浙江省金华市,始建于1996年,被誉为"江南第一镇",有"中国好莱坞"之称,是我国唯一的"国家级影视产业实验区"。其主要景点有秦王宫、清明上河图、梦幻谷、广州/香港街、明清宫苑、明清民居博览城、大智禅寺、屏岩洞府、华夏文化园。在此拍摄的影视剧作数量惊人,如我们熟知的《无极》、《投名状》、《后宫甄嬛传》、《陆贞传奇》等。横店影视城拍摄的第一部影视作品为谢晋执导的电影《鸦片战争》。

2. 中央电视台无锡影视基地三国水浒城景区

中央电视台无锡影视基地三国水浒城景区位于江苏省无锡市,是无锡影视基地的一部分。无锡影视基地始建于1987年,因拍摄电视剧《唐明皇》、《三国演义》、《水浒传》相继建成唐城、三国城和水浒城三大主要景区。三国城主要景点有曹营水旱寨、吴营码头、火烧赤壁、桃园等。水浒城主要景点分为州县区、京城区、梁山区三大部分。

3. 银川镇北堡西部影视城

银川镇北堡西部影视城位于宁夏回族自治区银川市,成立于1993年,被誉为"中国一绝,宁夏之宝",原址为明清时代的边防城堡。其主要景点有明城景区、清城景区、老银川一条街、民俗文化四个部分。在此拍摄的代表作品有《牧马人》、《红高粱》、《大话西游》、《黄河绝恋》、《红河谷》等。其中,谢晋执导的电影《牧马人》是这里拍摄的第一部影视作品,该影片改编自张贤亮(西部影视城创始人)的小说《灵与肉》,于1982年上映,当时西部影视城还未成立。

4. 晋中市乔家大院文化园区

晋中市乔家大院文化园区位于山西省晋中市。乔家大院又名在中堂,建于清乾隆年间,素有"皇家有故宫,民宅看乔家"之说,被誉为"北方民居建筑史上一颗璀璨的明珠",是晋商大院的代表。在此拍摄的代表作品有《大红灯笼高高挂》、《昌晋源票号》、《赵四小姐与张学良》、《乔家大院》等。

同步讨论 介绍一个你熟悉的影视城,并列举几部在这里拍摄过的经典影视作品。

（二）影视旅游

影视旅游是以影视拍摄、制作的全过程及与影视相关的事物为吸引物的旅游活动。狭义的影视旅游特指到影视拍摄地旅游，影视城旅游即为狭义的影视旅游。广义的影视旅游包括人造景观、自然景观、人文古迹等与影视相关的任何事物。

1. 影视旅游的类型

影视旅游按旅游资源可分为三类：第一类是静态的影视旅游资源，主要指自然景观、人文景观等；第二类是活动形态的影视旅游资源，如影视节、颁奖盛典、影视题材中的民俗活动等；第三类是文化意识形态的影视旅游资源，指影视作品宣扬的文化内容，如央视热播的《换了人间》掀起了红色旅游和缅怀历史的又一轮热潮。

影视旅游按旅游目的地可分为：影视拍摄地旅游、影视外景地旅游、影视故事发生地旅游、影视城旅游。如《后宫甄嬛传》故事发生地主要为北京故宫，拍摄地为横店影视城明清宫苑，外景地之一为北京门头沟区的戒台寺（剧中的甘露寺）。

2. 影视旅游的特征

影视旅游具有以下四个特征：一是以优秀影视作品为核心吸引物，优秀影视作品是影视旅游的生命，好的作品对观众的吸引力能够延伸至屏幕之外；二是以印证、寻梦、逃避等为主要动机，观众在观看影视作品过程中，一方面会被作品中的自然景观吸引，另一方面会引起观众的共情，观众出于感同身受前去进行相关旅游消费；三是以休闲、求知等为主要内容，影视旅游具有旅游产业的共性，供休闲消遣使用，同时也能够满足消费者求知的需要；四是属跨行业、复合型的新型旅游产业，影视旅游将影视演艺和旅游产业相结合，是一种新型旅游资源。当前，影视旅游正逐渐形成"以影视城为依托，以影视文化为内涵，以旅游观光为业态，以休闲娱乐为目的"的运营模式。

五、"互联网+"背景下影视演艺业的发展前景

手机观影、电脑观影、观影App、网剧、家庭影院以及各种各样的影视衍生品，在我们日常生活中早已司空见惯。互联网对影视演艺业发展的影响越来越大，在影视创作、发行、传播、终端销售等方面起着重大作用。

（一）互联网扮演第二播放渠道的角色

"互联网+"影视的发展，使观众从传统屏幕转向移动互联平台。因互联网在时间和空间方面的高度自由性，使观众能在任何时间任何地点观看任何影视剧的任何部分，充分利用观众的闲暇和碎片时间。此外，像网剧、微电影、美剧等在传统渠道播放很少的剧作，在互联网上也可以轻易获得。

（二）优质热门网络IP是影视创作的重要源泉

互联网的点击率和话题关注度是IP转化为影视剧本的重要指标。影视创作者要发掘具有改编意义的优质IP，既要满足观众的观影需求，又要符合影视剧作的文化和艺术品位。

(三)优化互联网传播平台,拓宽传播途径

实行互联网影视科学分类,利用大数据为观众精准推送感兴趣的影视作品,以满足不同消费者的个性化观影需求。重视影视 App 和影视网页的开发和运营,进一步拓宽传统影视的播放渠道和营销平台。

(四)重视受众分析和分众营销

互联网影视要以观众价值为核心,明确观众地位,传递观众价值,强调与观众的互动。分众营销使互联网影视能有的放矢,根据观众不同需求进行创作,如"宅男影视"、"女性影视"、"二次元影视"等。

(五)会员付费成为消费趋势

经历前几年的观影免费和会员免费,各大影视网站巨头已吸引了大量的忠实受众。近年来,各大影视网站纷纷实行会员付费的观影模式,成为影视网站的盈利点之一,随之而来的是影视版权的竞争。

(六)加强网络监管力度,营造健康观影环境

由于互联网的高度自由性,使得一些艺术性较低、非正式性的、不符合主流价值观的影视作品有机可乘,因此,网络监管对观影环境的营造具有重要意义,避免"快播"式的悲剧发生。

探讨互联网对影视演艺业的推动作用。

第六节 文化博览业

一、博览产业与文化博览业

博览,原意为"广泛阅览"。博览产业,通常具有规模庞大、主题鲜明、内容广泛、参展者和观展者众多的特点,具体表现形式有各种博览馆、博览园、博览会、展览会、展销会、交易会等,往往还伴有大型会议、高端论坛和相关节庆活动的举行。通过博览能够带动某一行业或某一地区的经济发展,对行业来说,能够加强行业知名度,促进行业文化建设,提高品牌产品订单率;对地区来说,能带动当地旅游、交通运输、餐饮住宿等协同发展,并能有效吸引外资和利用内资,引进投资项目。

文化博览业,以展示文化产品为手段,以宣传产品文化为目的,集文化业、博览业、商贸

业、物流业等于一体，具有科普、观赏、休闲、交流、贸易、创新等功能，属复合型产业。由于文化产品种类众多，文化博览业涉及领域极为广泛，几乎能作为任何行业的衍生产业，以展示地域、行业、产品文化，进而促进文化产品交易和带动文化产业发展。

二、文化博览业的分类

按博览规模分类，可将文化博览业分为国际文化博览、全国文化博览、地方文化博览。国际文化博览如丝绸之路（敦煌）国际文化博览会；全国文化博览如中国城市轨道交通文化博览会；地方文化博览如山西（汾阳·杏花村）世界酒文化博览会。

按行业性质分类，可将文化博览业分为农业文化博览、工业文化博览、服务业文化博览。农业文化博览如中国国际茶文化博览会；工业文化博览如嘉兴汽车文化博览会；服务业文化博览如北京中医药健康服务业博览会。

按博览内容分类，可将文化博览业分为综合文化博览、专题文化博览。综合文化博览如中国国际文化博览会；专题文化博览如影像文化与摄影器材博览会。

同步思考 文化博览业还可以依靠什么标准来进行分类？

三、全球展览业协会

全球展览业协会（the Global Association of the Exhibition Industry），又称为国际展览业协会，简称 UFI。UFI（全称 Union of International Fairs）是"国际博览会联盟"的简称，2003 年 10 月改名为"全球展览业协会"，英文简称不变。UFI 是世界博览业最具代表性的协会，也是迄今为止世界博览业最重要的国际性组织。该组织于 1925 年 4 月 15 日在意大利米兰成立，总部现设在法国巴黎。全球展览业协会的宗旨是代表展览会、博览会组织者的利益，维护展览会、博览会的质量标准，规范展览组织者的市场行为。

经 UFI 认证的展会是高品质展览会的标志。我国有很多展会获得 UFI 认证，如中国新疆国际煤炭工业博览会、中国国际服装服饰博览会、中国义乌国际小商品博览会、中国（深圳）国际文化产业博览交易会等。

四、中国（深圳）国际文化产业博览交易会

中国（深圳）国际文化产业博览交易会（China（Shenzhen）International Cultural Industry Fair），简称"文博会"（ICIF），是中国唯一一个国家级、国际化、综合性的文化产业博览交易会，以博览和交易为核心，全力打造中国文化产品与项目交易平台，促进和拉动中国文化产业发展，积极推动中国文化产品走向世界，被誉为"中国文化产业第一展"。文博会自 2004 年举办以来，前 12 届累计总成交额超过 1.5 万亿元，出口成交额累计超过 1300 亿元。

首届文博会于2004年11月18日至22日举行。2005年未举行。自2006年以后,每年举行一届,时间通常在五月中下旬,为期4~5天。

文博会于2006年11月9日获得UFI认证,是UFI第46个中国成员,其规模、质量、国际影响及品牌建设已得到国际社会认可。

本章小结

文化及相关产业是指为社会公众提供文化产品和文化相关产品的生产活动的集合。休闲和文化相辅相成,休闲促进文化的发展,文化蕴含休闲的底蕴,可谓"休闲即文化,文化即休闲"。

动漫产业以"创意"为核心,以"文化"为基调,以动画、漫画为主要表现形式,以动漫直接产品和动漫衍生品为生产对象。常见的动漫产业有动漫游戏、动漫小说、动漫服装和动漫主题公园等。

娱乐产业是指为娱乐活动提供场所和服务的行业。我国娱乐产业可分为文化娱乐产业、数字娱乐产业、传媒娱乐产业和博彩业四个方面。其中,文化娱乐产业按娱乐休闲服务类型可分为6类:歌舞厅娱乐、电子游艺厅娱乐、网吧、其他室内娱乐、游乐园和其他娱乐业。随着互联网和文化娱乐的融合,泛娱乐产业成为我国新经济的重要组成部分和拉动力量。泛娱乐产业的核心是IP。

出版产业是指从事出版活动的单位的集合体,出版活动包括出版物的出版、印刷或者复制、进出口、发行。出版产业按出版媒介可细分为图书出版、报纸出版、期刊出版、音像制品出版、电子出版物出版、数字出版。当前,我国出版产业发展呈现出"数字出版高歌猛进,电子、音像、图书平稳增长,期刊、报纸艰难前行"的局面。

影视演艺业,主要是指影视表演(含电影表演和电视剧表演)的创作、生产、演出、发行、放映以及经纪代理共同构成的产业体系,包含经济商品、文化艺术、意识形态三重属性,具有商品交换、休闲娱乐、宣传教育等基本功能。在某种程度上,影视演艺业带动了影视城和影视旅游的发展。

文化博览业,以展示文化产品为手段,以宣传产品文化为目的,集文化业、博览业、商贸业、物流业等于一体,具有科普、观赏、休闲、交流、贸易、创新等功能,属复合型产业。

关键概念

文化产业　动漫产业　ACGN　文化娱乐产业　泛娱乐　IP　出版产业结构　出版产业链　数字出版　影视演艺业　影视城　影视旅游　文化博览业

复习思考

1. 举例说明日常生活中常见的动漫产业现象。
2. 简述文化娱乐产业的分类。

3. 简述出版产业结构的含义及当前我国出版产业结构的发展趋势。
4. 分析影视演艺业的文化属性和休闲属性。
5. 谈一谈互联网对文化产业的影响。
6. 结合具体文化产业，论述文化与休闲的辩证关系。

拓展案例

王者文创，荣耀生态

王者荣耀游戏于2015年11月26日正式公测，深受各年龄段游戏玩家喜爱，在之后发展过程中，随着游戏本身产品的不断更新和蜕变，动画、漫画、插画、微小说、cos秀、电竞赛事等文创内容也衍生出来，在游戏之外以更亲民、更鲜活的形态得到大众追捧。

一、质朴的民族精神和传统文化是文创的"新引擎"

到底应该以什么精神引领王者文创发展？这是制作团队问自己的第一个问题。通过调研玩家感受较深刻的王者英雄台词及故事，黄忠的"人可以失败，但不可以被打垮！"及阿轲和高渐离刺秦失败，并不是结束，而是新征程的开始。对于"守护"、"传承"、"突破"等质朴的精神，会引起大家的高度共鸣。

2017年秋季上线的第一个原创资料片——《长城守卫军》，以玉门关为原型设计王者荣耀中的长城，四个原创英雄分别代表了勇敢、责任、怀抱理想、守护团队和亲情的特质，这些都是长城精神的代表和传承。两周年庆的时候，制作团队推出甄姬皮肤"游园惊梦"，设计取材于昆曲经典名篇"牡丹亭"，并邀请国家一级演员、梅花奖获得者魏春荣老师为"游园惊梦"皮肤配音。

传统文化是专属国人的集体记忆，也是最质朴、最长久的精神内核，由此引导出的文创内容是最能引发共鸣。

二、多维度布局王者文创IP，纵深建构成都文化名片

在游戏之外，制作团队开始了更多的尝试，在文学创作、综艺节目、游戏衍生品等方面，与各领域优秀的合作伙伴达成了一系列合作规划。2017年5月，制作团队推出文化衍生栏目《王者历史课》，通过视频栏目向玩家普及历史常识，得到广大用户认同。2017年12月，《王者出击》首期节目在腾讯视频全网独播，这是王者荣耀IP授权在综艺领域的首度跨界实践，是王者的户外真人实景版，与国内顶尖的户外真人秀团队原子娱乐联合打造。此外，制作团队也和三零文化、东方联盟等世界顶尖的手办研发商达成了合作。

王者荣耀诞生于成都，同时70%的团队成员都是四川人。制作团队已经和成都市政府达成深度合作意向，会将更多的成都特色融入游戏当中，将成都魅力展现给更多用户。

三、联合专业力量，携手共创王者文创创新

创造的动力源于思想的碰撞与交流，在IP文创这条前行的路上制作团队还需要有更多的伙伴一同前行。王者荣耀已开启艺术家联合计划，联手国内外顶级艺术家，输送世界一流的文化内容。在盛世长安版本中，制作团队联合世界一流艺术家，《指环王》作曲家霍华德·肖创作长安城主题曲，携手艺术级CG团队Blur Studio打造首部

游戏 CG。同时,《王者荣耀》周边商城也联合艺术家打造包括雕塑、绘画、手办在内的多领域艺术作品,实现对王者文创 IP 的实体表达。

  王者 IP 文创是游戏玩法之外全新的探索领域,未来制作团队也将在成都文创产业发展的大环境下,以传统文化为引擎,与内容创作者一同砥砺前行,不断推出代表成都"智"造的优秀作品,共同探索文创发展之路。

  (案例来源:《王者荣耀》如何打造文创生态？IP 建设团队干货分享[EB/OL]. http://www.adquan.com/post-2-43403.html.)

  讨论:

  1. 结合案例,试论述文化与休闲的关系。

  2. 从王者荣耀 IP 的发展当中,你认为该如何构建优质 IP 并获得长远发展？

  3. 结合身边王者荣耀玩家,就其对游戏本身以及和游戏相关的产品和服务,选取某一角度展开调研,分析王者 IP 文创的实现路径及商业模式。

第六章 休闲体育业

◆ 本章导读

随着休闲时代的到来，人们有越来越多的时间和精力选择体育运动来调剂日常工作，生活方式也随之发生改变，休闲体育产业应运而生。新兴的休闲体育产业在引导居民消费、改善产业结构、促进社会发展、提高人们的生活品质等方面所引起的特殊作用，已逐渐被人们所认识。那么休闲体育产业包含哪些方面？休闲体育产品有哪些特征？休闲体育产业的发展趋势是什么？

◆ 学习目标

1. 识记：概述体育旅游、体育健身休闲等概念。
2. 理解：描述不同体育产业发展类型及资源分布现状。
3. 应用：解释不同类型休闲体育产业的需求与供给特点。
4. 分析：比较不同地区休闲体育产业发展优势及区域适用性。
5. 综合评价：撰写地区休闲体育产业调研报告，评估地区休闲体育发展趋势。

◆ 学习任务

名　称	最具前景的休闲体育产业项目调研
学习目标	1. 认知"休闲体育" 2. 描述休闲体育产业的分类及特点
学习内容	休闲体育产业的区位、市场、资源、经营模式、效益
任务步骤	1. 网上搜索"2018年国家重点扶持哪些休闲体育产业项目？" 2. 选择一个休闲体育产业项目进行资料收集、学习 3. 分析区位、市场、资源、经营模式、效益 4. 梳理相关文字、图片 5. 制作PPT简报

续表

名　称	最具前景的休闲体育产业项目调研
学习成果	"休闲体育产业××项目调研简报"
备注	http://www.sohu.com/a/208690641_725690 2018年国家重点扶持休闲体育产业项目

◆ 案例引导

　　长白山万达国际滑雪小镇,位于吉林省东部白山市。小镇将滑雪场作为项目核心,配合观光、休闲、度假、娱乐、商务、会展、居住购物等不同功能的产品项目进行整合,建立相互依存、互为支撑的补益,形成链条和集聚。作为一个滑雪小镇,长白山万达国际滑雪小镇的地理条件可以说是得天独厚,临近长白山自然景区,而长白山脉的森林资源,赋予了滑雪运动的神秘感。小镇的滑雪相关设施配套完善,建筑面积超过1万平方米,还提供雪具租赁、滑雪教学、滑雪视频、摄影、餐饮等各方面服务,在雪场最高点建有4000米山顶餐厅,让人们可以边欣赏雪景边就餐。除了滑雪,小镇电影院、KTV、大剧院、酒吧、咖啡馆、众多品牌购物街也样样俱全,配套的服务设施也十分完善。地中海俱乐部主席兼首席执行官亨利德斯坦先生断言:"万达长白山国际度假区是世界上最好的新滑雪度假胜地!"总结下来,长白山万达国际滑雪小镇是以复合型稀缺资源为依托,以冰雪运动为品牌,以自然观光为引导,以国际游客四季旅游为目的,以体育娱乐服务业、生态休闲度假产业、商务度假服务业、旅游地产业为核心,借助长白山得天独厚的自然资源,发展具有持续创新力的、综合性高的现代度假区,打造世界级水平的生态、文化、时尚、创新高度融合的旅游目的地。

　　(案例来源:《解码特色小镇　迅速提升特色小镇全程价值的IEPCO模式》,盛永利等。)

　　思考:长白山万达国际滑雪小镇的特色体现在哪些方面?

第一节　体育旅游产业

一、体育旅游概念

　　体育旅游是以体育资源为依托,利用体育活动中各个环节(体育活动的规划、设计、体验等)来引发消费者消费欲望的一种旅行休闲活动。

二、体育旅游的产生与发展

(一) 国外体育旅游的发展

当前,体育旅游在以欧美国家为主的发达国家中取得了持续快速发展,体育旅游已经形成了巨大的市场。例如,人们喜爱的攀岩、高山滑雪、探险、海边冲浪以及蹦极等,都是国外休闲体育旅游发展的重要表现形式,实现了旅游与体育的完美结合。再如,英国每年参加高尔夫球旅游的人数高达 300 多万人,而被称为"欧洲屋脊"的瑞士,每年接待滑雪旅游项目的国外游客高达 1500 多万人,而德国每年都有 200 多家旅行社积极组织自行车旅游。国外体育旅游业的蓬勃发展为这些国家创造了巨额的收入,促进了其国家经济的快速发展。他们将体育旅游作为一种高收入与产出的旅游项目进行经营,并积极扶持体育旅游的发展。

同步案例 推进运动休闲小镇建设　成都"体育+"模式方兴未艾

同时,体育旅游的开发在亚洲国家也受到了高度重视。例如,韩国、日本在其旅游业的发展中,积极开发具有滑雪特色的体育旅游项目,吸引了大量的国外游客。现代社会的人们非常崇尚自然,注重自然的回归。因此,在国外的体育旅游项目中,冲浪、潜水等水上运动以及登山运动项目受到广大游客的青睐。例如,在日本的体育旅游的发展中,水上运动以及登山等项目在其体育旅游项目中占据主导地位,其市场产值也呈现出持续上升的趋势。

(二) 国内体育旅游的发展

随着人们的健康旅游意识以及绿色旅游意识的逐步提高,我国的体育旅游业获得了较快的发展,并逐步发展成为人们喜爱的休闲与健身方式。作为一种健康有益的休闲方式,体育旅游活动正在日益走进民众的生活。在这种情况下,人们的旅游消费支出逐年增长,我国的旅游产业生机盎然。与此同时,人们对旅游产品的品质也提出了更高的要求。这就迫使旅游业进一步调整产业结构、更新体育旅游产品,从而更好地满足多样化、多层次、多形式体验旅游活动的需求。从实质上看,今天的旅游已不再是单纯的旅行和游览活动,而是融入了包括体育、健身和康复等在内的、丰富的社会活动和文化现象。

据世界旅游组织统计,近年来,我国旅游群体中以消遣娱乐、健身康复为目的的旅游者所占比例最大,平均每 4 名游客中就有 1 名在出游期间寻求参与体育活动。这表明,体育旅游作为旅游业的重要组成部分,对于满足旅游消费者的需求、促进旅游业的全面发展,以及开拓新的旅游消费市场,具有不可替代的重要作用。例如,温泉高尔夫旅游、沙漠探险、漂流以及攀岩等有别于登山、滑雪等传统旅游项目的新体育旅游项目,在我国取得了较快发展。

同时,我国有关部门大力支持体育旅游的开发与发展,多数旅行社都积极将体育旅游项目作为其主要的业务发展,从而使体育旅游成为拉动我国经济增长重要力量。各地方积极举办体育旅游项目,为促进地方经济的发展做出了突出贡献。我国体育旅游资源丰富,具有较多的可开发项目,加之国家政策的支持,我国体育旅游具备巨大的发展空间。

三、体育旅游资源分类及特征

(一)体育旅游资源分类

体育旅游资源具体可分为自然资源和人文资源两个大类型。体育旅游自然资源是指与自然界相关的或自然界所赋予的,且与体育活动有联系的,并经过合理的开发利用,最终成为旅游者吸引物的各种资源。体育旅游自然资源通过其在自然界的存在形式可分为地貌类资源和水体类资源。体育旅游人文资源是指人类社会活动的体育元素(人为主体)经合理的开发组合变为旅游者吸引物的各种资源。体育旅游人文资源根据具体内容和载体形式可分为民俗风情类、赛事类以及场馆建筑类等。体育旅游资源分类图,如图6-1所示。

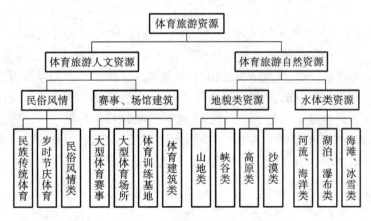

图6-1 体育旅游资源分类图

(图片来源:元旦旺久.西藏体育旅游资源评价与开发研究。)

英国学者科波克等人对休闲体育旅游资源做了如下分类。

1. 供陆上旅游活动的资源

(1)露营、篷车旅行、野餐旅游资源。

(2)骑马旅游资源。

(3)散步及远足旅游资源。

(4)狩猎旅游资源。

(5)攀岩旅游资源。

(6)滑雪旅游资源。

2. 以水为基础的旅游活动资源

(1)内陆钓鱼水域。

(2) 其他水上活动内陆水域。

(3) 靠近乡间道路的水域。

(4) 适于海上活动的海洋近岸水域。

(5) 适于海岸活动的靠近乡间道路地带。

3. 供欣赏风景的旅游资源

(1) 低地。

(2) 平缓的乡野。

(3) 高原山地。

(4) 俊秀的小山。

(5) 高的山丘等。

(二) 体育旅游资源特征

我国地域广袤,历史悠久,自然旅游资源和人文旅游资源丰富,并且差异显著,特色突出,不仅能够让游客充分领略各种自然风光,同时还可以让游客深切体会到运动之美;不仅能够让游客的身心得到充分放松,同时还可以满足游客猎奇探险的心理需求。

1. 多样性

体育旅游资源主要依托两种环境,一种是自然环境,另一种是人文环境。在分布上表现出极大的广泛性,在存在形式上表现出极大的丰富性。就地理空间层面来看,无论是河流和湖泊,还是平原和沙漠,又或者是高山,均能够成为宝贵的体育旅游资源。就存在形式层面来看,主要包括两种资源:一种是自然资源,另一种是人文体育资源。我国属于多民族国家,而不同民族对应着不同的、大量的体育旅游资源,由《中华民族传统体育志》可知,我国民族传统体育旅游项目有900多项。各种类型的风景地貌,数量众多的民族传统体育项目,为我国体育旅游事业的可持续发展奠定了坚实基础。

2. 地域性

受历史文化等诸多因素的影响,该类旅游资源存在非常显著的地域性差异。例如:我国冬季北方拥有比较充足的冰雪资源,可重点推出滑雪以及滑冰之类的项目;我国夏季南方拥有比较充足的水资源,可重点推出潜水类的项目。地域旅游资源特色的重要性是不言而喻的,这决定了旅游吸引力,同时还决定了旅游竞争力,所以,针对体育旅游资源进行开发时,应充分考虑其地域性特点,最大限度地突出其特色。

3. 季节性

当季节发生变化时,体育旅游资源也会随之发生相应的变化,一年四季往往对应着不同爱好的游客,另外,季节变化同样会让一些项目难以开展。所以,针对体育旅游资源进行开发时,应积极考虑季节性这一因素,并加以适当的调整,从而在适宜的季节推出适宜的体育旅游项目。

4. 融合性

体育旅游资源并不是以一种孤立的形式而存在,它不仅和当地的自然旅游资源存在密切联系,同时还和当地的人文旅游资源存在密切联系,所以,在开发此类资源的过程中,应结合其他资源进行整合开发，最终赋予旅游景点更为理想的吸引力。

第二节 体育健身休闲产业

一、体育健身休闲业的概念

体育健身休闲业，是指为满足消费者强身健体、娱乐休闲需要而提供体育健身器材、场地、技术辅导等有偿服务的体育健身行业。张林、黄海燕、阮伟等提出：体育健身休闲业是指以非实物形式向社会提供体育健身、休闲服务产品经营单位的集合，需要满足人民群众日益增长的健身、康复、休闲、娱乐等方面的需要和消费。上述观点因研究角度不同因而表述也不尽相同，有的着重强调了体育健身休闲活动的物质技术条件和劳务服务，有的着重强调了体育健身休闲产业的组成内容。

这些观点，作为对体育健身休闲产业基本概念的探讨，无论是否能够全面、准确地反映体育健身休闲产业的内涵和特征，其积极意义都是值得肯定的。产业应该具有以下两个特征：

第一，从需求角度来说，是指具有同类或相互密切竞争关系和替代关系的产品或服务。

第二，从供应角度来说，是指具有类似生产技术、生产过程、生产工艺等特征的物质生产活动或类似经济性质的服务活动。根据产业概念的这种规定性，我们可以把体育健身休闲产业理解为生产并向消费者提供以体育为介质兼具健身和休闲特征的非实物形态的服务产品的企业或单位的集合。这种非实物形态的服务产品包括体育健身锻炼、娱乐休闲服务、健身技能培训、运动营养咨询、体质测试和健康评估、运动处方诊断、体育康复与医疗等。

二、体育健身休闲产品的特点

体育健身休闲产品除了具有其他服务产品的特点，如无形性、易逝性（不可贮存）、同时性（服务与消费同时进行）、可变性（服务质量不易控制）等一般特点外，还有以下一些自身的特点。

（一）可参与性

可参与性是体育健身休闲服务最显著的特点。只有消费者参与其中，进入消费状态，体育健身服务才可以开始进行，消费者不参与，不进入消费状态或者中途退出，服务就不能完成。只有消费者和服务提供者共同配合、同步进行才能完成服务的过程，而消费者消费和享受的也是服务的过程而不是服务的结果，作为过程的消费，消费者在参与生产和消费服务中所得到的不是任何有形产品而是一种体验、认知或者技能。这种体验、认知如果是正向的，积极的，令消费者满意度高的，则可以强化消费者对体育健身休闲的意识，培养消费者对为自己提供健身休闲服务的场所的忠诚度。

同步阅读 国务院办公厅印发意见 加快发展健身休闲产业

（二）非静态性

非静态性有两层含义。

一是体育健身服务产品的生产和消费过程是动态的。消费者必须参与体育健身服务过程并且是以身体运动状态参与的，才可以完成体育健身服务产品的生产和消费，这是体育健身服务和其他形式的娱乐休闲包括体育表演服务消费的最大区别。

二是体育健身服务产品的质量是动态的。体育健身服务产品不像一般物质产品那样具有稳定的形态，而是经常表现出内容水平、质量上的差异性，所以，同一消费者和不同消费者对相同质量的体育健身服务的感受和评价可能会不一样，服务质量和顾客评价都会表现为动态性。质量上的差异性、动态性可能会影响顾客对于服务质量的认同感，这就对体育健身服务的质量管理提出了更高的要求。

（三）可替代性

体育健身服务产品具有密切的竞争关系和可以提供替代对方的产品或服务，另外，同类企业具有类似生产技术、生产过程、生产工艺等特征的物质生产活动或类似经济性质的服务活动。不同体育健身项目服务的使用价值相同，即在满足健身休闲需要方面是相同的，因而在体育健身休闲项目之间也有一定的替代关系。不仅如此，其他的休闲娱乐方式与体育健身休闲之间也存在一定的替代关系。

（四）不确定性

不确定性是指体育健身休闲服务的服务质量是不确定的，是不可预见的。同一个健身方案，对甲消费者很有效果，但对乙消费者就可能效果不明显；体育健身服务产品广告中对消费者描述和承诺的服务质量，在实际中可能会有一定的折扣。造成这种服务质量不确定性的原因，一是体育服务人员的服务态度、服务质量，健身教练的技术水平、课程安排、指导能力以及和消费者的配合情况等会直接影响消费者的健身效果；二是消费者自己的身体素质、领悟能力、体育基础、技能水平以及坚持锻炼的情况等都会直接影响健身效果。

三、国内外体育健身休闲产业的发展现状

（一）国外体育健身休闲产业的发展现状

起步较早的美国、日本、澳大利亚等一些体育产业非常发达的国家，已经形成了庞大且稳定的产业市场，体育产业总规模在国民生产总值中占到了非常重要的地位，并在发展过程中形成了自己的特色和关注点。在这些体育产业发达的国家中，体育健身休闲产业能产

生巨大的经济效益和社会效益,能够为体育产业总产值提供60%左右的贡献度。

美国除四大联赛的竞赛表演之外,体育健身服务业相当发达。据国际健身俱乐部协会的统计数据显示,美国早在2005年,健身俱乐部的数量近3万个,几乎相当于欧洲各国健身俱乐部的总和。据美国学者的统计,美国人每挣8美元中就有1美元花在体育健身休闲活动中。

澳大利亚体育健身休闲产业也相当发达,健身俱乐部种类多样,包括大型商业健身房、酒店健身房、瑜伽馆、女性健身馆等,各种类型的休闲体育活动和比赛的市场规模也相当可观。体育健身休闲已经成为澳大利亚人民的一种自觉行为,全国2000多万人口中有近300万人经常到健身俱乐部消费,占全国人口的近五分之一,健身俱乐部的年均市场规模达到18亿美元。

日本在20世纪90年代中后期,经济持续低迷,国民经济增长率年均仅0.43%,为了发展经济,日本政府大力倡导国民进行体育健身,以此来拉动休闲体育产业的发展。

这些体育产业发达的国家具有一些共性的特征:一是基本具有成熟的市场化营销策略和推广手段;二是投资主体的多元化,不仅政府大力投入,而且大力支持并引导企业和私人在这些方面的投资,推进以营利为主的体育健身休闲设施建设;三是在资金、信贷、融资、税收等方面国家能够给企业和个人给予专门的优惠政策。

(二) 国内体育健身休闲产业的发展现状

1. 市场规模不断扩大

从20世纪80年代我国体育健身休闲市场开始逐步产生兴起。在进入市场经济后发展迅猛尤其是进入新世纪以来取得了显著的成绩。目前,我国的体育健身休闲市场经过一段时间的发展,逐步进入了以投资主体多元化、多种所有制并存、平等竞争的发展阶段,体育健身休闲市场的体育服务产品也逐步实现了高、中、低档全方位提供的良好局面,并且在体育健身休闲市场为发展主体和重点领域的基础上,实现了体育用品制造与销售产业、运动营养保健产品等市场融合发展的大产业市场格局。这些产业形态和产业市场的发展,为体育健身休闲产业的进一步发展起到了重要的反哺作用,客观上促进了体育健身休闲产业发展。

2. 多元化趋势明显

在我国体育健身休闲产业市场,各类健身休闲场所(俱乐部)是开展健身休闲活动的载体,是大众居民参与体育健身享受休闲娱乐服务的基本保障,体育健身休闲机构为消费者提供了比较丰富的体育健身服务项目和内容,这些项目和内容主要有以健身、健美为主的形体训练、力量训练,有以修身塑形为主的器械健身操、体育舞蹈、有氧健身操,有以调节身心为主的瑜伽练习,在以强健身体为主的健身机构中,主要开展球类、游泳、民族传统体育及冰雪、拓展等娱乐性强的运动项目,健身项目齐全为消费者提供多元化服务。

3. 区域间俱乐部发展不均衡

在体育需求发展相对成熟的地区尤其是一线城市,健身行业早已度过普及期,传统模式弊端暴露更为明显。消费者对健身的认识不再局限于跑步机、健身器材等简单器械锻炼,而是需求更为细化,大众消费者需要性价比更高的优质健身服务,高端消费者则需要更为专业、私人化的指导,此外,女性、青少年、上班族等群体的特定健身需求涌现,催化教练工作室、新兴健身俱乐部等供给业态层出不穷。2016年健身俱乐部数量排名前十位的城市,如图6-2所示。

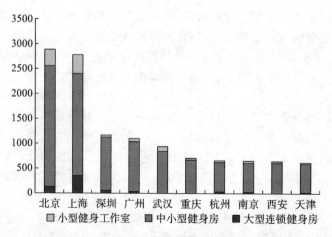

图 6-2　2016 年健身俱乐部数量排名前十位的城市

（数据来源：中国产业信息．2017。）

在体育人口占比相对较低的广大地区，健身行业发展远未成熟，仍存在较大市场空间。健身需求尚需普及和提升，健身俱乐部传统预售模式还有较大市场开发空间。即使考虑到人口差异，除北京、上海、深圳以外的其他城市健身房数量仍然处于较低水平，且难以吸引经验丰富的教练人才，因此，健身工作室作为高端需求的代表，数量占比显著较低。

第三节　高尔夫产业

一、高尔夫的概念

高尔夫，俗称小白球，是一种室外体育运动，个人或团体球员以不同的高尔夫球杆将一颗小球打进果岭的洞内。大部分的比赛有 18 洞，杆数最少的为优胜者。《韦氏词典》对高尔夫的释义是：使用若干支球杆，用尽量少的杆数在通常为 18 洞的球场打球，在各个球洞连续击球进洞的运动。英国公开赛、美国公开赛、美国名人赛和美国职业高尔夫球协会锦标赛是高尔夫球界的四大大满贯赛事。高尔夫球普遍被视为苏格兰人的发明，今日的高尔夫球洞制度亦由苏格兰制定，当地亦有全球历史最悠久的高球会，被视作苏格兰国粹。

二、高尔夫的起源与发展

（一）高尔夫运动的起源

关于高尔夫运动的起源有不同的说法，其中包括荷兰起源说、苏格兰起源说、中国起源说和法国起源说。虽然关于高尔夫真正的起源已经没有确切的考据，但一般认为最权威、最有说服力的说法是苏格兰起源说，即古时的一位苏格兰牧人在放牧时，偶然用一根棍子将一颗圆石击入野兔子洞中,从中得到启发,发明了后来称为高尔夫球的运动。

但是,这些早期的运动充其量只能视为近代高尔夫运动的概念起源,真正完整的近代高尔夫运动是从苏格兰开始发展的,包括第一个高尔夫球场与高尔夫俱乐部。高尔夫运动基本规则就是在苏格兰创立的,而历史上第一个高尔夫巡回锦标赛也是在苏格兰的城市间举办。不久后,现代化的高尔夫运动就由苏格兰传往英格兰,之后传播到全世界。有史料记载的最古老的正式高尔夫比赛是1672年在Musselburgh Racecourse的一个高尔夫球场举行。1754年,圣安德鲁斯皇家高尔夫俱乐部成立,是目前世界最古老的高尔夫俱乐部。

(二)高尔夫运动的发展

高尔夫的演进史大致上就是高尔夫球、高尔夫球杆以及高尔夫球场的发展。

1. 高尔夫球

早年高尔夫球的材质、外观、大小都不一致,直到20世纪30年代美国高尔夫球协会(USGA)规定了高尔夫球标准的重量和大小。随后,美国高尔夫球协会又提出了正式的规则,明定高尔夫球的初速不可高于每秒76.2米。

2. 高尔夫球杆

高尔夫球杆是一个重要的高尔夫用具,早期球杆皆由木制而成,因为材料容易取得。经过数年的发展,山胡桃木成为制作球杆的标准木材,而高级球杆则使用美国柿树制作,因为它硬度佳并且耐用。19世纪90年代,铁制杆身开始出现,但是很久以后政府才正式准许使用铁来制作球杆。20世纪70年代初期,杆身改采用石墨制造,以追求轻量化和强韧度。现在最新式的球杆,杆身采用碳纤制造,杆头则采用铁合金或锡铜,因其非常轻而且坚硬,所以可以做出比以往都大的杆头。这些新式材料大幅增加了击球时的弹簧效应能让球飞得更远。美国高尔夫球协会为了维持高尔夫比赛的挑战性,规定了球杆的恢复系数(COR)上限为0.83,同时杆头的体积不可超过460立方厘米。

同步思考 高尔夫赛事有哪些运营模式?

3. 高尔夫球场

高尔夫球场的发展也经历了一系列的演变。最早的时候,高尔夫球场不一定都有18个洞。15世纪时,苏格兰人在圣安德鲁斯依照地形建立了一个高低起伏的球场,而球洞受制于细长的海岸地形而增加了难度。该球场有11个洞。1764年,有些球洞因为被认为间隔太短而遭到合并,球洞的数量减为10洞,一轮中8个洞被打两次,因为圣安德鲁斯的球场被认为是第一个高尔夫球场,因此,18洞就成为后来兴建高尔夫球场的标准设计。

三、高尔夫产业的概念、结构与特点

高尔夫产业是指所有与高尔夫运动相关联的商业、生产以及服务活动的总和。高尔夫产业不是单纯意义上的单一行业,而是一个跨行业、多领域的产业链条。高尔夫球场、高尔夫选手、高尔夫设备生产企业、高尔夫服装生产企业，以及一切从高尔夫运动中获益的商业和服务性活动都可被看作是高尔夫产业的组成部分。高尔夫产业结构思维导图，如图6-3所示。

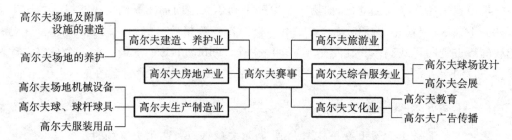

图6-3 高尔夫产业结构思维导图

（一）高尔夫赛事

高尔夫赛事运营是其商业化运作的核心。当前主流高尔夫赛事是一系列国际比赛，我国国内比赛影响力有限。国外最具有影响力的四大赛事为美国名人赛、美国公开赛、美国PGA锦标赛和英国公开赛。"生涯大满贯"即指获得过这"四大赛事"的冠军。我国国内职业化比赛发展起步较晚，相对有影响力的赛事多为业余比赛，包括观澜湖世界高尔夫明星赛、业余高尔夫巡回赛、希望赛、俱乐部联赛等。高尔夫主要赛事简要介绍，如表6-1所示。

表6-1 高尔夫主要赛事简要介绍

	赛事	简 要 介 绍
国际赛事	美国名人赛	该比赛又称美国大师赛，是纯邀请赛，总奖金和冠军奖金位于世界高尔夫四大赛事之首。场地固定，由奥古斯塔国家高尔夫俱乐部主办
	美国公开赛	该比赛由美国高尔夫球协会主办，比赛冠军可以取得10年美国公开赛参赛权以及英国公开赛、美国PGA锦标赛、美国名人赛5年的参赛权。四轮72洞比杆赛，以四轮72洞总杆成绩排名次
	美国PGA锦标赛	该比赛由美国职业高尔夫球协会主办，赛事影响力稍逊色于英国公开赛和美国公开赛，冠军的奖金仅次于美国名人赛，比赛采用四轮比杆赛，确定参赛球员的名次和奖金
	英国公开赛	该比赛由圣·安德鲁斯皇家古代高尔夫俱乐部主办，世界高尔夫四大赛事中参赛人数最多的赛事，比赛地点位于苏格兰和英格兰的球场，比赛首先通过预选赛和前两轮的比赛淘汰大部分选手，最后以四轮比赛的总成绩排序
	美国巡回赛	每年举办超过130场职业赛事，包括美巡赛、冠军巡回赛、韦伯网巡回赛、美巡拉美赛、麦肯锡巡回赛、美巡加拿大赛和美巡中国系列赛，所有巡回赛均为非营利性的，旨在追求更大规模的慈善效益，其总部设于佛罗里达州杰克逊维尔市蓬特韦德拉海滩的TPC锯齿草球场

续表

赛事		简要介绍
国内赛事	观澜湖世界明星赛	该比赛是汇聚全球著名高尔夫职业选手和文体娱乐明星的亚太区顶级职业明星配对赛，每两年一届，赛事设于海口观澜湖黑石球场，是比肩美国圆石滩职业业余配对赛、英国登喜路锦标赛的世界三大职业业余配对赛之一
	中国业余高尔夫球巡回赛	该比赛创办于2001年，由中国高尔夫球协会主办，朝向集团承办，是中国规模最大、规格最高、影响最广的国家A级业余巡回赛事，代表着中国业余高尔夫球手的最高水平，被誉为"中国优秀高尔夫球手的摇篮"，为中国职业高尔夫球员市场输送了源源不断的新鲜血液
	中国业余高尔夫球希望赛	该比赛由中国高尔夫球协会批准主办的中国业余高尔夫球巡回赛。截至2015年，共26站，52个冠军，近4000人次业余高尔夫球手在希望赛的平台上磨炼成长
	中国高尔夫球俱乐部联赛	国内参赛人数最多、时间跨度最长且最受好评的专业高尔夫团队赛事，被誉为中国高尔夫的标杆性赛事

（数据来源：2017—2020年中国高尔夫俱乐部行业发展现状及投资战略研究报告。）

（二）高尔夫建造、养护业

一个配套比较完善的高尔夫项目，一般具有18洞以上的标准场地，同时配套建设的还有高尔夫练习场、高尔夫会所，甚至五星级酒店等附属设施。高尔夫会所在功能设计上要注重前台、更衣室、专卖店、出发站、存包室，甚至电瓶车库等功能区的动线设置。而高尔夫球场、练习场的建设则相对于其他设施建设则自成一体：高尔夫球场、练习场的建设从勘测（地形、地貌、地质）到设计（项目规划、场地设计、景观设计）再到施工（土方、造型、排水、喷灌、坪床、水、电、路、桥、污水处理、环保）等各项工程，是综合性、专业性非常强的一项工程。

高尔夫运动是一项对草坪要求非常高的运动，高尔夫球场和练习场的养护通常包括草坪养护和园林景观养护两部分。其中，高尔夫球场草坪养护水平是项目运营的核心所在，一个球场草坪养护的水平基本就决定了这个高尔夫球场的潜在品质和盈利能力。草坪（包括高尔夫球场和高尔夫练习场的草坪）养护工作包括剪草、浇水、打药、施肥、滚压、打孔、覆沙等工作内容。而园林景观的养护，主要是治理病害、虫害和枝叶修剪等工作内容。

（三）高尔夫房地产业

高尔夫房地产是以地产为主，球场为辅，是运动延伸至地产界的产物，主要特点是球场建设与房地产物业开发的高度结合，在功能上形成相互配套补充，在价值上相互促进、提升，高尔夫资源对住宅价格产生带动作用，房地产的销售同时促进球场的发展，两者相辅相成，共同发展。高尔夫房地产业也因投资规模大、目标客户群消费水平较高而成为高端地产的一种形式。例如，上海世贸佘山高尔夫别墅最贵的一栋别墅价格达到3.8亿元人民币，一度成为我国别墅之冠。目前，市场上的高尔夫房地产业大体可分为高尔夫旅游地产（高尔夫酒店、高尔夫会所等）和高尔夫居住地产（高尔夫别墅、高尔夫公寓等）两大类。国内不少商业的高尔夫球场内都兴建球场别墅，依靠高尔夫球场的品牌优势发展起来。许多房产开发商都愿意出资在楼盘附近建设微型球场或高尔夫主题公园，以提高楼盘绿化及人居品位。

（四）高尔夫旅游业

高尔夫旅游是指高尔夫爱好者离开自己所居住的城市或国家，前往另一个城市或国家的高尔夫球场打球、度假、交友等活动。高尔夫具有通过高尔夫旅游的方式为旅游目的地提供经济利益的巨大潜力，高尔夫旅游对增加高尔夫产业的产值有积极的作用。世界旅游组织把高尔夫运动作为一项专项体育旅游产品。高尔夫同时是一项重要的旅游活动，是旅游产业从观光型向休闲度假型调整的重要支撑点。

高尔夫运动与旅游相结合是互补共生、合作双赢的关系。

1. 从产业属性来看

高尔夫运动已作为一个新兴的产业发展起来，不仅对第三产业的发展起到推动作用，且其自身也形成产业化的发展趋势，我国的经验证明，高尔夫旅游的发展具有空间和广阔的前景。

2. 从经济属性来看

旅游机构和高尔夫球会都属企业范畴，其经营均以营利为首要目的，追求最大的共同利益使合作成为可能。

3. 从地域空间的互补性来看

高尔夫与旅游能够相互促进，相互受益实现资源的优化配置，缓解客源地高尔夫旅游资源匮乏的劣势，推动目的地旅游的发展。高尔夫拉动旅游酒店餐饮经济的发展。球客特别是境外球客，打一场高尔夫球，不仅要在球场上进行消费，而且还要在酒店、交通、餐饮等方面进行中高档消费，拉动相关产业的发展。

4. 从产业发展现状来看

推动高尔夫球场资源和旅游结合，将是旅游业创造利润空间的上好选择之一。高尔夫旅游是商务旅游、会务旅游的最佳载体。据专家估计，全世界商务贸易成交量的20%是在高尔夫球场达成协议。公司老板以打高尔夫作为商战之余放松的必修课。一些贸易投资洽谈会，安排"以球会友"，"以球促商"，通过高尔夫作媒介，吸引许多大财团赴会。因此，高尔夫球场是提高商务会务旅游当地形象的必备因素，是彰显现代旅游发达程度的标志。世界旅游组织已经把高尔夫运动作为一项专项旅游活动。

（五）高尔夫综合服务业

与高尔夫相关的服务业包括高尔夫球场设计业、高尔夫传媒与高尔夫会展业等等。自2002年举办首次"中国国际高尔夫球博览会"开始，我国已经多次成功举办了高尔夫博览会。2014年3月北京"高博会"吸引了约480余家国内外知名品牌制造商、经销商及专业代理机构，成为我国高尔夫业内的交流盛宴。

（六）高尔夫文化业

高尔夫运动在我国经过三十多年的发展，已成为一项深受人们欢迎的体育运动，这也促进着高尔夫专业教育的发展。如今全国已有近百所高等院校和职业院校开辟了高尔夫专业(含高尔夫场地管理、高尔夫球场建造与维护、高尔夫商务管理、高尔夫运动技术等),其中比较活跃的院校有二十多家,如厦门大学、中国农业大学、中国林业大学、北京体育大学、河北体育学院、辽宁职业学院、湖南涉外经济学院、烟台南山学院等院校。另外,还有更高层次的 MBA、EMBA 等深层次教育,如人民大学商学院高尔夫 EMBA 项目、上海交通大学高尔夫 EMBA 项目等等。

为了满足广大高尔夫爱好者的需求,中央电视台开辟了高尔夫专栏,旅游卫视及各大门户网站纷纷开辟高尔夫频道及专栏。

1. 电视媒体

电视媒体包括央视高尔夫网球频道、上海电视台高尔夫频道、广东卫视高尔夫频道等电视媒体。

2. 杂志

杂志包括《辽宁高尔夫》、《世界高尔夫》、《东方高尔夫》、《中国高尔夫》、《高尔夫时尚》、《高尔夫杂志》、《经典高尔夫》等 20 多家高尔夫杂志。

3. 报纸

报纸包括《第一财经》、《假日休闲报》、《高尔夫专刊》等多家报纸。

4. 网络

网络包含唐高网、纯粹高尔夫、快乐高尔夫、泛高尔夫网等 20 余家专业网站和腾讯高尔夫、搜狐高尔夫、新浪高尔夫等近 10 家门户网站。

5. 户外广告

孚朗格高尔夫传媒、高众传媒等。

第四节 冰雪休闲产业

随着 2022 年冬奥会各项筹备工作的开展,中国的冰雪产业方兴未艾,市场不断成熟,势必掀起一轮全民健身、滑雪的热潮。据预测,2022 年中国的冰雪产业将达到百亿元甚至上千亿元市场规模。

一、冰雪休闲产业概念

根据休闲产业的概念,我们把广义的冰雪休闲产业定义为以冰雪休闲资源为依托,以冰雪休闲实施为基础,以冰雪休闲产品为手段,以冰雪市场为对象,通过提供冰雪休闲服务满足休闲消费多样化需求,并以此获得经济利益的综合性行业。

狭义的冰雪休闲产业为参加冰雪运动的休闲者提供直接服务的行业和部门。冰雪休闲资源、冰雪休闲设施、冰雪休闲产品、冰雪休闲市场、冰雪休闲服务是冰雪休闲产业经营管理的几大要素。

 中国十佳冰雪旅游城市

二、冰雪休闲产业特点

（一）地域性、季节性

冰雪运动开展的基本条件是具备"冰"和"雪"资源，而冰雪资源受地理环境和天气环境等自然环境的影响很大，不同的地区各有自己独特的自然和地理特点。

（二）高投入性

冰雪运动对场地建设的要求很高，无论是冰场的建造还是雪场的开发，都需有关部门投入大量的资金，尤其是需要人工制冷的冰场或雪场，在制冷设备上需要花费更多的资金。

（三）高风险性

冰雪运动是一项技术性要求较高的运动，无论是滑雪还是滑冰，都必须具备特殊的运动场地，运动本身还容易出现人身伤害事故，如果不能对运动员或消费者的人身安全保障工作到位，会直接影响冰雪运动的可持续发展。

（四）较强的器械依赖性

众所周知，由于冰雪运动的特殊性，人无法自身完成长时间有难度的滑行等动作，只有借助相应的器械，才能进行冰雪运动。

三、冰雪休闲产业分类

冰雪休闲产业大体上可分为四大类：实用滑雪、竞技滑雪、大众滑雪和探险滑雪。我们这里所说的冰雪休闲产业多侧重于大众滑雪，它分为高山滑雪和越野滑雪。

大众滑雪是以健身和娱乐为目的进行的群众性滑雪运动。大众滑雪在欧洲和北美洲开展得早，已经有上百年的历史，滑雪运动非常普及，以位于欧洲阿尔卑斯山脉地区的法国为例，每年冬季滑雪的人数有700多万人。在亚洲，日本和韩国开展得比较早，其中20世纪末是日本冰雪运动发展的鼎盛时期，滑雪人数年均有1800多万人。

四、我国冰雪休闲产业发展现状

中国的冰雪休闲产业迄今已发展了20多年，成长速度相对缓慢。
1995年我国冰雪休闲产业进入萌芽阶段，我国有三个滑雪场是典型代表：黑龙江亚布

力、吉林北大壶、崇礼塞北滑雪场。1999年发生了一个里程碑式的事件,打破了冰雪产业的格局:北京第一家滑雪场"石京龙滑雪场",引入了人工造雪技术,彻底摆脱了以往雪场对天然雪的依赖,同时将大众滑雪运动带进了北京城。在接下来的10年中,北京周边陆续增加了20多家滑雪场,崇礼一直发展到6家大型滑雪场,为我国2022年冬奥会的举办提供了极大的支持。2011年滑雪进入度假时代,开始有大型资本进入滑雪领域。最具代表性的是万达集团投资的长白山,打造了中国第一个完整山地度假村的概念,打造了滑雪度假村。以此为节点,资本纷纷进入滑雪市场,滑雪进入了高速增长期。除此之外,万科松花湖、崇礼,都是滑雪领域首屈一指的佼佼者。2015年冰雪产业进入了一个相对有序的阶段,研究领域初见成效:滑雪产业白皮书、冰雪蓝皮书纷纷出炉,为整个滑雪产业的发展提供了有力的数据支持。

根据白皮书的数据显示:2015年全国的滑雪场数量是568家,2016年增长了78家,增速不如2015年,滑雪场的建设周期比较长。加工索道的数量远小于滑雪场的数量,很多滑雪场没有压雪车,可见国内大多数滑雪场的基本设施仍相当缺乏,滑雪市场相对初级,80%的消费者都是初级人群。

第五节 滨海休闲产业

一、滨海休闲产业概念

滨海休闲体育产业是滨海休闲产业的重要组成部分,滨海休闲产业还包含滨海旅游业、休闲渔业、海滨文化产业等相关的服务业以及配套设施系统为主构成的经济形态和产业系统,是一个产业群或产业链的总称。滨海休闲产业一般涉及滨海度假区、滨海自然保护区、海洋主题公园、海洋博物馆、滨海体育、水上运动、交通、旅行社、旅游商品业、餐饮业以及由此连带的产业群。滨海休闲地一般具有风景优美,气候宜人,有益健康,交通便利等特色。

二、滨海休闲体育产业分类

滨海休闲体育产业是以滨海游憩系统为依托,以滨海体育活动、滨海体育表演以及滨海休闲体育体验等为主而开展的与滨海休闲体育生活、滨海休闲体育行为、滨海休闲体育需求密切相关的产业领域,包含交通、旅行社、旅游商品业、餐饮业相关的服务业以及由此连带的产业群为主而构成的经济形态和产业系统,是一个产业群或产业链的总称。依据"产业"和"体育产业"的基本理论和社会实际,滨海休闲体育产业已发展成6大类。

(一)滨海休闲体育表演业

通过对滨海休闲体育表演项目或水上运动比赛组织、策划来吸引人们观看,享受观看表演的乐趣。例如,观看海上F1摩托艇、滑水、帆船、帆板等或沙滩排球比赛等。滨海休闲体育表演业的特点是在滨海开放的环境下,观看运动员或表演者带来的与海水、浪花共舞的精彩、惊险的技能,满足人的视觉需求。滨海休闲体育表演业与其他竞技体育表演业的不同之处在于自然开放和休闲的滨海环境。滨海休闲体育表演业的经营主要来自四个方面:

一是主办单位获得赞助。企业通过资金、技术或者服务的形式获得赛事名称使用、广告宣传等一系列权利。

二是出售赛事转播权,从而取得营销赛事包括插播广告和分销赛事转播权等权利。

三是出售赛事及其组织(运动员)的徽记、标识、名称(名字)等无形资产使用权,并生产和销售带有这些专用标识的产品以获得经济利益。

四是门票的出售。在开放的环境中,可组织选定最好的观看地点,安排座位出售门票等。

同步讨记 除文中所述,滨海休闲体育表演业的经营内容还包括哪些?

(二)滨海休闲体育体验与服务业

滨海休闲体育体验与服务业项目众多,如休闲潜水、冲浪、摩托艇、航海模型、海上龙舟、皮划艇、娱乐滑水、蹼泳、海上摩托艇、沙滩摩托车、香蕉船等,都可以为休闲者提供休闲体验与服务。滨海休闲体育体验的特点是顾客身着游泳衣或潜水装备或操作船艇等,使人体肌肤充分与大海、阳光、沙滩接触,突出人与自然的结合,体验阳光的明媚、体验海水的轻抚肌肤或海浪冲击的力量、感受沙滩松软的惬意。滨海休闲体育产业反映了人的体验需要与服务需求的结合。西方经济家托夫勒的:"制造业—服务业—体验业"产业演进划分,其背后的逻辑可以根据马斯洛的需求层次理论来理解:制造业满足的是人的生存需要,服务业满足的是人发展的需要,体验业满足的是自我实现的需要。滨海休闲体育产业的核心在于服务质量以及体验的效果。服务质量水平并不是完全由企业所决定,而与顾客的感觉有很大的关系,即使被企业认为是符合高标准的服务,也可能不为顾客所喜爱和接受,服务质量是一个主观范畴,它取决于顾客对服务上预期质量同其实际感受的服务水平(体验质量)的对比。此外,安全保障体系是滨海休闲体育体验与服务业的重要环节,它包括滨海休闲体育活动场所活动前提供的浴场水质、海浪等的监测预报,救生安全服务和技术指导服务,滨海休闲体育设备、器材、器械的安全以保障顾客生命财物的安全。

(三)滨海休闲体育产品制造业

滨海休闲体育产品可分为两类。一类是正式的水上运动体育器材和器材配件,如船、帆、艇类及配件、潜水器材及配件、救生器材等。目前,这类产品国内生产能力较低,研发能力不足,依赖进口程度较大。另一类为滨海休闲体育器材、器材配件用品,如水上游乐设备、香蕉船、滑水圈或板、钓鱼器材和器材配件、沙滩休闲器材等。从滨海休闲体育产品市场结构、市场行为与市场绩效等调查显示,目前我国滨海休闲体育产品制造业中表现出企业规模小、缺乏竞争力、效益增长乏力、资源配置效率低下、市场绩效差等现象。

（四）滨海休闲体育会展与策划创意活动

会展经济是通过举办各种形式的会议和展览、展销,带来直接或间接经济效益和社会效益的一种经济现象和经济行为。会展经济一般被认为是高收入、高赢利的行业。据专家测算,国际上展览业的产业带系数大约为1∶9,即展览场馆的收入如果是1,相关的社会收入为9。近几年我国滨海休闲体育会展主要有中国国际潜水展、亚洲潜水博览会等,都利用滨海环境组织策划创意一些大型的具有影响力的滨海休闲体育活动,并形成品牌,以促进城市的经济发展和提高城市知名度。例如,我国首批十大"休闲城市"之一的湛江市,由市政府牵头打造了"湛江国际海上龙舟邀请赛"大型的策划活动,推动了湛江市滨海休闲体育业的发展。

（五）休闲渔业（运动渔业）

休闲渔业自20世纪60年代开始,在一些经济为发达的沿海国家和地区迅速崛起,并随着时代的发展,被赋予休闲、娱乐、健身等功能,实现渔业第一产业与第三产业的结合。然而,休闲渔业的含义相对狭窄,只包括以娱乐或健身为目的渔业行为,含陆上或水上运动垂钓、休闲采集、家庭娱乐,有别于商业捕鱼行为,也不包括渔村风情旅游的内容,这种渔业行为在美国和西方国家一般也被称为娱乐渔业（recreational fisheries）或运动渔业（sport fishing）,但都属于滨海休闲体育研究范畴。在美国,人工鱼礁是运动渔业发展的重要条件,该项运动最大的特点是人工鱼礁的制作和投放,与游钓渔业紧密结合。这一运动的兴起与开展极大地促进了滨海休闲体育业的发展。

（六）游艇俱乐部与游艇制造业

游艇俱乐部与游艇制造业于18世纪在英国兴起,到20世纪50年代已经成为英国的一种风尚。早期游艇俱乐部是为达官显贵中的船舶爱好者提供船只停泊、修缮、补给的小船坞,随着工业经济的发展,小船坞的规模不断扩大,逐渐演变成上流社会人物的聚集地。现代社会的游艇俱乐部,已经从原有的简单功能发展到集餐饮、娱乐、住宿、商务、船只停泊、维修保养、补给、驾驶训练等多功能于一体的滨海休闲体育场所。近几年来,国内游艇业取得了巨大的进步,国内游艇生产企业有300多家,许多省市都在进行景观水系开发和游艇俱乐部的建设。

本章小结

休闲体育成为产业的历史虽然较短,但其发展速度远远超过其他产业,在世界上的主要经济发达国家,该产业已经在GDP中占有重要位置。虽然我国目前休闲体育企业数量不多,产业发展不平衡,结构还不完善,除文中所涉及的内容外,还包括休闲体育中介业休闲体育传媒业等等其他有待发展的产业类型,但随着我国经济的迅速发展和人民物质生活水平的不断提高,广大人民群众对休闲体育活动的多样化需求越来越强烈,再加上政府的扶持和鼓励,我国的休闲体育产业必将蓬勃发展。

关键概念

休闲体育　休闲体育产业　体育旅游　健身休闲　高尔夫产业　冰雪体育　滨海体育

复习思考

1. 简述休闲体育产业的主要组成部分。
2. 体育旅游有哪些特点？
3. 健身休闲产业的经营模式有哪些？
4. 简述高尔夫赛事的类型。
5. 如何理解冰雪休闲产业对经济的影响？
6. 简述滨海休闲产业的结构。

拓展案例　　汽车与体育的跨界营销

随着中国汽车行业的高速发展，汽车企业的广告投放量也快速增加，但是广告投放效果却不尽如人意，汽车广告的形式千篇一律，导致 ROI 越来越低。与此同时，得益于国家政策的扶持、国民健康意识的提升等有利因素，中国体育产业正在迅速崛起。敏锐的汽车品牌纷纷开始投入体育营销。尼尔森研究显示，体育营销确实给汽车广告主带来了口碑与 ROI 的双增长。

随着中国体育产业的深入发展，汽车体育营销将爆发无限潜力。全国乘用车市场信息联席会数据显示，中国汽车产业一直保持着高速增长，特别是在过去的七年中，乘用车市场增长了 77%。2016 年，乘用车的年销量已经达到 2400 万辆。与此同时，汽车市场的整体增长率却在趋缓，需求减缓、城市限购、竞争白热化和市场转移都使得整个汽车行业面临前所未有的挑战。随着汽车保有量的连年增长，车主的数量也随之增长，同时车主越来越多元化。白皮书数据显示，2013—2016 年，中国豪华车市场年复合增长率达到 14.5%；低级别城市的市场份额增长到 2015 年的 62%，汽车市场正在向低级别城市下探；女司机比例上升到 29%；近四成车主为年轻车主。消费升级、车主年轻化和女性车主增多都使得这个曾经以中年男性为主导的市场变得越发复杂。因此，车企的营销费用逐年递增，但是传统汽车营销的效果却一直是个难题。2015 年中国汽车广告花费达到 80.2 亿元人民币，7 年间翻了 6.6 倍，但消费者对汽车广告的品牌记忆度仅为 11%，有 90% 的中国消费者看过汽车广告后记不住汽车品牌。汽车广告千篇一律，消费者对汽车广告的记忆度远低于其他行业。影响汽车消费者购买决策的因素太多，传统的汽车营销手段与介质难以达成与消费者的有效情感沟通。在传统营销效果越来越难以令品牌方满意的时候，体育营销却给广告主带来了信心。

1. 广告主争抢体育营销

白皮书数据显示，全球各大品牌的体育赞助费用一直保持高速增长，已经从 2010

年的 350 亿美元增至 2017 年的 620 亿美元，而全球媒体在体育版权上的花费也从 2010 年的 300 亿美元增至 2017 年的 450 亿美元。体育赛事对速度、激情、动力的运用和展现，可以在潜移默化中传递品牌形象，这与汽车品牌的追求不谋而合。每年美国的超级碗广告竞争都异常激烈。2017 年，仅 30 秒的超级碗广告已经达到 8.64 亿美元，但广告主们仍乐此不疲。从 2006 到 2016 年，排名前 5 的广告主中有 2 个是车企。白皮书研究发现，广告是在超级碗比赛之后观众第二感兴趣的项目，而受到广告影响而变为品牌追随者的观众在超级碗期间则增长了 14.8%，讨论这些汽车品牌的消费者的数量也增加了 17.2%。"虽然观众不会因为 30 秒的广告就去买车，但是增加车主对品牌的黏性和讨论的声量是有目共睹的。在这个追求眼球效应的时代，人气就是财富。"尼尔森中国区总经理韦劭表示，全球各大汽车纷纷加大体育营销投入。2002 年现代汽车斥资 15 亿欧元，成为世界杯唯一指定汽车类合作伙伴，包揽了 2022 年前 FIFA 所有相关足球赛事。2002 年韩日世界杯，现代汽车的赛场广告牌全球观看达 400 亿人次，品牌关注度提高了 14%，当年现代汽车的销售量上升超过 30%。受汽车产业发展和消费升级的影响，中国的汽车体育营销也迎来了快速增长，并呈现出多元化特点。

体育赛事与汽车品牌具有天然的契合度：体育赛事对速度、激情、动力的运用和展现，可以在潜移默化中传递品牌形象，这正和汽车品牌的追求不谋而合。我们看到众多汽车品牌都纷纷在挖掘契合自身品牌调性的赛事进行体育营销。

2. 中国汽车体育营销市场蕴含巨大潜力

得益于国家政策的扶持、国民健康意识的提升等有利因素，中国体育产业在近些年迅速崛起，并有不断爆发的趋势。据国家体育局的预测，到 2025 年，中国体育产业的总规模将会超过 5 万亿元，体育行业 GDP 在国民经济中的占比达到 2%。白皮书数据显示，2017 年，中国体育人口达到 4.34 亿人，占总人数的 34%，这个数字和 2010 年相比上涨 7%，其中 2.25 亿人是车主。男女体育人口比例也日趋接近 48% 的体育人口为女性，同时 18~35 岁的年轻人群占到体育人口的 6 成以上。中国体育人口快速增长的同时，体育消费也越来越多元化。白皮书数据显示，全国马拉松参赛的女性比例从 2015 年到 2017 增加了 10%，达到 46%，女性体育消费者正在崛起；关注小众运动的车主是普通车主的 1.7 倍；电竞人群成为不可忽视的运动群体。

体育赛事与汽车品牌具有天然的契合度。白皮书发现，汽车品牌赞助体育赛事可以明显提升品牌的运动活力形象、信赖感和国际化形象等，有近 40% 的汽车消费群体认为汽车品牌赞助体育赛事可以提升汽车品牌的运动活力形象，近三成汽车消费者认为可以提升品牌国际化形象。与国外相似，中国汽车消费人群对于体育赛事中的广告也有着较高的接受度。白皮书显示：中国汽车消费人群中，可以接受体育赛事插播广告的占比达到 75%，对插播的广告会进行观看的观众达到 88%。消费者对于赛事直播中的汽车广告的接受度（43%）仅次于运动装备（70%）。

3. 汽车体育营销需"千人千面"

白皮书数据显示，高端车主（车辆价格或购车预算大于等于 40 万元人民币）更偏好小众体育项目，网球、赛车、高尔夫、斯诺克、极限运动等都是高端车主较为关注的体育项目，并且他们会同时参与和关注多个小众体育项目。高端消费人群有着自己专属的社交圈层与文化信仰，大众的营销手段和资讯通常难以打动这群人，品牌需要找到一种更特殊和有效的沟通媒介，这群人除了自身热爱与关注小众运动之外，亦非常注重自己精英地位的传承与下一代的培养。带孩子一起从事小众运动是较为风靡的圈层文化，小众体育类的亲子活动是触及他们的有效手段。

在观看赛事方面，45%的高端车主会观看赛事回放，而整体车主愿意观看赛事回放的为40%。另外，48%的高端车主愿意为高清画面付费，而整体车主的这一比例为39%。小众体育虽然受到高端车主的青睐，但大众体育运动仍是当前中国体育消费的主流。白皮书显示，除了足球和篮球，羽毛球、乒乓球、游泳等中国传统强项体育项目也非常受大众车主关注，通过重大体育赛事对这群人进行营销会有较好效果。

在通过电视收看体育比赛时，同时会有78%的大众车主使用智能手机观看，44%的车主使用笔记本电脑观看，32%的车主使用平板电脑观看。61%的大众车主更喜欢观看赛事直播。尼尔森认为，大众汽车用户对广告的接受度相对较高，部分用户会因为对平台的信赖度而影响其购车决策。例如，2016年里约奥运会期间，一汽集团与腾讯体育《冠军直通车》合作，创造性地将一汽三款新车型作为"直播厅"，采访包括奥运冠军在内的22位体育明星。节目互动与车型巧妙结合，加上腾讯全媒体矩阵的全覆盖，使得节目总曝光达1.7亿次，吸引了目标用户关注。节目为一汽商城成功引流，带来销售线索3.4万条，回访有效率高达35%，并实现销售量1517台，销售额1.25亿元。

4. 互联网新经济正在深刻影响汽车体育营销

互联网催化了电子竞技的发展，值得注意的是，电竞、粉丝经济这些互联网产物正在影响汽车体育营销。韦劲表示，中国的新锐电竞势力是以"90后"为代表的新型消费者，他们更看重和在意品牌和产品是否能体现自己的品位和态度，营销上的创新程度会极大提升他们对品牌的好感度。中国电竞市场正在以飞一般的速度发展，中国电子竞技观众人数呈现大幅增长，在2016年中国约有2.2亿电竞用户，而这个数字在2013年仅0.8亿，其中80%为18~34周岁年轻人群。电子竞技是很多年轻体育人群中必不可少的一部分，如何利用电子竞技进行与品牌气质相契合的营销，是抓住这群新锐消费群体的关键。除了体育赛事本身，体育爱好者对体育明星、球队的关注度也非常之高，这点在女性体育运动爱好者中表现得尤为明显，有66%的女性车主关注体育明星，明显高于男性车主55%的比例。成绩突出的体育明星对粉丝的影响力丝毫不输娱乐明星，白皮书数据显示，有84%的体育人群关注体育明星微博，近八成跟体育明星进行过点赞，评论等不同形式的互动。体育明星的比赛、成绩及个人生活都会成为车主讨论的话题。体育＋娱乐的超级赛事IP也赢得了粉丝的高度关注。粉丝经济正在引领体育营销的跨界与无界。

（案例来源：中国汽车体育营销市场潜力无限，http://news.ifeng.com/。）

讨论：

1. 汽车产业为什么越来越多的选择与体育产业进行跨界营销？
2. 通过以上案例带给你的启示是什么？

第七章
休闲农业

◆ 本章导读

近年来,随着我国城市化进程的加快和居民生活水平的提高,城市居民已不满足于简单的逛公园休闲方式,而是寻求一些回归自然、返璞归真的生活方式。利用节假日到郊区去体验现代农业的风貌、参与农业劳作和进行垂钓、休闲娱乐等现实需求,对农业观光和休闲的社会需求日益上升,使我国众多农业科技园区由单一的生产示范功能,逐渐转变为兼有休闲和观光等多项功能的农业园区,主要有休闲农庄、田园农业、特色旅游村镇、农业教育基地。

◆ 学习目标

1. 识记:概述休闲农业、休闲农庄等概念。
2. 理解:描述国内外休闲农业的现状及发展趋势。
3. 应用:解释不同类型休闲农业类型与特点。
4. 分析:比较不同类型休闲农业的供求特征。
5. 综合评价:撰写地区休闲农业调研报告,分析地区休闲农业发展的阶段及发展趋势。

◆ 学习任务

名　称	家乡休闲农业调研
学习目标	1. 认知"休闲农业" 2. 描述休闲农业的类型、特点
学习内容	休闲农业的特点、发展模式及发展趋势

续表

名称	家乡休闲农业调研
任务步骤	1. 通过实地考察，文献学习等方法收集家乡休闲农业的一手、二手资料 2. 分析政策、经济、技术、人口等影响因素 3. 分析休闲农业的资源、市场、经营模式 4. 整理相关文字、图片 5. 制作 PPT 简报
学习成果	"家乡休闲农业调研简报"

◆ 案例引导

趁闲暇时光，去乡间田野撒撒欢吧

2016 年 4 月 12 日，在浙江安吉召开"2017 全国休闲农业和乡村旅游大会"，"2016 全国十佳休闲农庄、最美休闲农庄、星级示范企业"榜单出炉，来自长沙的桂园农庄、锦绣江南生态农庄跻身全国最美休闲农庄之列。

位于浏阳市官渡古镇的桂园农庄，将串联起中州屋场、皇菊稻田艺术、耕读亲子园、民俗生态园休闲旅游带。锦绣江南生态农庄位于长沙县江背镇，拟打造成一个集蔬菜、水果、园林景观、精品盆景苗木、农耕文化、儿童拓展于一体的大型产业综合型的现代农庄。

长沙休闲农业发展始于 20 世纪 90 年代后期，从钓鱼休闲、吃农家菜、住农家房、观农家景、干农家活为主的"农家乐"，到休闲度假、旅游观光、养生养老、创意农业、农耕体验、乡村手工艺等新业态花样频出，休闲农业从 1.0 时代向 2.0 时代迈进，休闲农庄、乡村酒店、特色民宿、自驾车房车营地等新产业遍地开花，一大批明星农庄脱颖而出，越来越有文化味、国际范。

市农委负责人介绍，长沙休闲农业近年来逐步发展壮大，已形成集种、养、加、产、供、销、游、购、乐于一体的综合性产业业态。据了解，目前长沙有各类农庄 1760 家，其中规模以上农庄 371 家，国家级、省级星级农庄共 113 家，年接待旅客量超过 2500 万人次，综合经营收入达 50 亿元，休闲农业成为促进农业增效、农民增收、农村添彩的新引擎。

（案例来源：http://www.changsha.com.cn/fun/50766.html 长沙旅游网 2016 全国十佳休闲农庄新鲜出炉 长沙这两家入选啦！）

思考：为什么说"休闲农业"成为长沙新的经济增长点？

第一节 休闲农业概述

一、休闲农业概念

休闲农业,又称观光农业、观光休闲农业,是传统农业与现代旅游业相结合形成的一种新型交叉型产业,是利用农村设施与空间、农业生产场地、农业产品、农业经营活动、自然生态、农业自然环境、农村人文资源等,经过规划设计,以发挥农业与农村休闲旅游功能,增进民众对农村与农业的体验,提升旅游品质,并提高农民收益,促进农村发展的一种新型农业。

二、休闲农业发展现状

(一)国外休闲农业发展现状

休闲农业作为一种产业,兴起于20世纪30—40年代的意大利、奥地利等地,随后迅速在欧美国家发展起来。

日本开发休闲农业始创于20世纪70年代,但近些年才真正大规模发展。近年日本农业外受贸易自由化、内受农业兼业化、人口高龄化的压力,不得不在开拓农业的观光休闲功能、提高农业的多重效益上找出路,频频推出故里观光、假日亲子团旅游、家庭自然体养、牧场生活体验等休闲活动。目前,日本休闲农业发展已涵盖观光性牧场、渔村、果园、花园、农园、森林自然保护区等领域。新加坡长期以来,政府就大力倡导花园城市运动。

20世纪80年代起,政府又创立十大农业科技园。经过近30年的创建,通过加强城市建筑物垂直绿化、美化,发展绿地网络,建设50多个公园,使现代化大城市巧妙地融合于大自然风光之中。在欧美国家,休闲农业发展也具特色、规模。例如,美国华盛顿开辟10多处大型郊游区,供野营、骑马等郊游活动。法国巴黎城郊建有许多观光果园,专供游客观光、尝鲜、品酒休闲。英国伦敦城郊建有一大批公园和野餐地,供市民游憩。我国台湾地区的休闲农业始创于20世纪70年代后期,通过开放农园供游客观光、品尝并自销农产品。目前,台湾休闲农业进一步围绕经济、生态、游憩、保健、教育、社交等多功能进行综合开发,推出了一系列经营项目。

全球九大休闲农业的主要模式

（二）中国休闲农业发展现状

20世纪90年代中国休闲农业开始发展，到21世纪初，休闲农业已进入一个全面发展时期，景点增多，规模扩大，功能拓宽，分布扩展，呈现出一个良好的发展新态势。目前，全国休闲农业特色农户（农家乐）已发展至150多万家，具有一定规模的休闲农业园区发展至12000多家，直接从业人员近300万人，年接待游客7亿人次，年经营收入达900亿元左右。目前，休闲农业产业几乎各地都有，在东部沿海城市郊区尤为多见。仅绍兴一县，休闲农园到2007年就有48家，其中从投资规划看，100万元以下的7家，占15.2%，101万～500万元的23家，占50.0%，500万～1000万元的8家，占17.4%，1000万元以上8家，占17.4%。从经营面积看，23.2公顷以上的有20家，最大的达280公顷；从实际投入看，已经有资金投资的占总数的3.5%，其中投资100万元以下的27家，占58.7%，投入101万～500万元的15家，占32.6%，500万～1000万元的1家，占2.2%。

中国休闲农业产业已成为农业和农村经济发展的亮点之一，彰显广阔的发展前景，必将成为中国特色农业现代化建设和农民增收的重要举措。当前，应着力解决好基础设施条件差，人才队伍短缺，规划滞后，特色不突出，管理不规范，服务水平不高等问题。

（三）中国休闲农业产业分布

2004年和2005年，国家旅游局共评选出农业旅游示范点359处。其中，农业观光旅游点112个，占31.20%；农业科技观光旅游点60个，占16.71%；农业生态观光旅游点56个，占15.60%；民俗文化旅游点20个，占5.57%；休闲度假村（山庄）26个，占7.24%；古镇新村39个，占10.86%；农家乐18个，占5.01%；自然景区28个，占7.80%。从东、中、西三大区域分布来看，中国东部地区100个，占49.76%；中部地区65个，占32.1%；西部地区38个，占18.7%。从省、市、区分布来看，最多的是山东55个，占15.32%，江苏43个，占11.98%，辽宁34个，占9.47%，贵州18个，占5.01%，安徽、四川各17个，分别占4.74%，河北15个，浙江、广东14个，山西13个，河南12个，广西11个，内蒙古、新疆各10个，黑龙江、重庆各9个，北京、甘肃各7个，湖北、云南各6个，江西、上海各5个，其余均在5个以下。

自2010年以来，农业部组织开展全国休闲农业和乡村旅游示范县（市、区）创建工作。截至2017年年底，共认定388个生态环境优、产业优势大、发展势头好、示范带动能力强的示范县（市、区），为城乡居民提供了望山看水忆乡愁的休闲旅游好去处。

同步思考 我国休闲农业产业分布有何特征？

三、休闲农业分类

在休闲农业不断发展的实践中，多个特色鲜明的休闲农业类型逐渐成形。休闲农业类型的划分可以使人们更加清晰地认识休闲农业，把握其本质和特色，可为休闲农业企业发展提供宏观决策依据,也可为园区建设提供较为科学的参考。

根据休闲农业的定义、发展概况、目标市场定位及产品特色进行分析,将休闲农业划分为以下八种类型。

（一）观光采摘园

观光采摘园是指在城市近郊或风景点附近开发特色果园、菜园、花圃、茶园等,让游客入内摘果、采茶、赏花等,体验劳作过程,享受田园乐趣。

中国观光采摘园20世纪90年代出现在上海、广东等沿海经济发达地区。目前,观光采摘园在休闲农业类型中占据重要的位置,是中国休闲农业发展的最早形式,也是国外休闲农业最普遍的一种形式。综合看来,其基本特征为:①靠近城市,交通便利;②规模不求大,可集中连片;③特色突出。

观光采摘园主要的服务对象是久居城市、经济基础良好、对产品品质要求较高的城市居民。与其他类型的果园、菜园等最显著的区别是其园区管理、优质的果品及良好的基础条件(凉亭、座椅等)。园区主要构成元素是优良的可供采摘农业产品品种(水果、蔬菜、瓜类、茶、渔业产品等)和良好的基础服务设施(餐饮设施、休闲设施等)。

（二）教育农园

教育农园(场)又称为认知农园,是利用农林业生产、自然生态、动植物、农村生活文化等资源,设计体验活动及进行教育解说,让一般学生、民众可以体验、学习的农场(园)。其更突出知识的传播和体验,兼顾有关技能的传授,以在生态教育、休闲体验中获取知识为主要目的。

教育农园兼备了农业科技示范园区和休闲观光农业园区的观光休闲娱乐功能,是21世纪观光农业在全世界发展较为普遍的一种形式。在北美、澳洲和欧洲的教育农园简直不计其数。在日本,政府对教育农园投资比例大,政府还将建设教育农园视为加强青少年心理健康教育的措施之一。中国的教育农园起源于20世纪90年代,典型的教育农园有台湾省的自然生态教室、"台一教育农园"、桃园县的"乡土园"、北京的儿童农庄、海南的热带植物园等。

教育农园主要以儿童、青少年学生及对农业知识、自然科学知识感兴趣的旅游者为主要服务对象,园区可提供农业认识、体验与相关教学服务。园区的主要构成元素是:可供学习、认知的动植物、自然现象、农业器具等和可供休闲的其他服务设施。

（三）高科技农业示范园

高科技农业示范园又称为农业科技园,是指在一定的地域范围内,以当地的自然资源、社会资源为基础,以农业生产、科技教育、技术推广等单位为依托,进行农业科技研究、实验、示范、推广、生产、经营等活动的农业新类型,其具有科研、实验、孵化、推广示范、集聚、扩散等功能。

高科技农业示范园是随着现代农业时代的到来而悄然兴起的。中国的高科技农业示范园从1993年开始出现。2001年国家农业科技园区建立标志着中国高科技农业示范园走上了规范发展的道路。具有代表性的有上海孙桥农业开发区、珠海农科奇观、杭州传化高科技农业园区等。

高科技农业示范园一般具有以下特征：园区内高新技术和人才高度密集；产出是技术高、新、精、尖和高附加值的农业产品或技术；园区内的行政、企业管理及经济运作方式有别一般开发区，更为灵活；具备良好的孵化功能；环境优美，田园风光和城市景观协调、融合，生活服务设施完善，科研及休憩条件先进。

按园区的投资主体、带动方式、产业类型，高科技农业示范园可分为以下几种形式：按投资主体分为政府主办型、政府搭台企业营运型、企业主办型；按运作方式分为科技带动型、龙头企业带动型、开放带动型；按产业类型分为专业型、综合型。

高科技农业示范园区的主要服务对象是中小学生和对高科技农业技术及农业新产品知识感兴趣的人群，其主要构成元素是：现代高科技农业技术、农业新品种等。

同步讨论 随着科技进步，高科技农业示范园有哪些发展趋势？

（四）农家乐

农家乐是以农民家庭为基本接待单位，以利用自然生态与环境资源、农村活动及农民生活资源、体验生活为特色，以农业、农村、农事为载体，以"吃农家饭、住农家屋、干农家活、享农家乐"为主要内容，以旅游经营为目的的观光农业项目。一般是在原有的农田、果园、牧场、养殖场的基础上，将环境略加美化和修饰，以纯朴的农家风光吸引城市居民前来观光游览。

农家乐源于欧洲的西班牙。国内真正意义上的"农家乐"始于20世纪90年代，近年来"农家乐"旅游以其浓厚的乡土、田园文化气息，逐渐发展成为旅游产品类型中一个新的亮点，满足了当前中国城市居民返璞归真，回归自然的心理需求，吸引了许多城市游客的眼光。一些地方随之也兴起了"农家乐"旅游的热潮。在湖南、湖北、陕西、四川、上海等省市，"农家乐"已形成了产业链，促进了当地经济的发展。

农家乐服务目标游客以中、低收入层次的城市居民为主，乡土气息浓，季节性明显等特点，一般可以分为农家园林型、花果观赏型、景区旅舍型、花园客栈型等四种类型，主要构成元素为农村风光、农舍民情、农家饭、农事活动等。

（五）生态农业园

生态农业园是指以生态农业为指导理念，在园区内建立农、林、牧、副、渔综合利用的生态模式，形成林果粮间作物、农林牧结合、桑基鱼塘等农业生态景观为主的观光农业类型。其既可为游客提供观光、休闲的良好生态环境，又为游客提供多种参与农业生产的机会，强调农业生产过程的生态性、艺术性和趣味性，具有良好的生态效益和社会效益。目前，比较成功的生态农业园有北戴河的集发生态农业观光园、广新生态园、深圳的海上田园等。

生态农业园区的主要服务对象为具有较高科学文化知识、较强生态环保意识的居民和学生。园区的主要构成元素是以生态农业模式、生态农业知识宣讲载体、生态农业观赏地、生态农业休养地为主。

（六）市民农园

市民农园是由农民提供土地，让市民参与耕作的园地。一般是将位于都市或近郊的农地集中规划为若干小区，分别出租给城市居民，用以种植花草、蔬菜、果树或经营家庭农艺，其主要目的是让市民体验农业生产过程，享受耕作乐趣。

市民农园以休闲体验为主，多数租用者只能利用节假日到农园作业，平时交由农地提供者代管。德国是世界上较早发展市民农园的国家，在19世纪初，德国就出现了市民农园的雏形，确立了市民农园现在的模式。在中国，市民农园中的农地多由各种类型观光农园提供，农地平时由农园中的专业人员代为管理，租用者在空闲时间才来管理。

市民农园根据使用对象的不同，又可分为家庭农园、儿童农园、银发族农园、残疾人农园（如盲人农园等）。尽管有此分类，但市民农园一般都包含在其他观光农园类型中，较少独立存在。例如，在广东番禺的祈福农庄、深圳的青青世界、荔枝世界观光园等观光农园中就出现了一定数量的市民农园。

市民农园主要服务对象为对农业和农业劳作感兴趣的城市人群，主要以家庭为主。园区的主要构成要素是一定面积可供出租的农田，农业基本设施（如灌溉设施、瓜架等），基本农业物资（如种子、肥料、农业劳作工具等），瓜果蔬菜栽培种植常识材料等。

（七）休闲农庄

休闲农庄主要指集科技示范、观光采摘、休闲度假于一体，经济效益、生态效益和社会效益相结合的综合农业园区。游客在园区内不仅可以观光、采果，体验农作，了解农民生活，享受乡土情趣，而且可以住宿、度假、游乐。农场内提供的休闲活动包括田园景观观赏、农业体验、童玩活动、自然生态解说、垂钓、野味品尝等。例如，我国台湾宜兰香格里拉休闲农场、台湾清境卢森堡休闲农庄等。

早在1855年，法国巴黎市的贵族就组织到郊区乡村度假旅游。国内休闲农庄最早开始于20世纪90年代中后期，是随着收入水平的提高，在生态旅游观念的推动、国际旅游的示范和脱贫致富政策的促进下，乡村旅游兴起了，休闲农庄才迅速发展。

从宏观社会功能来看，国内外休闲农庄有以经济功能为主、以生态功能为主、兼顾经济社会和生态功能三种发展模式。从满足游客需求来看，国内外休闲农庄也有观光型、休闲型、乡村文化旅游型三种主要发展模式。

休闲农庄的服务对象范围很广，各种有休闲需要的游客均可成为其目标客户群。其主要的构成元素有农业资源（可观赏的麦田、稻田等农产品）、休闲体验活动资源（农业劳作过程等）、休闲服务设施等。

（八）民俗文化村

具有地方或民族特色的地区，利用农村特有的民间文化、地方习俗和少数民族独有的民族传统作为观光农业活动的内容，让游客充分享受浓郁的乡土风情和浓重的乡土气息，如农村民俗文物馆、民族风情园、乡村博物馆等。在国内，民俗文化村多以子项目的形式存在于其他农业园区中，单独以民族文化村形式出现的观光农业类型较为少见，深圳中国民俗文化村是其中成功的特例。

民俗文化村一般以展现中国各民族的民间艺术、民俗风情和居民建筑为主体,少数还兼有非物质文化遗产保护的功能。故而,民俗文化村可以分为民间艺术展示、民俗风情展示、居民建筑风格展示及少数民族农具展示四种类型。

民俗文化村服务对象为对民俗文化感兴趣的各类人群,主要构成元素为民间艺术、民俗风情和居民建筑等。

四、台湾休闲农业的类型

台湾休闲农业始于20世纪60年代,经过50多年的发展,已形成了一套较完整的规划运营体系,不仅使游客获得农业休闲体验、了解农业文明,而且还可利用当地丰富的农业资源,调整农业结构,拓宽农业功能,延长农业产业链,改善农村生态环境,增加城乡互通交流,促进农村农业经济的活化与再生。台湾休闲农业对台湾旅游产业的发展发挥着重要影响,其收入在旅游业收入中占有相当比重。

目前,台湾休闲农业以其独特的农业生产方式、民风民俗、乡村风光、乡村民宿,呈现出各种多层次、多元化经营模式。据其经营性质,可分为农特产业型、文化导向型、自然生态型、服务导向型、综合导向型等,涉及休闲农场、生态农园、观光农园、教育农园、市民公园及度假农庄等功能类型,主要涵盖教育解说、教学体验、风味品尝、乡村旅游、生态体验、果园采摘、农作体验、农庄民宿等体验范畴。

(一) 农特产业型

台湾是著名的水果之乡,并且很多还是台湾地区所特有的品种,经营者很好地开发了这一资源,把学习乡村知识和参与农家活动巧妙地结合起来。开展以农特产品为主的果园、蔬菜或农作物采摘体验活动,不仅丰富了游客们的体验经历,还满足了游客的求知欲。开阔的经营思路和独特的文化背景,促使台湾休闲农业向着农特产业发展。

(二) 文化导向型

台湾由于历史、地理的各种原因,形成了独特的文化和民俗,其特有的旅游文化资源就是其旅游资源中的"宝中宝",对于游客们具有很强的吸引力。台湾有着一些传统的手工艺,例如,剪纸、布贴、纸草编等,不管是在喧闹的大城市还是在幽静的乡村都有着很强的吸引力。一些地区将这些"宝中宝"引入了当地的民俗旅游,萌生了一种新型的经营模式,使得这些传统技艺得到保存和发展,同时也推动了乡村的发展。

(三) 自然生态型

台湾有着天然的生态环境优势,如果对这些生态环境做大规模的更改,不仅仅是破坏其生态环境,而且也将阻碍其休闲农业的发展。因此,台湾休闲农业在开发的过程中,充分考虑到了环保这个敏感的问题,而且做得到位。各种绿色廊道的设置、慢行系统的完善为以自然生态体验为特色的休闲农业的发展奠定了良好的基础。

(四) 服务导向型

服务导向型主要是以出售旅游服务为主,农业生产活动为辅的经营类型,通过向游客提供相关服务而获取报酬。这种服务导向型的休闲农业类型强调的是不仅要对游客提供优质的有形资源,还包括无形的服务,如教育解说、教学体验、风味品尝、乡村旅游、生态体验、农庄民宿。在日益激烈的旅游市场竞争中,服务导向型通过旅游过程服务甚至旅游的售后服务赢取了市场竞争力。

(五)综合导向型

综合导向型的休闲农业,就是通过充分合理的挖掘、利用台湾地区所特有的农特产品、乡土文化、民俗风情、生态资源等,对其进行深度的整合,最终形成一种内容丰富、功能齐全而又独具特色的综合性休闲农业产业,其主要经营活动包括教育解说、教学体验、风味品尝、乡村旅游、生态体验、果园采摘、农作体验、农庄民宿等。

五、休闲农业发展趋势

(一)向生态旅游方向发展

环境优美、资源独特、人情浓郁的生态农业旅游是今后观光农业的发展方向。第一,休闲农业建立在农业生产和自然、人文环境融合、协调基础之上。这种融合、协调营造出的优美自然风光、独特农业景观、浓郁乡村风情满足了都市居民对农村风情、绿色农产品和无污染环境的渴望,以及走向自然、回归自然的心理渴求。第二,维护农业生态环境,保护原始的农业生态景观和农耕环境本身就是休闲农业项目开发的重要内容。因此,要注重对自然生态以及人文生态的保护,做到科学规划,形成独有的特色。

(二)向特色化旅游方向发展

"千城一面"的城市建设,使很多城市文化受到破坏,在发展休闲农业,设计乡村景观的过程中,我们必须避免历史的重演,走特色化发展之路,即突出景区特色、产品特色、地域特色,只有突出特色,才能增强旅游吸引力。例如,成都周边古镇游突出的是地域及民俗文化特色,上海孙桥科技园突出的是科技特色,成都三圣花乡突出的是农业文化特色。

(三)向乡村文化的参与和体验方向发展

休闲农业是农业资源的再生产过程,而我国具有几千年历史的农耕文化和农业文明,孕育了丰富的农业文化内涵和民俗风情以及独特的生产方式和习俗,合理科学地对其进行开发设计,可形成丰富的参与和体验旅游资源。例如,游客可参与耕地、收割、采摘,直接从事农事活动,对游客全面了解中国传统乡村文化有更强的吸引力。

(四)向品牌化旅游方向发展

休闲农业经过多年的发展,将由追求数量向追求质量、特色方向发展,形成旅游品牌。这就需要项目开发应以长期投资收益为目的,进行明确的旅游主题和活动策划,重点做好旅游资源的挖掘和旅游市场的开发,其中资源是市场的基础,市场是资源利用的决定因素。片面追求资源,把资源与市场等同起来,贪大求多,既造成极大的浪费,又影响旅游市场的健康发展；而一味强调市场，却不考虑资源是否具备，则使旅游及旅游产品不能名副其实，从而损害当地旅游的招牌。

（五）向产业化旅游方向发展

无论是哪种类型的休闲农业项目开发，都不能只围绕单一的农业项目进行，而应形成一个涉及餐饮、住宿、交通、商业以及通信、医疗、保险等相关行业的产业综合体。只有形成一个良性发展的产业综合体，才能使农业与旅游业紧密结合，才能保证旺盛的游客资源，促进旅游经济休闲农业产业的健康发展。

第二节 休闲农庄

休闲农业是现代农业的一种形式。休闲农庄是休闲农业的微观基础。发展休闲农业必须发展休闲农庄。

一、休闲农庄的概念

休闲农庄是休闲农业的经营主体，通过对农村景观、农业资源、农家生活、村寨文化等的综合利用开发，除特色农业产品外，更向人们提供观光、旅游、度假、疗养、学习、体验、购买等休闲产品。

休闲农庄、休闲农园、市民农园等是休闲农业的企业形态，是休闲农业的具体的经营单位，其经营者大多是农户、农村集体组织，也有城市来的投资者或某些机构。

二、休闲农庄的发展模式

（一）国外休闲农庄发展模式及特点

国际上休闲农庄最早起始于欧洲，至今已有一百多年的历史。早在1855年，法国巴黎市的贵族就组织到郊区乡村度假旅游。1865年，意大利制定了"农业与旅游全国协会"。20世纪60年代初，西班牙积极发展休闲农业，把农场、庄园进行规划建设，提供徒步旅游、骑马、滑翔、登山、漂流、参加农事活动等多种休闲项目，并举办各种形式的务农学校、自然学习班、培训班等，从而开创了世界休闲农业的先河。此后，休闲农庄在德国、美国、波兰、日本、荷兰、澳大利亚、新加坡等国家得到倡导和大力发展。

国际上休闲农庄的主要发展模式及特点有以下几个方面。

1. 日本模式

日本都市农场的务农式旅游极具代表性。他们组织旅游者春天插秧，秋天收割，草原放牧，牛棚挤奶，捕鱼捞虾，吸引了大批国内外游客。

2. 韩国模式

大城市周边的"观光农园"和"周末农场",集食宿、劳动与文娱于一体,韩国政府在资金和政策上积极支持,并给予严格管理。

3. 美国模式

开辟大型郊游区供野营、骑马等郊游活动,开展农场、牧场旅游,每年参加农业旅游的人数达到 2000 多万人次。

4. 法国模式

成立休闲农业常设会议机构,在城郊建许多观光果园专供游客观光、尝鲜、品酒休闲,每年可以给法国农民带来 700 亿法郎的收益。

5. 英国模式

英国在伦敦城郊建有一大批公园和野餐地,供市民游憩。

6. 德国模式

"度假农庄"主要是吸引游客前往农场度假,亦能尽情欣赏田园风光,体验农场生产与农家生活。游客一次停留一周左右的占 60%,其中 50% 的每年有 2~3 次度假。"市民农园"出租给市民种花、草、树木、蔬菜、果树或庭院式经营。

7. 新西兰模式

充分利用丰富的牧场资源,围绕绵羊举办"牧场之旅";开展花园旅游、花展等。

8. 意大利模式

意大利在 1865 年就成立了"农业与旅游全国协会",意大利的"绿色假期"始于 20 世纪 70 年代,发展于 80 年代,到 20 世纪 90 年代已成燎原之势。

(二) 国内休闲农庄的发展模式及特点

20 世纪 90 年代中后期开始,随着收入水平的提高,在生态旅游观念的推动、国际旅游的示范和脱贫致富政策的促进下,我国兴起了乡村旅游,休闲农庄迅速发展。我国休闲农庄的主要发展模式及特点主要有以下几点。

1. 深圳模式

中国乡村旅游首先是从观光农业开始的。20 世纪 80 年代后期,改革开放较早的深圳市首先开办了荔枝园,并举办荔枝节,并利用这个机会进行商贸洽谈。随后,深圳市又办起了"青青观光农场"、"现代绿色庄园"、"海上农业公园"等。深圳市观光农业模式主要是发展"创汇农业"和"旅游农业",以适应建设国际化大都市的需要。

2. 北京模式

北京市乡村旅游开始于 20 世纪 90 年代初期,1994 年北京市朝阳区政府提出,都市农业是该区的"农业发展战略选择",1996 年北京市把观光农业列为全市六大农业产业之一。北京市的主要休闲农庄有"小汤山农业科技观光园"、"锦绣大地农业观光园"、"庞各庄西瓜园"、"妙峰山樱桃园"等,还发展了密云遥桥峪村、怀柔神堂峪村、昌平菩萨鹿村、房山西庄子村等民俗文化旅游村。

3. 上海模式

上海休闲农庄主要有浦东孙桥现代农业园区,可以观看现代农业设施,到果园、菜园观光、采摘;崇明岛绿色农业休闲游和"农家乐"游,可以观光、采摘、垂钓、体验农家生活;南汇海滨东海农场、康登园艺场和中华花卉培训基地,可以观花、购花、休闲旅游;松江九亭花卉园艺中心、新桥花卉市场和泗圣菜园、蔬菜市场,可以观赏田园风光,购买无公害蔬菜等。

4. 广州模式

广州市各级政府出台了许多鼓励和扶持休闲农庄发展的政策和措施。目前,具代表性的休闲农庄类型有:以珠海农科奇观为代表的"三高农业"展示型;以顺德陈村花卉世界为代表的特色农业型;以番禺新垦百万葵园为代表的农业主题公园型;以化龙农业大观园为代表的综合型观光农园;以番禺横沥度假农庄为代表的休闲度假型;以中山岭南水乡为代表的农耕文化型等。

5. 成都"农家乐"模式

成都"农家乐"是都市依托型休闲农庄的代表,其主要特点是依托城市大市场,发展周末休闲度假旅游。主要类型有农家园林型,以郫县友爱乡农科村的花卉、盆景、苗木、桩头生产基地为代表;观光果园型,以龙泉驿书房村的春观桃(梨)花、夏赏鲜果为代表,旅游收入已经大大超过果品收入;景区旅舍型,以远郊区都江堰的青城后山等自然风景区为代表;花园客栈型,以新都区农场改建的泥巴沱风景区等为代表。此外,还有养殖科普型、农事体验型、川西民居型等。

6. 贵州"村寨游"模式

依托特色村寨及其群落开发的乡村深度体验型产品,这种旅游产品文化的特性非常突出,前期主要吸引的是一批文化探秘的境外游客和研究学者,但随着国际乡村旅游市场的发展,这种结合了传统的文化旅游活动与村寨田园风光的乡村旅游产品表现出特有的发展潜力。在贵州省乡村旅游开发模式中,以平坝县"天龙屯堡模式"最具代表性。依托明代遗存的典型屯堡村落的特殊优势,天龙村开创了"政府＋公司＋旅行社＋协会"四位一体的旅游开发模式,避免了过度商业化,最大限度地保持了当地文化的真实性。

7. 台湾模式

台湾的休闲农庄种类繁多。观光农园、休闲农场、市民农园、农业公园等。此外,还有假日花市、教育农园、森林游乐区、屋顶农业等其他形态。

第三节 其他休闲农业

一、田园农业

(一)田园农业的概念

田园农业,即以农村田园景观、农业生产活动和特色农产品为旅游吸引物,开发农业游、林果游、花卉游、渔业游、牧业游等不同特色的主题旅游活动,满足游客体验农业、回归自然的心理需求。

(二)田园农业的分类

1. 田园观光

以大田农业为重点,开发欣赏田园风光、观看农业生产活动、品尝和购置绿色食品、学习农业技术知识等旅游活动,以达到了解和体验农业的目的。例如,上海孙桥现代农业观光园,北京顺义"三高"农业观光园。

2. 园林采摘

以果林和园林为重点,开发采摘、观景、赏花、踏青、购置果品等旅游活动,让游客观看绿色景观,亲近美好自然。例如,四川泸州张坝桂圆林。

3. 务农体验

通过参加农业生产活动,与农民同吃、同住、同劳动,让游客接触实际的农业生产、农耕文化和特殊的乡土气息。

二、特色旅游村镇

(一)特色旅游村镇的概念

特色旅游村镇是指具有良好的可观赏性、空间组合和保存度等资源禀赋,具有显著特色价值的科研教育、休闲游憩、地方特色和文化传承意义,具备优势突出的品牌号召力、产品特色力和市场适游力的旅游资源的镇和村。

以古村镇宅院建筑、农村风土人情、民俗文化、新农村格局为特色和旅游吸引物,将特色旅游村镇分类。

(二)特色旅游村镇的分类

1. 古民居和古宅院类

大多数是利用明、清两代村镇建筑来发展观光旅游。例如,山西王家大院和乔家大院,福建闽南土楼,陕西党家村。

2. 民族村寨类

利用民族特色的村寨发展观光旅游,如云南瑞丽傣族自然村、红河哈尼族民俗村。

3. 古镇建筑类

利用古镇房屋建筑、民居、街道、店铺、古寺庙、园林来发展观光旅游,如山西平遥、云南丽江、浙江南浔、安徽徽州镇。

4. 民俗文化类

利用民俗街、民间作坊、特色小吃、民间杂耍、民宿展览会等综合形式展示原生态民俗文化和农耕文明。同时还能够将民俗文化元素与现代设施相结合的独特的生活情调,极大地满足了游客对于乡村旅游的观赏、休闲、娱乐的需求,如陕西礼泉袁家村。

5. 新村风貌类

利用现代农村建筑、民居庭院、街道格局、村庄绿化、工农企业来发展观光旅游。例如,北京韩村河、江苏华西村、河南南街村。

 袁家村——关中印象体验地

三、农业教育基地

(一)农业教育基地的概念

农业教育基地是指利用农业观光园、农业科技生态园、农业产品展览馆、农业博览园或博物馆,提供了解农业历史、学习农业技术、增长农业知识的教育基地。

(二)农业教育基地的分类

1. 农业科技教育基地

以现代农业科技园区为重点,以园区高新农业技术和品种、温室大棚内设施为教材,向农业工作者和中、小学生开展农业技术教育,形成集农业生产、科技示范、科研教育为一体的新型科教农业园。例如,北京昌平区小汤山现代农业科技园、陕西杨凌全国农业科技农业观光园。

2. 观光休闲教育农业园

利用当地农业园区的资源环境,现代农业设施、农业经营活动、农业生产过程、优质农产品等,开展农业观光、参与体验等教育活动。例如,广东高明霭雯教育农庄。

3. 少儿教育农业基地

利用当地农业种植、畜牧、饲养、农耕文化、农业技术等,让中、小学生参与休闲农业活动,接受农业技术知识的教育。

4. 农业博览园

利用当地农业技术、农业生产过程、农业产品、农业文化进行展示,让游客参观。例如,沈阳市农业博览园、山东寿光生态农业博览园。

本章小结

休闲农业是传统农业与现代旅游业相结合形成的一种新型交叉型产业,是利用农村设施与空间、农业生产场地、农业产品、农业经营活动、自然生态、农业自然环境、农

第七章 休闲农业

村人文资源等,经过规划设计,以发挥农业与农村休闲旅游功能,增进民众对农村与农业的体验,提升旅游品质,并提高农民收益,促进农村发展的一种新型农业。

国外休闲农业兴起于20世纪30—40年代的意大利、奥地利等地,国内休闲农业兴起于20世纪90年代。

根据休闲农业的定义、发展概况、目标市场定位及产品特色进行分析,将休闲农业划分为以下几种类型:观光采摘园、教育农园、高科技农业示范园、农家乐、生态农业园、市民农园、休闲农庄、民俗文化村等。

休闲农庄是休闲农业的经营主体,通过对农村景观、农业资源、农家生活、村寨文化等的综合利用开发,除特色农业产品外,更向人们提供观光、旅游、度假、疗养、学习、体验、购买等休闲产品。

田园农业即以农村田园景观、农业生产活动和特色农产品为旅游吸引物,开发农业游、林果游、花卉游、渔业游、牧业游等不同特色的主题旅游活动,满足游客体验农业、回归自然的心理需求。

特色旅游村镇是指具有良好的可观赏性、空间组合和保存度等资源禀赋,具有显著特色价值的科研教育、休闲游憩、地方特色和文化传承意义,具备优势突出的品牌号召力、产品特色力和市场适游力的旅游资源的镇和村。

农业教育基地是指利用农业观光园、农业科技生态园、农业产品展览馆、农业博览园或博物馆,提供了解农业历史、学习农业技术、增长农业知识的教育基地。

关键概念

休闲农业　休闲农庄　田园农业　特色旅游村镇　农业教育基地

复习思考

1. 复习题

（1）国内外休闲农庄发展模式有哪些?

（2）列举台湾休闲农业的类型。

（3）简述农家乐的特点。

2. 思考题

用所学知识分析你家乡休闲农业发展现状,存在什么问题,可以采用哪种发展模式?

拓展案例　　台湾休闲农业的发展与特点

休闲农业早期被称为"观光农业",19世纪末,在欧洲快速城市化进程中,开始出现观光农业,20世纪60年代传入台湾。

台湾早期的观光农业随着休闲业的发展,不再仅仅满足观光,而是以满足各种休闲活动为主。1990年,台湾正式倡导发展休闲农业,并将其列为农业施政的重要方针之一,台湾"农委会"为缓解农业滑坡的危机,以"农业结合旅游"、"农业结合教育"、"农业结合休养"的方式,发展新的农业休闲型服务业,取得了较好的转型。

2005年,台湾生活在城市的居民占到80%。台湾休闲农业的发展,是在城市化进程中,在人们在解决温饱之后,普遍有向往自然的倾向,并在传统农业生产的基础之上,结合现代都市的运营与管理理念,而产生的一种新型的农业服务业。

自1965年成立第一家观光农园以来,台湾的休闲农业经过40多年的发展,已经处于成熟发展阶段,其管理逐步走向规范化、制度化,休闲农业企业数量多、规模大、分布广。

台湾现有上规模的休闲农场1000多家,居民年平均到休闲农场游玩2.13次,农场土地总面积为6589公顷,资金总投入128亿元新台币(不含土地价值),每年有大约4900万人次的游客量,休闲农业创造农业休闲服务业6700多个常年性工作机会及11380多个临时性工作机会,休闲农业产业全年直接营运规模(产值)达45亿元新台币。近年来,台湾又将休闲农业的发展目标定位在"国际观光水准"上,休闲农业不断向畜牧业、渔业方向而发展,出现了休闲渔场、牧场等,综合利用林产、畜禽、鱼贝等,促进了农业和旅游业的综合发展。

台湾休闲农庄发展有以下几个特点。

(1) 融入感情,彰显个性。台湾休闲农庄主有一个共同的特点,都特别热爱乡村田园生活,有的甚至是为了圆儿时的一个梦想,他们不追求短时间的暴利,而是从一开始就非常注意生态环境的保护,在建设与经营过程中,不断融入自己的创意,将农庄比作自己的艺术作品,客人可以明显感受庄主的艺术风格和个性追求。

(2) 定位准确,主题鲜明。台湾休闲农庄主题包括水果采摘,竹、香草、茶叶、名花异草观赏,昆虫收藏,奶羊、奶牛、螃蟹、鳄鱼、鸵鸟观赏等体验,创新不断,使游客始终充满新奇感。很多农庄一看名字,就知道农庄的特色,如以香草为主的"熏之园",以奶牛为主的"飞牛牧场",以兰花为主的"宾朗蝴蝶兰观光农园"。

(3) 持续创新,创意缤纷。例如头城农场的传统项目叶拓T恤,不断有新的图案推出,固定的客源可以不断反复前来消费。金勇DIY农场每年都会增加新的西红柿品种,将来自各国的西红柿组合在一起的"联合国西红柿礼盒",让游客在一个礼盒中就可以品尝到来自各国、各种形状、各种颜色、多种口味的西红柿。

(4) 深度体验,其乐融融。台湾休闲农庄都设有可供多人同乐的设施,如烤肉区、采果区、游戏区,农耕体验区等。有的还提供游客享受土窑烤地瓜、烤土窑鸡的乐趣;有的不定期举办农业有关的教育活动、趣味比赛;有的提供与场内动物接触的机会,游客可以喂养小牛、挤牛奶,体会牧场农家生活。

(5) 精深加工,效益倍增。台湾的农产品深加工从果品鲜食、保鲜存放、干品制炼到成分提取、制作面膜膏和护肤美容品等具备一整套的生产、制作和包装技术,极大地延伸了产业链。例如,九品莲花生态教育园区,各类农产品从产品加工、冷藏、喷杀处理到分拣包装的工艺并不复杂,但其系列产品琳琅满目,从雪糕、鲜果饮料、果粒制品、干制果品到护肤品等一应俱全。

(6) 特产做强,节会做精。将特产和观光相结合,推动休闲农业与休闲渔业发展,如屏东县垦丁地处恒春半岛南端,是有名的风景区,春季又是黑鲔鱼洄游垦丁外海的季节,结合休闲渔业,这里每年举行黑鲔鱼文化观光为主的春游,展销黑鲔鱼、油鱼子等海鲜产品。

(7) 规划先行,管理到位。台湾农政部门负责对休闲农业的管理和咨询,提供补助经费和贷款,而且不失时机地出台各种管理办法,使休闲农业的工作走向正规化和程序化。每个休闲农场的房子建造以及住宿都各具农村建筑的风格特色,并尽量挖掘当地的资源优势,如温泉、草场、溪流、大海、岩石、古树等等。在区域规划方面,是"点、线、面"串联营销,便于旅行社包装不同的旅游线路分类营销。

(8) 配套齐全,服务周到。台湾的休闲农业不仅景区外部的道路、交通、水电等设施完善,内部的配套设施也安全完善,所到之处吃喝玩乐样样具备,而且大都干净、温馨、价格合理,多数休闲农场设有观光部,负责旅游接待与导览业务,有的还现场展示特色产品与特色烹调,让游客尝鲜。

(9) 网络营销,强势推广。除了宣传手册、广告路牌、电视报纸等传统宣传手段以外,休闲农业要加强网络营销,运用科技整合资讯,通过网页、搜索引擎以及运用3G手机服务等对休闲农业区域的地图、路线等进行快捷的引导。据台湾民宿协会统计,达80%的客人是通过网络预订的。

(10) 学界支持,产研结合。台湾很多专家学者十分关心休闲农业发展,他们通过不同的视角潜心研究,丰富休闲农业的理论,从休闲农业的意义、功能、形式到规划,从组织、人力、教育解说到行销策略和成本分析,从文化、社会、理念到环境设计等等,研究的十分细腻。

(案例来源:[1]王志威,等.台湾休闲农业的发展及其对广东的启示[J].广东农业科学,2011(17).

[2]王丽.台湾休闲农业的20个特点[J].农家参谋,2012(8).)

讨论:

1. 台湾传统农业向休闲农业转型的背景是什么?
2. 台湾休闲农业发展对你家乡休闲农业发展有何借鉴之处?

第八章
会展与活动产业

◆ 本章导读

会展业是现代科学技术与经济发展的晴雨表,它反映了一个国家、地区乃至全球科学技术和经济发展的历程。从20世纪90年代开始,中国大踏步迈上了世界会展大国的旅程。会展业在我国取得了长足的发展。近年来,中国会展业保持了持续健康发展的良好势头,会展业规模不断扩大,经济效益继续攀升,场馆及配套设施建设日趋完善,会展业已从规模化发展逐步转向专业化、品牌化、国际化,并显示出强大的关联效应和经济带动作用。目前,中国会展业在区域分布上,基本上形成了以北京、上海、广州、大连、成都、西安、昆明等会展中心城市的环渤海会展经济带、长三角会展经济带、珠三角会展经济带、东北会展经济带及中西部会展城市经济带等五大会展经济产业带框架。

◆ 学习目标

1. 识记:概述会议、展览业、节事活动等概念。
2. 理解:描述会议、展览业、节事活动的特点与类型。
3. 应用:解释会议、展览业、节事活动业的需求与供给特点。
4. 分析:比较不同地区会议、展览业、节事活动发展阶段特点及区域适用性。
5. 综合评价:撰写地区会展与活动产业调研报告,评估地区会展与活动产业发展的阶段及发展趋势。

◆ 学习任务

名　　称	中国会展与活动产业调研
学习目标	1. 认识"会展与活动产业" 2. 描述会议、展览、节事活动的特点
学习内容	中国会展与活动产业发展现状

第八章　会展与活动产业

续表

名　称	中国会展与活动产业调研
任务步骤	1. 网上搜索会展与活动产业的发展现状 2. 选择一种会展与活动产业进行资料收集、学习 3. 分析区位、市场、资源、经营模式、效益 4. 梳理相关文字、图片 5. 制作PPT简报
学习成果	"××会展与活动产业调研简报"
备注	

◆ 案例引导

新时代会展业谋划新未来

随着中国在世界会展版图中的地位日益凸显，在国际相关行业机构任职的中国人也越来越受到关注。在中国会展业快速发展的同时，也在不遗余力地推进会展综合能力建设。

十九大报告指出，中国特色社会主义进入了新时代，这是中国发展新的历史方位。新时代需要新思维、新智慧，中国正积极落实将于2018年11月在上海举办的首届中国国际进口博览会，为各方开辟中国市场的合作搭建新平台。

近日，在成都举办的2017中国城市会展业竞争力指数发布会暨高端论坛紧跟新形势，邀请业界专家、学者、资深人士共同探讨在新时代下，如何通过会展活动体现中国主张、中国方案和新经济发展战略目标。

（一）产业定位明确

我国对发展会展产业的定位明确。在"十一五"和"十二五"的规划中，都提到了会展业，如此被重视在国际上也不多见，这是一件很不容易的事情，这也表明国家看重会展产业的功能和作用。在商务部的发展规划中，会展业被定位为战略性、先导性产业。

重要的是，2015年颁布的《国务院关于进一步促进展览业改革发展的若干意见》（简称《意见》），将会展业定位为构建现代市场体系和开放型经济体系的重要平台，在我国经济社会发展中的作用日益凸显。《意见》是我国第一个以国务院名义对展览业的改革发展做出全面部署的文件，提出了未来展览业的发展目标。同时，《意见》提出四个方面的措施要求：一是改革管理体制；二是推动创新发展；三是优化市场环境；四是强化政策引导。随后，各地按照国务院的要求相继制定了本地区的会展业发展战略与规划。

与会专家、学者认为，会展活动作为促进经济发展的一个重要载体，要主动服务新经济，推动新经济的快速发展。

（二）发掘城市优势

"作为主管部门，要有担当地发掘城市的区位优势。"昆明市博览事务局局长表示，面向南亚、东南亚市场，昆明具有区域优势。鉴于此，昆明会展业的发展规划中，将加强对会议活动市场的关注与扶持,做好节庆活动的研究和规划,进一步提升昆明节庆活动的知名度和影响力;充分发挥昆明区位优势,进一步巩固并提升面向南亚、东南亚国家展览项目的参展商和专业采购商到昆明参展参会,同时加大开拓其他国家市场的力度,进一步提升昆明会展业的国际化程度。

《2016年中国城市会展业竞争力指数报告》显示,在全国74个省会城市及地级市会展业竞争力指数排名中,昆明排名第5,较2016年的第9名提升了4个名次。

"对于多数城市来讲,大型会议附带展览的效果好于单纯的展览。"振威展览集团副总裁认为,作为各地会展职能部门的会展管理办公室,把会展活动引进来只是第一步,重要的是利用城市的自身优势,促进会展活动获得最大的成功。

(三)建立管理机制

"会展业需要合唱。"地方会展业的痛点是自身能力不足,需要建设ORG平台,引进重大型会展项目与主体产业融合。

为进一步发挥"后金砖"效应,厦门提出了会展业国际化、高端化的发展目标。据悉,厦门将搭建金砖国家以及中外会展机构的资源共享平台,并推动亚洲地区会展人才教育交流与合作机制的建立。记者注意到,继金砖国家合作论坛之后,厦门设计了其会展业的全新标识——"金砖鹭",该标识的颜色则应用了金砖五色,分别指代会议、会奖、展览、节庆、赛事五项会展事务。右下角由MICE Xiamen(厦门会展)和印有"厦门"的中国印构成。全新标识寓意着厦门抓住"后金砖"时代机遇,打造厦门国际会议目的地城市品牌。

与会业内人士认为,中国正在成为受国际大型会展活动组织者青睐的目的地。随着会展管理机制的逐步完善,相信不久的将来,中国将成为会展业的引领者。

(案例来源:http://www.cnena.com/news/bencandy-htm-fid-56-id-80073.html 中国会展门户网。)

思考:为什么说中国将成为会展业的引领者?

第一节 会 议

会议业是会展业的重要组成部分,是世界政治生活与经济生活不可或缺的部分,世界各国都高度重视会议业并竞相举办各种国际会议,以推动国际会展业的发展。目前,会议经济已渗透到我们的生活,对经济、社会结构、文化等产生了重要影响。会议产业所产生的经济贡献和非经济影响已经成为城市发展和形象塑造的新策略,同时也是现代服务业新的经济增长点。

一、会议的概念

会议的英文名称有很多种:meeting、conference、congress、convention、summit,它们在定义上有细微的差别,但一般是指"人们怀着各自相同或不同的目的,围绕一个共同的主题,进行信息交流或聚会、商讨的活动"。会议产业理事会(CLC)将会议定义为"为协商或开展某种特殊活动,大量的人聚集到同一个地点的行为"。会议的主体主要有主办者、承办者和与会者(还包括演讲人),其主要内容是与会者之间进行思想或信息的交流。在现代汉语词典(商务印书馆,2000 年增补本)中对"会议"有两种解释:一是有组织有领导地商议事情的集会,如全国人民代表大会、党委会等;二是指一种经常商讨并处理重要事务的常设机构或组织,如中国人民政治协商会议等。在会展学中常用第一种含义。

现代会议已超出了单一的政府会议格局,朝着多元化方向发展,并且带有很直接的商业目的,产生巨大的经济效益,如各种高峰论坛、行业培训会议等。会议作为会展业的重要组成部分,同样在创造经济效益、促进城市建设、提升城市形象等方面具有特殊的作用。被誉为"国际会议之都"的巴黎每年都要承办 300 多个国际会议。被英国著名杂志《会议及奖励旅游》评为"全球最佳会议中心"的香港每年举办的大型会议超过 400 个,来自世界各地的与会人员达到 7 万人。

 会议活动策划执行的九大要素

会议一般包含以下几个方面的要素。

1. 会议主办者

会议主办者又称会议举办方,也称会议的发起人或东道主。现在一些较大型的会议还有主办者、承办者、协办者之分,但都为会议的举办方,只是其中的分工不同。

2. 会议与会者

会议与会者是指参加会议的对象,是会议的主体。与会者一般以会议涉及的范围和内容而定,会议的大小以与会者的多少或领导层次的高低来判别。

3. 会议议题

会议议题是指召开会议所需要讨论或解决问题的具体议项。体现召开会议的目的,是为什么要议、议什么的具体目标。

4. 会议名称

会议名称一般指会议的主要议题和会议类别。

5. 会议方式

会议方式指用以达到会议效果的一些会议样式、采用的手段。

6. 会议时间

会议时间是指会议日期或召开会议的具体时间。

7. 会议地点

会议地点是指会场所在地。大型会议还有主会场、分会场等。

8. 会议结果

会议结果是指会议结束时实现会议目标的程度,是会议所期望的最终达到的效果。

上述几个要素中,主办者、与会者、议题和结果是会议的基本要素。

二、会议的特点

(一) 具有广泛的影响力

会议对于会议举办地的影响非常广泛,涉及政治、经济、社会、文化、环境等各个领域。

首先,会议给会议举办地带来良好的经济效益,不仅如此,其还建立起当地产业界与来自世界各地的专业人士的沟通渠道,从而有利于开拓对外商机。同时,会议的发展具有强大的产业联动作用,促进了会议举办地产业结构的升级和优化,成为当地经济建设的加速器。

其次,会议业扩大了会议举办国的政治影响力,提高了会议举办地的知名度。表现在:

(1) 会议参加者本身可以起到会议举办地的形象宣传媒介的作用。对于各国(地区),他们的到来本身就是一种广告宣传,他们的赞誉更容易形成口碑效应。

(2) 会议参加者活动往往是新闻媒介报道的热点。尤其是大型国际会议,在举办之前甚至还在申办之时就已被各种不同层次、不同类型的媒体广为宣传。例如,中国海南的博鳌,因为成功举办了"世界经济论坛年会"而被定位为会议的永久会址,博鳌从一个不知名的海边小镇一跃成为全球瞩目的焦点;上海顺利获得2010世博会的举办权,也与'99全球财富论坛、亚太经济合作会议(APEC会议)等知名国际会议旅游活动对上海的形象宣传作用分不开。

(3) 会议具有强大的信息交流功能,给会议举办地带来了最新的信息和最先进的知识。会议旅游者多为学者、专家、企业家等各行业的精英能够给当地带来大量有价值的信息,包括最新的理论知识、先进的管理经验和各地的市场动态等。

最后,发展会议业将促进会议举办地基础设施的建设、环境卫生的维护以及居民综合素质的提高等,从而显著改善当地的生活环境。

(二) 具有显著的效益

一个美国市长曾说过:"如果在我们城里举行会议,那就好像我们头顶上飞着一架飞机,向每个人撒美元。"在澳大利亚,人们把会议业比作"金娃娃"。从这些比喻中,足以见得会议业内藏的巨大经济效益。

首先,会议的显著性体现在它是一个高盈利的市场。会议业是典型的高收入、低成本、高利润的行业,利润率大都在25%以上。产生如此显著经济效益的原因在于会议参加者的消费水平普遍较高。

其次,会议的团队规模大会给会议举办地带来显著的经济效益。

(1) 与会代表人数通常较多。

(2) 与会代表"连带"人员多。

(3) 会议附属活动参与者多。为了扩大会议的影响,在会议期间还有许多附属活动配合进行,从而吸引更多的参加者前来。

最后,会议业效益显著性的原因还在于产业关联度高,乘数效应中会议业具有很强的依托性，其产品和服务的提供依赖于众多其他产业部门的产品与服务的支持。因此，会议消费不但给会议业带来直接的经济效应，同时刺激了建筑、商业、信息、金融、贸易、保险、房地产等诸多产业部门的发展，给会议举办地的国民经济带来更大的间接经济效应。以目的地收入来衡量，会议直接与间接经济效应比率为 1∶2。另外，由于会议直接和间接涉及的行业众多，故可增加会议举办地的各种就业机会。据统计，在欧洲每增加 20 位出席会议代表就可创造一个就业机会。会议旅游每创造一个直接就业机会就同时带来一个间接就业机会。

> **同步思考** 我国的会议活动主要集中在哪些地区？

（三）会议业发展持续

从 1841 年 7 月 5 日，托马斯·库克利用包租火车的方式，组织了 570 人从英国中部的莱斯特前往拉夫巴罗参加禁酒大会开始会议业迅速发展起来，显现其发展持续性的特点。目前，每年全世界举办的参加国超过 4 个、参会外宾超过 50 人的各国国际会议大约有 40 万个以上；会议旅游消费约 1000 亿美元，并以每年 8%～10% 的速度增长。

值得指出的是，尽管会议活动的发展也同样会受到政治、经济、社会、自然等诸多因素的影响而出现短暂的波动现象，但由于会议大多属于公务性质，且具有很强的计划性而不会轻易变更，所以其发展过程中的波动性明显小于消遣旅游活动。甚至在 2008 年的金融危机时期，会议活动（会议数量）和会议人数（与会者数量）都有所增加。

（四）会议举办时间具有明显的均衡性

尽管不同类别的会议在举办时间选择上有各自的特点，但总体而言，会议活动与消遣性活动相比，在时间分布上具有明显的均衡性，其形成原因在于会议是根据实际需要安排的，不必精心选择时间以扩大参会人数。

（五）会议活动具有明显的地域差异

会议活动有一个非常明显的特点，即在地理区域分布上极不均衡，会议发展的地区差异很大。从国际会议活动的区域分布情况看，欧美发达国家始终处于发展前列，亚洲国家次之。国际会议活动在地域上表现为两个集中：一是集中于发达国家，二是集中于欧美地区。相应地，广大发展中国家和欧美以外地区的国际会议接待量则相对较小。这种会议发展的地域差异性，显而易见是受各国和各洲之间的社会经济发展水平的影响。发展会议需要较为雄厚的经济实力和物质基础作为支撑，这正是阻碍经济欠发达国家承办国际会议的主要原因。

三、会议的类型

随着各种高科技手段在会议活动中的广泛应用，会议的触角所能延伸的范围越来越广,形式也越来越灵活多样。不同的会议有着不同的特点和需求,会议举办地及各类会议企业要想更好地把握会议市场,抓住会议者需求,进行有针对性的会议宣传促销工作,就必须了解会议的科学划分形式,掌握会议的各种类型。常见的会议分类有以下几种。

1. 按会议主办单位划分

按会议主办单位划分有公司类会议、协会类会议、其他组织会议等。

2. 按会议活动的特征划分

按会议活动的特征划分有商务型会议、度假型会议、文化交流型会议、专业学术型会议、政治型会议、培训型会议等。

3. 按会议的性质划分

按会议的性质划分有论坛式会议、研讨式会议、报告式会议等。

4. 按会议的规模划分

按会议的规模划分有小型会议、中型会议、大型会议、特大型会议等。

5. 按会议代表的类型划分

按会议代表的类型划分有会员会议、内部成员会议、业务关系人员会议、公众会议等。

6. 按会议的地域范围和影响力划分

按会议的地域范围和影响力划分有国际会议、全国会议、地区会议、本地会议等。

7. 按会议举办时间的特点划分

按会议举办时间的特点划分有固定性会议、非固定性会议等。

8. 按会议的主题划分

按会议的主题划分有医药类会议、科学类会议、工业类会议、技术类会议、教育类会议、农业类会议等。

对会议进行划分的主要目的是根据参会者及相关人员的目标和要求为其提供相关住宿、餐饮、娱乐等方面的指导、组织、安排,部署,继而在游览、购物、旅行等方面创造需求。

据统计,公司类会议和协会类会议占整个会议市场的80%,因此,我们将讨论重点放在按会议举办单位划分的三种类型会议的特点。

（一）协会会议

协会是会议业的最主要客源。地方性协会、全国性协会乃至世界性协会每年都要举办各种会议。协会又分成两种:①贸易性协会,它一般由各类行业组织牵头;②职业和科学协会,它一般由各专业技术和学科领域人员组成,协会涉及的主题范围广泛,如艺术家协会、各类研讨会等。

协会会议的形式很多,最熟悉的是年会及协会的专业会议、研讨会、管理者会议。

协会会议大多数每年举办一次,会期4～5天,一般放在4月、5月、6月、9月、10月举行。任何一个协会都要提前计划开会时间,有时候提前1～2年,会议的召开并不总在一个地方,协会的会员参加会议都是自愿的。

协会的组织有两种形式:一类是全国性的协会组织,有专职、长期的协会管理成员,如协会秘书长、协会主任;另一类是小型协会组织,没有专职的管理者,一般挂在某行业或科研机构下,由其管理人员兼任协会秘书长。

> **同步讨论** 我国会议业未来发展的侧重点有哪些?

(二)公司会议

公司会议是本行业、同类型及行业相关的公司在一起举办的会议,近几年这种公司会议发展非常迅速,一般包括以下几种:销售会议、经销商会议、技术会议、管理者会议、培训会议、代理商会议、股东会议等。

公司会议主要集中在市中心酒店、机场旅馆和城郊旅馆,这主要是由于成本的关系,当然不同会议要求又有所差异,如奖励性质的会议与销售会议就不一样。公司会议一般需要较好的安全性和隐蔽性。部分公司会议有明显的周期性,如股东会议一年一次。但大多数会议是根据需要来安排的,没有固定的周期。公司会议一般都是在固定的地点重复举行,会议地址的改变很大程度上由公司关键人物来决定。公司会议会期较短少则1天,多则3天。

(三)其他组织会议

1. 政府会议

很多政府需要在办公地点以外的地方召开会议,出席人员也不限于政府职员,经费来源是行政拨款。

2. 工会组织和政治团体会议

通常每年或两年举行一次,它与政府部门会议具有相同之处。

3. 宗教组织会议

它主要依靠资助或宗教捐助来筹集资金。

不同类型的会议有其各自的特点,会议举办者应根据会议的类型,在营销宣传和运作管理上做出相应的调整。

四、会议业的发展趋势

2017年,随着中国会议产业的迅猛发展,市场格局发生了本质性变化。"遵循市场导向与产业发展规律"作为目前中国会议市场在深化供给侧结构性改革进程中的指导思想。正在引领着中国会议行业迈向新的变革期。稳增长、调结构、促改革成为中国会议产业全面升级的标准。

(一)千亿市场引领行业发展

我国每年举办会议高达几千万场,参加会议人数上亿之多,会议带来的交通、餐饮、住宿等相关行业产值几千亿元,年均增长幅度在20%左右。会议平均消费在15.86万元。其中,住宿是三项消费中最高的,平均消费为7.28万元,占总消费额的45%;餐饮消费排在第二,平均消费为5.6万元,占比36.9%;会场消费最低,平均消费仅为2.58万元,占比17.3%。统计显示,社团会议由于持续时间较长、会议规模较大和所用会议室种类较多,会议平均消费水平最高,达19万元。其次为政府会议和企业会议。事业单位会议的平均消费最低,仅为10.8万元。国际会议一直是业界最为感兴趣的一类会议,国际会议的会议平均消费为42.2万元,是国内会议消费的3倍。其中,住宿费、餐饮费、会场费各占三分之一。随着我国旅游环境日益完善,许多跨国公司将企业年会放在我国举办,我国正在成为奖励旅游的首选目的地国家。会议产业的投资额也相应地增长。

同步阅读 麦考密克会展中心案例分析

(二)新环境让会议市场更具活力

2017年是中国实施全面深化供给侧改革的关键一年,政府逐渐开始进行角色转变。中国会议市场在经历前几年的震荡期,面对全新的行业发展环境,会议组织者、会议场所、会议目的地以及会议服务商都在积极地寻求最佳的发展方式。这期间,会议酒店在接待会议方面都做出不同幅度的调整,各类会议型酒店及会议中心出现新的发展趋势。

提质增效是目前市场的主流思想。会议组织者更注重会议的效率。2017年在会议产品和技术提供方面以及会前、会中、会后的服务保障方面都加大了力度来帮助会议组织者推进会议高效顺利举办。同时,围绕会议日程提供到店前环节和离店后流程的保障服务,从而拓宽场地提供方的服务链,更好地做到衔接过渡、确保会议高效顺畅。

(三)技术因素主导行业发展路径

2018年,新技术为会议现场环境的提升起到了关键支撑。目前,新兴的会议技术在传统的基础上突出了在互联网与移动互联网的发展。以微博、微信等传播方式增加会议的宣传力度,指引参会代表,提高会议以及会议主办单位的知名度,有着不可替代的作用。节俭、数字化、高效式的新会风盛行,会议技术不仅可以为会议本身带来科技感和便捷感,更起到了推动会议产业技术的发展并弥补了会议市场中的效率短板。总之,会议市场的信息不对称现象将会随着会议产业信息技术平台的广泛建立而有所改变,市场客户的需求也越来越精细。

(四)掌握数字会务将有大作为

数字会务对会展效率的提升作用明显。数字会务在会务流程上进行了电子化,减少了人员的工作量,减少了人工和资源投入,让主办方有更多的时间去专注会议内容本身。数字会务可以帮助办会者沉淀数据资产;可以提升参会者的体验;方便参会者获取会议内容;提升了会务资源的利用效率,还可以帮助办会者获得更加精准的参与者,从而提升会议的社交价值。数字会务可以快速扩大会议的社会影响力。在社群经济条件下,数字会务给社会化营销打开了一扇门。

随着中国会议市场的蓬勃发展,也有越来越多的企业进入这个行业之中。技术就是生产力,当一个行业发展到一定阶段想要突破原有壁垒,最直接的方式就是提升产品的技术含量与应用程度。

第二节 展 览 业

展览业是会展业的一大重要组成部分。中国最早的专业展会是西湖博览会,留有西湖博览会展览馆。新中国成立后,举办过社会主义友好国家经济文化展、社会主义建设成就展(大庆、大寨);1952年起,在广州举办出口商品交易会;1972年举办日本科技展等。改革开放后,欧洲及中国香港的会展公司纷纷进入中国内地市场,内地的一些学会、协会中心以及民营公司也开始办展。

> **同步思考** 展览业为什么具有空间的集聚性以及限制性?

一、展览业的概念

在现代,有关展览的内涵不同文献有不同的表述。《辞海》定义为用固定或巡回方式,公开展出工农业产品、手工业制品、艺术作品图书、图片,以及各种重要实物、标本、模型等,供群众参观、欣赏的一种临时性组织。《简明不列颠百科全书》的定义:为鼓励公众兴趣、促进生产、发展贸易或为了说明一种或多种生产活动的进展和成就,将艺术品、科学成果或工业制品进行有组织的展览。美国《大百科全书》定义为一种具有一定规模,定期在固定场所举办的,来自不同地区的有组织的商人聚会。

尽管不同文献定义不同,但对展览共同认可的特征有:信息高度集中,交易选择的空间大;涉足行业前沿;通过一定的艺术形式展示产品和技术;实现双向流,扩大影响,树立形象,达成交易、投资或传授知识,教育观众的目的,展览或展览会的名称有很多,如博览会、展销会、博览展销会、交易会、贸易洽谈会、招商会等。随着我国经济运行的市场化及国际化程度不断提高,展览业在社会经济活动中的影响也越来越引起人们的关注。展览活动已成为企业营销、政府宣传、城市形象,品牌培育的重要工具。

二、展览业的特点

(一)展览业具有空间的集聚性和限制性

展览业是工业化和城市化的产物,其举办地一般为经济较发达的城市。城市是人流、物流、资金流、信息流汇聚的地方。展览是以城市的中心地带为主要的旅游消费目的地。展览产品在空间上主要分布在市区甚至是市中心的空间范围。因此,展览参与人员集聚的空间密度主要集中在主城区或者是个别中心地段或区域。展览参与人员的参与人数多,组团规模大决定了空间的限制性。巨大的人流量往往会超出城市的环境承载力、交通压力和管理控制力,产生诸多管理问题。

(二)展览业形态的经济性和综合性

展览业显示出强烈的经济色彩。展览业所依托的工业、商贸、科技企业等产业经济,不仅自身具有极高的经济价值和经济效益,而且带动了其他行业的发展;同时,展览活动的发展反过来又促进了城市工业、商贸、科技企业的发展。所以,展览活动是城市经济发展和繁荣的催化剂。展览举办地所在城市大多是区域性的政治、经济、科技、文化、教育等中心地,文化内涵极其丰厚,这就决定了展览活动和项目的综合性。

(三)展览业供给环境具有极强的优越性

展览举办地一般为经济较发达的城市。这些发达城市都是在本区域内经过长期建设,具有良好的基础条件和特定优势条件的载体,相比其他地区,它们有安定的社会环境、发达的经济基础、方便快捷的交通;有结构合理,多层次的能满足各种参与人员需求的宾馆饭店,能提供符合各种需求合理的优质服务;有先进的展览场馆,现代化的通信设施,以及健全高效的金融、保险、航运空运等,加之高素质的旅游从业人员,形成了举办展览的优越环境。正是因为展览要求举办地供给环境优越,所以并不是每个城市都可以发展展览业的。

(四)展览业经济效益显著

展览业的经济效益显著。展览业能产生巨大的经济效益有诸多原因,其一,展览参与人员人次多。例如,1999年中国昆明世界园艺博览会作为专业类界博会吸引游客900万人次,2000年汉诺威世界博览会吸引观众1800万次,2010年中国上海世界博览会吸引游客7300万人次。另外,展览会按时间分为定期展览会和不定期展览会,定期展览会因开展的规律性和持续性越来越受到重视。定期会有一年一次,一年两次一年四次,两年一次等。因此,展览业不仅单次组团规模大,而且展览的周期性将带来参与人次的总量庞大。其二,展览参与人员消费档次高。展览参与人员一般都是各行各业的精英人士,具有一定的社会地位和较高的职务,属于高收入阶层,因而购买能力强。此外,展览参与人员的出行往往是由于工作需要,产生费用通常由单位担负,并且他们的消费水平在一定程度上代表企业的形象和实力,因此,展览参与人员对价格的敏感度较低,往往更注重质量、特色、服务等方面因素,消费档次高。其三,展览参与人员停留时间长。根据我国以往的经验数据,大中型展览活动举办的时间一般不少于3天,除去展览期间组织的活动外,不少人员还会在展览活动结束后安排个人的旅游活动,这样停留的时间还会延长。其四,展览参与人员消费链条长。由于展览参与人员停留时间长,属于过夜旅游者,因此,展览参与人员不仅给展览举办地带来交通、住宿、餐饮等基本收入,还会带来游览娱乐、购物等高盈利收入,形成一条"展览消费链"。

此外,展览业经济联动作用明显。展览业是一个大的系统工程。其发展需要举办地城市在社会、经济、环境和文化等多方面的联动,需要依托社会多部门产业的支撑。反过来,展览业的发展又能带动社会、经济环境和文化等各种产业的发展,展览业的发展可以直接带动住宿、餐饮、交通、休闲娱乐业的共同发展,也促进了金融、投资、贸易等产业的发展。展览业具有明显的带动效应和经济助推器作用。

(五)展览业的影响具有广泛性

展览的举办不仅给举办地城市带来显著的经济效益,而且具有影响广泛的社会效益、政治效益、环境效益等。其一,展览会的"聚媒效应"有助于提升举办地城市形象。展览本身就是媒介事件,具有很强的"聚媒效应",是新闻媒介报道的热点。尤其是大型展览会,在举办之前甚至在申办之时就已被各种不同层次、不同类型的媒体广为宣传。长时间的持续宣传大大提高了举办地城市的知名度和美誉度,使当地形象得以提升和推广。其二,展览会的前沿性和时尚性,将有助于提高举办地城市市民素质。展览就是展示最新的商品、技术、项目、风情和文化。一个展会是否成功,在很大程度上取决于业内顶尖企业的出席率,取决于业内最新技术、最新信息展示和发布的多寡。展会为满足人们求新、求异的欲望,会使新颖、时尚、前沿的产品得以充分展示,业内最新技术得以广泛交流。因此,展览会为举办地城市市民打开了眼界,让他们得以全方位触摸文化、科技前沿。其三,展览会的高要求有助于完善举办地城市的基础设施。展览会对申办城市的规划、建设提出更高的要求,推动城市进行基础设施建设、交通设施建设、城市规划设计和改造。通过这些建设和改造,可以完善城市的基础设施、机场、道路、桥梁等设施建设,改善城市居民的居住环境,形成良好的生态环境。

三、展览业的参与主体

从展览举办的全过程看,其参与者包括三大类:展览的组织者、展览的需求者和展览的经营者。三者共同构成了展览活动中的主体。展览的三类参与者在整个展览中具有不同的作用和特点。

(一)展览组织者

展览业的形成依赖于展览活动带来的大量人流、物流和资金流,有吸引力的展览是展览业形成的核心要素。展览的开展主要掌握在展览的组织者手中。展览的组织者是展览运作过程中的主要参与者,负责展览的组织策划、招展和招商等事宜,在展览事务中处于主导地位。展览的组织者不但决定展览的性质、特点和形式,而且决定展览的最终效果。我国展览的组织者往往包括展览主办者和承办者,按一些地方已经制定的展览法规和一般理解,前者是指负责制定展览的实施方案和计划,对招展、办展活动进行统筹、组织和安排,并对招展、办展活动承担主要责任的单位;后者是指根据与主办单位的协议,负责布展、展品运输、安全保卫以及其他具体展览事项的单位。目前,大体上有三大办展主体,即政府(包括政府及部门、政府临时机构、贸促会等半官方贸易促进机构)、商协会、企业(国有企事业、民营企业、外资企业)。

1. 政府

在我国,展览活动多年来一直是政府促进贸易、投资、技术、文化交流等事业发展的重要手段与载体,加上我国经济体制带有很强的政府主导特征,因此,我国的展览活动大多由政府或半官方机构主导。目前,国内有较大知名度和影响力的,具有一定国际性特征的重点展览会,大部分是由政府及其部门事业机构主办。例如,目前的几大品牌展会,如广州广交会、厦门投洽会、北京科博会、深圳高交会等都是典型的政府主导型展会。政府主导型展会的目的是贯彻国家政策、引领市场经济活动和交流传播文化,较之商协会、企业举办的展会项目功能,具有政策导向的风向标、政府形象宣传的载体、经济贸易活动的平台、兼顾各方效益等独特优势。但由政府主导的众多展览会,因市场化程度较低,经济效益比较低下。政府主导型的展会的可持续发展需要围绕提高效果、提高效率、提高效益等方面作进一步改革。

2. 商协会

随着我国市场经济体制和行政管理体制改革的深入,各种同业商会、行业协会(以下简称"同业商协会")有了很大的发展。我国的展览会越来越多地由各种同业商协会和社会团体作为组织者来主办或承办,同业商协会成为组织展览会的一员,同业商协会组织展览活动不仅有利于促进行业交流,而且也为同业商协会扩大影响和获得盈利。随着政府职能的转变,同业商协会的作用得到进一步发挥,在举办展览方面的作用也在进一步增强,呈现项目增多、比重扩大的趋势。

3. 企业

改革开放初期,我国展览业以国有资本为主,目前已有大量的民营资本进入展览业,外国资本也在进一步增加,国有展览企业主要是外经贸系统和贸促会系统的企业,其中包括两部分,一部分是具有进出口权的大型外贸、工贸总公司,贸促会系统成立的展览公司;另一部分是政府投资建设的展览物馆,其采取成立直属展览公司或划拨、委托的方式,由有关的国有企业组织活动,前者大多数已经或正在改革展览等业务。有越来越多的民营企业介入展览业,或主营,或兼营。

同步讨论 展览业未来的发展趋势

中国展览市场的快速发展和巨大的需求潜力,对境外展览企业形成了巨大的吸引力。一些国际展览公司或跨国展览集团通过合作办展、合资或独资建设展馆等方式进入我国展览市场,并开始独立办展。一些香港地区的展览公司与内地有关单位作为合作伙伴,已在内地展览业占有重要位置。据不完全统计,目前内地举办的国际专业展约40%有香港地区或海外公司参与。这些公司往往作为海外招展的总组织者负责招揽海外厂商来展。除上述三类专业展览企业外,一些实力较强的非专业性展览企业通过自行组织或与其他企业、专业展览公司合作办展等方式,也介入了展览组织事务,如大型企业集团。另外,还有与展览宣传、策划、研究有较为密切关系的,以及为展览提供分门别类服务的非专业性展览企业,如广告公司、各种类型的媒体、旅游公司等,偶尔也介入展览的主办、承办事务。无论国有企业、民营企业、外资企业还是其他类型企业,参与办展的目的主要是获得盈利。尽管近年来我国民营展览公司发展很快,数量较多,但从规模、实力、人才与经营管理水平来看,我国展览公司与国际水平尚有很大差距。随着我国市场经济体制改革和展览业市场化、专业化、国际化进程的加快,企业参与展览活动将会呈现新的发展趋势。

(二)展览需求者

展览需求者是指现实的和潜在的展览购买者,是用一定的货币购买展览产品的参与人员。展览参与人员是展览业的主体与核心,展览业就是围绕这一主体和核心,以相应的价格向消费者提供展览产品和服务。因此,展览参与人员的需求既决定了展览经营者的目标市场,又决定着整个展览业的发展方向。展览业的需求者是展览产品的购买者,包括参展企业、参展商和观众。

1. 参展企业

参展企业是展览的购买者。每一个成熟的参展企业都知道,与其他企业的市场营销工具如广告等相比,通过参展能够较好地实现吸引新客户、发现潜在客户、满足销售与成交的需要、维护或树立企业的形象、增加企业对市场的了解等基本市场营销目标。展览会因此又被称为企业最有效的市场营销工具。

2. 参展商

参展商是展览业的主体之一,也是展览业的重要消费者。参展商是指在展览会上通过展台等手段展示参展企业产品、发布新产品信息、寻求与目标市场进行交流、开发新市场的群体。参展商一般由参展企业销售部、市场部或展览部工作人员组成。参展商是展览业的动力源,如果没有参展商的展览行为,就不会产生展览组织者和观众的行为。参展商数量的多少和行为的活跃与否,直接关系着展览是否具有生命力。事实证明,凡是参展商群体庞大、行业组织支持度高的展览会,吸引的专业观众就越多,成交额就越高,所取得的效果就越明显,影响力就越大,培养成品牌展会的概率就越大,对展览举办地的作用也越大。

3. 观众

观众是展览活动不可缺少的一个重要参与者,也是展览业的消费者。观众是吸引参展商参展,从而维持和发展展览项目的最根本保证。展览的观众可分为专业观众和普通观众。所谓专业观众是与展览活动有现实的或潜在的购买关系的人群和企业。他们与参展商签订购买协议的可能性很大,参展商也可以通过他们了解更多的目标市场信息,便于以后产品的开发等。普通观众则指对展会有兴趣者。他们是展览气氛的烘托者,购买和成交的可能性较小。

展览会是参展商和专业观众进行商务洽谈、信息交流的平台。由于专业观众的数量和质量是构成对参展商吸引力的主要因素,专业观众是展览会组织者宣传和吸引的主要目标。因此,参展商和专业观众是展览业的核心主体。专业观众一般是出于业务原因参加展览活动,也就是说,他们往往是带着具体的目标和目的来参加展览会的,他们或者是来了解本行业的竞争状况或产品状况,或是来收集一些相关的统计数字,也可能仅是公司派来出席展览的。在多数情况下,参加展览会的专业观众的消费由他们的公司承担,普通观众则是把参加展览活动看成是一种娱乐方式,对展出的内容有一定兴趣并有了解的欲望,具有一定的购买欲望。尤其是消费品展销会上的观众通常会考虑在展览会上购买展示的产品或服务,部分人是因为展会有礼品赠送而参加或是纯粹看热闹。

 2018第27届菏泽牡丹文化旅游节

四、展览业的发展趋势

(一)国内展览业将保持稳定增长态势

2018年,中国经济将逐渐由高速增长阶段向高质量发展阶段转变,经济结构加快调整,与世界各国的经济贸易将进一步加强,这将为我国展览业的发展注入更强的增长动力,我国展览业将继续保持健康、稳步发展态势。一批类似"广交会"、"厦洽会"、"医博会"等具有国际影响的知名品牌展会将不断涌现,展览业专业化、市场化和国际化水平将不断提高。首届中国国际进口博览会的举办将成为世界各国展示国家发展成就、开展国际贸易的开放型合作平台,成为中国践行新发展理念、推动新一轮高水平对外开放的标志性项目。

(二)区域共同发展的展览业格局将逐渐形成

2018年,我国展览业将逐渐形成以京津冀、长三角、珠三角三大经济圈为主,二、三线内陆城市共同发展的展会格局。京津冀、长三角、珠三角三大经济圈具有较强的综合经济实力、优越的区域位置条件、先进的展会设施和发达的现代服务业,京津冀地区政府的引导作用相对较好,会展业和城市发展的协调度相对较高;长三角区域会展业发展市场主导性更强,城市间会展业竞争性较强;珠三角地区是中国改革开放的先行地区,制度竞争力较强,这些都为我国展览业的发展构筑了先决条件。同时,随着我国城市化进程的加快,会展业的发展将突破沿海外贸型城市和中心型城市选址的传统,逐渐开启二、三线内陆城市投资发展的新局面,展览业将加速和城市发展融合。

(三)"一带一路"沿线国家和地区将成为出展重要区域

2018年,我国出国展览将进入高速增长期,会展业对经济增长的拉动作用愈加明显,我国将成为全球展览业的中坚力量,"一带一路"沿线国家和区域将继续成为我国出国办展的重要地区。习近平总书记在十九大报告中指出,要紧紧围绕国家开放型经济发展和外经贸工作大局,以"一带一路"建设为重点,培育贸易新业态新模式,推进贸易强国建设。"一带一路"倡议是我国会展业转型升级的历史机遇,可以促进中国优势产能和产品的输出,同时也促进中国企业开展更多国际合作,与更多国外企业建立合作伙伴关系。今后,我国将继续发挥"一带一路"的辐射作用,通过举办各类博览会、研讨会、论坛、峰会等,吸引沿线国家和地区的专家学者、商人、官员、普通群众,增进相互间的交流、理解,为共同发展达成共识,推动中国与"一带一路"沿线国家和地区的经济贸易与投资活动,整合优化不同国家和地区的资源,科学布局上下游产业链分工体系。

(四)"双线会展"模式将为展览业发展注入新的活力

"双线会展"模式的应用将为展览业的发展注入新的活力和新的机遇。近年来,我国在互联网技术、产业、应用以及跨界融合等方面取得了积极进展,已具备加快推进"互联网+"发展的坚实基础,互联网与经济社会各领域的融合发展将进一步深化,基于互联网的新业态将成为新的经济增长动力。在此背景下,我国展览业将迎来"双线会展"创新发展的新机遇,有望实现媒体、展览和广告等三个行业跨界融合,把线下的大型活动以及大型场景"再造"并在互联网上举办、展示和宣传,将传统的"展览"和"会议"两个行业进行平台化融合,在互联网上培育打造全新的数字展会产业经济形态。

(五)展览业发展将加快与相关产业深度融合

展览业的价值主要通过展示的技术化、专业化和商品化来实现,其价值链的融合也要以展示为基础,因此,围绕营销、体验和创意等途径,展览业可与其他产业实现产业融合。会展业有望与以下产业实现融合,延长国内产业链。

一是充分利用会展业的营销功能,加速与一般产业融合发展。例如,龙头企业、行业协会可通过举办专业产品展览,实现产业融合;政府可通过举办地方性产业展,推动产业集聚,提升城市及产业知名度。

二是积极推动展示技术发展,实现与通信、传媒、出版等产业的融合发展。例如,借助技术融合路径,实现线上线下会展协调发展;借助数字技术(如 VR 技术、3D 技术等),增强客户体验感,提高展示技术。

三是发挥会展的体验路径优势,增强与旅游、休闲等产业的融合发展。促进会展业与这些产业的融合,形成会展旅游、会展休闲等,不仅能够拉动这些产业的发展,还可以丰富人们旅游、休闲体验。

四是挖掘会展业的创意路径,加快与文化创意产业的融合发展。创意本身需要通过展示获得认可,需要通过活动交流形成创意碰撞,创意需要一定的聚集空间、特殊的氛围和有组织的活动,推动创意文化与会展融合发展,加快创意园、创意展、创意会等会展文化产业的发展,将是未来会展业融合发展的重要方向之一。

第三节 节事活动

一、节事活动的概念

"节事"是"节日和特殊事件"的简称,是指具有特定主题、规模不在特定时间和特定区域内定期或不定期举办的、能吸引区域内大量游客参与的集会活动。节事活动作为旅游吸引物往往具有很强的参与性、娱乐性和综合性,力求为旅游者营造一种不同于日常生活的环境和氛围,从而带给节事游客多类别、多层次、多方式的旅游体验。

一些学者对节事的功能、特性进行了探索。从他们的研究来看,节事具有文化现象与经济内容的双重载体功能,具有经济性、社会性、文化性、地方性、参与性、季节性、联动性、群众性、创新性、休闲性、可持续性和综合性等特征。

二、节事活动的特点

节事从不同的角度可以有不同的分类,但节事的特点归纳起来主要有以下几点。

(一)文化性

一般的节事活动安排都要突出展示地方博大精深的文化,都是将当地的文化与旅游促销一体化。以文化特别是民族文化、地域文化、节日文化等为主导的旅游节事活动,具有文化气息、文化色彩和文化氛围。随着旅游业的发展,文化旅游节逐步演化为以文化节事活动为载体,以旅游和经贸洽谈为内容的全方位的经济活动。例如,河南洛阳的牡丹花会是通过文化搭台,达到经济"唱戏"的目的。在国内外取得较大影响的上海国际服装文就化节,对促进上海的经济发展、丰富市民的文化生活、提升市民的文化素养起到了积极的作用。

 试以我们身边城市的某一个节庆活动来分析其发展的现状

(二)地方性

节事活动带有明显的地方气息,随着旅游的发展,有些已成为反映旅游目的地形象的指代物。一些节事活动的举办地,为广大公众所熟悉,如巴西奥吉里奥狂欢节、澳大利亚乡村音乐节、苏格兰爱丁堡艺术节和伦敦泰晤士河艺术节。这些节事活动以"节事活动品牌代言城市"的形象来定义这些举办地。一些节事活动历史悠久,长久以来满足了游客和地方居民的需要。慕尼黑的啤酒节,最早开始于1810年,最初是为了让所有的市民庆祝皇族的婚礼,以后逐渐演变成融多种活动为一体的节事活动:赛马、游艺娱乐活动以至现在的企业促销活动。该啤酒节每年9月都要吸引超过700万名游客前往慕尼黑。

民族节日更是有其独特的地方性,节事活动的地方色彩更为浓厚。例如,泼水节总是与傣族的形象联系在一起的,而那达慕大会也总是代表着内蒙古的形象。此外,宗教的固定传统节日与庙会活动融合,又成为该宗教圣地或该寺庙的代表。例如,福建、台湾等地的"妈祖诞辰"几乎成为当地最隆重的旅游节事活动。

(三)短期性

特殊节事活动的一个本质特征是短期性。每一项节事活动都有季节和时间的限制,都是在某一事先计划好的时段内进行的。当然,节事活动的时间不是随意决定的,往往要根据当地的气候、旅游淡旺季、交通情况、接待能力、主题确定、经费落实、策划组织需要的时间等条件,从实际情况出发来确定的。如果频繁地举办某种节事活动,可能就很难保持第一次举办时的氛围。在短暂的时间内要具有充足的饭店客房等旅游接待设施和便利的交通等基础设施,来接待从四面八方潮涌而来的旅游者,这给举办节事活动的地区和城市带来了机遇,也带来了挑战。

(四) 参与性

随着旅游业和休闲业的发展,旅游者和休闲者越来越注重活动的参与性,节事活动就是这样一种参与性很强的旅游和休闲活动。众多节事活动想方设法拉近与参与者的距离。节事活动的参与者往往对节事活动的举办地怀有较强的好奇心。通常参与者希望能够像当地居民一样,希望节事活动能够让他们了解一个地区的生活方式。植根于特殊地区的节事活动能够为来宾提供欣赏当地风景和探究当地精神文化的机会。参加者喜欢收集当地物品作为纪念,可以通过获得新知识、技术来提高自己,同时可以通过服装、美食等方式留下深刻的印象。

(五) 多样性

从节事活动的定义可知,节事活动是一个内涵非常广泛的概念,任何能够对旅游者产生吸引力的因素,经过开发都可成为节事活动。此外,节事活动在表现形式上也具有多样性的特点。它可以是展(博)览会及体育赛事,又可以是会议庆典、花车游行及各种形式的文化娱乐活动。它的主题可以是某种农产品,也可以是纪念某位名人;可以是某个历史事件,也可以是当代的庆典。活动的内容可以有宴会、戏剧、音乐舞蹈、服装展示、画展、土特产品展销、体育竞技、杂技表演、狂欢游行等各种形式,涉及政治、经济、文化、体育、商业等多方面。

(六) 交融性

正是节事活动的多样性,决定了节事活动必然有强烈的交融性,许多大型的节事活动如奥运会、世博会、旅游节、服装节、食品节等都包含了许多会议、展示活动、宴会、晚会等。而在许多会议、展览、奖励旅游中也包含着许多节事活动。节事活动和会展业的其他细分市场都有一个共同的特点,那就是"你中有我、我中有你",这些活动互相交融光彩,使节事活动更具吸引。

三、节事活动的类型

(一) 按节事活动出现的时间分类

按照节事活动的起源、功能,可以将节事活动分为传统民俗类节事活动和现代商业类节事活动。

1. 传统民俗类节事活动

传统民俗类节事活动是指那些在历史发展过程中长期积淀形成的,能够全面、集中、形象地体现出民族的共同心理、性格特征、价值观念等的周期性节事。这类节事活动往往都蕴含着美丽的传说和独特的民俗风情,吸引着游客前来体验。例如,中国在五千多年的历史发展中形成了许多节事活动,如元宵观灯、清明戴柳、中秋赏月、重阳登高、年节守岁;有汤圆、月饼、粽子、年糕、饺子、馄饨、菊花酒等四季变换的特色美食。近年来,随着中西方文化的交流和融合,不少国外游客特地到中国来体验"中国年",参加赛龙舟、赏月等活动,吃各色美食,感受中国的魅力。

2. 现代商业类节事活动

现代商业节事活动是各城市、地区和企业根据各自的资源和实际情况,人为策划举办的带有地方民族文化氛围的活动。与传统民俗节事活动相比,现代商业节事活动的功能主要体现在通过节事活动的策划和举办,促进当地与外界的经济贸易往来,促进人流、物流、资金等的快速流通,注重现实的中短期经济效益,实现"活动搭台、经贸唱戏"。例如,大连国际服装节、昆明国际旅游节、上海旅游节、中国宜昌长江三峡国际旅游节、青岛啤酒节等等。由于现代化商业类节事活动具有强大的经济功能,所以它往往与举办地的城市品牌紧密相连,极大地影响和提升一个地区的经济发展,成为该地区招商引资、提升地区综合竞争力的重要手段和途径。

(二)按节事活动的内容和性质分

按照节事活动的内容和性质,可以将节事旅游分为下列五大类。

1. 民族和宗教节事活动

随着旅游业的发展,许多长期以来属于某一民族、某一宗教组织内部的节事活动,如中国一些著名的民族节庆,像傣族的泼水节、维吾尔族和回族的古尔邦节、蒙古族的那达慕大会、彝族火把节,以及一些传统的庙会演变过来的地方旅游节,像陕西法门寺庙会、上海城隍庙会等,都成为游客向往的盛会。

2. 文化艺术节事活动

为了传承和弘扬当地文化,进一步发展旅游业,很多地方纷纷举办一些文化艺术性的节庆活动,比如歌会、灯会、锣鼓节、唢呐节、年画节、杂技节、武术节、书法节,以及电视节、电影节、戏剧节、木偶节等等,吸引游客前来旅游。

3. 景观展示节事活动

有些地区有非常优美而独特的景观,很多节事活动就专为宣传、推广这些景观,提高区域旅游知名度而创造。如哈尔滨冰雪节、张家界森林节、洛阳牡丹花会、罗平油菜花节、钱塘观潮节、南京国际梅花节等。

4. 特产展销节事活动

许多地区因其特产而闻名,相应的特产展销节事活动也开展起来,如山东潍坊的风筝节、新疆哈密的哈密瓜节、河南伊川的杜康节、江西景德镇的陶瓷节、杭州的茶文化节、浙江绍兴的黄酒节、新疆吐鲁番的葡萄节、苏州的中国丝绸旅游节等等,每年都吸引大批经销商和游客前往。

5. 休闲娱乐节事活动

休闲娱乐节事活动种类繁多,且这些活动与当地的传统并不一定要有很大的关联。例如,济南的足球文化节、泰山国际登山节、深圳华侨城的狂欢节、清江国际闯滩节,以及各种各样的美食节、老人节等。

四、节事活动的现状和存在的问题

我国节事活动已经走过了大约30年的历程,已经步入相对成熟的阶段。首先,表现在主题上,节事活动的主题已经越来越丰富,比如说有以"文化"为主题的、以"宗教"为主题的、以"风景特色"为主题的、以"特色农业、民俗"为主题的等等,呈现出主题、功能综合化的发展趋势。其次,节事活动的规模和影响也越来越大,特别是2008年北京奥运会和2010年上海世博会的成功举办,把节事活动的规模和影响推向了一个顶峰。最后,节事活动"以节招商、文化搭台、经济唱戏"的操作模式,推介了具有地方特色的旅游资源和产品,塑造了城市整体形象,促进了经济和社会事业的加速发展。因此,举办节事活动在全国形成了热潮,有的甚至成为一种政府显示政绩的"时尚"。

各地的节事活动虽然层出不穷,但也存在一些问题,综合分析,我国的节事活动中存在的问题主要有:
(1) 节事活动数量越来越多,但是有品牌知名度、国际影响力的却很少。
(2) 地理空间分布不均衡,东部沿海多,西部内陆少。
(3) 节事活动的主题低层次重复现象很多,差异化不明显。
(4) 节事活动政府涉入过多、过深、过细,不符合节事活动的运作规律。
(5) 节庆活动经济与文化结合的力度不够,文化内涵尚有待于挖掘。

本章小结

会展业是现代科学技术与经济发展的晴雨表,它反映了一个国家、地区乃至全球科学技术和经济发展的历程。目前,中国会展业在区域分布上,基本上形成了以北京、上海、广州、大连、成都、西安、昆明等会展中心城市的环渤海会展经济带、长三角会展经济带、珠三角会展经济带、东北会展经济带及中西部会展城市经济带等五大会展经济产业带。

会议产业理事会(CLC)将会议定义为"为协商或开展某种特殊活动,大量的人聚集到同一个地点的行为"。会议的主体主要有主办者、承办者和与会者(还包括演讲人),其主要内容是与会者之间进行思想或信息的交流。会议一般包含以下八个方面的要素:会议主办者、会议与会者、会议议题、会议名称、会议方式、会议时间、会议地点、会议结果。

在现代,有关展览的内涵不同文献有不同的表述。尽管不同文献定义不同,但对展览共同认可的特征有:信息高度集中,交易选择的空间大;涉足行业前沿;通过一定的艺术形式展示产品和技术;实现双向流,扩大影响,树立形象,达成交易、投资或传授知识,教育观众的目的,展览或展览会的名称有很多,如博览会、展销会、博览展销会、交易会、贸易洽谈会、招商会等。

"节事"是"节日和特殊事件"的简称,是指具有特定主题、规模不在特定时间和特定区域内定期或不定期举办的、能吸引区域内大量游客参与的集会活动。节事活动作为旅游吸引物往往具有很强的参与性、娱乐性和综合性，力求为旅游者营造一种不同于日常生活的环境和氛围，从而带给节事游客多类别、多层次、多方式的旅游体验。

关键概念

会议　展览业　节事活动

复习思考

1. 复习题

(1) 会议的概念及组成要素是什么？
(2) 列举会议的主要类型。
(3) 举例说明会议业的发展趋势。
(4) 列举展览业的主要类型。
(5) 简述节事活动的概念及特点。
(6) 举例说明节事活动的类型。

2. 思考题

(1) 调查家乡会展与活动产业，撰写调研报告，要求包括发展背景、发展模式、特色及发展趋势。

拓展案例

中国西部国际博览会（以下简称"西博会"），是由中国西部地区共办、共享、共赢的国家级国际性盛会，是国家在西部地区的重要外交平台、贸易合作平台和投资促进平台，是实现"西部合作"、"东中西合作"、"中外合作"的重要载体，也是西部地区对外开放合作的重要窗口。

2016年西博会举办了33个项目，2015年西博会举办了35个重点项目，围绕杭州的"一号工程"，西博会的经贸科技合作大会项目举办了西博会智慧城市主题展览，邀请到了英特尔、华为、阿里巴巴、腾讯、百度等近180家企业参展，接待了20万人次的中外客商、市民观众，专业客商近1万名，全面为促进杭州市科技创新、产业转型、经贸合作等方面的合作服务。国内经济合作洽谈会，有18个项目签约，总投资达138亿元。

2014年西博会共举办50个会展项目，举办了世界杭商大会、阿里云开发者大会等一批重点项目，有力推动杭州与国内外先进城市、优质企业和高端人才交流合作。同时，筹划举办各种产业类对接活动，先后签约外商投资项目和重点内资合作项目共38个。

2016年西博会实现贸易成交额108.74亿元。2015年10月16日至11月1日，西博会实现贸易成交额104.5亿元，引进内资138.4亿元，引进外资10.82亿美元。

2014年实现贸易成交额167.5亿元。如图8-1所示。

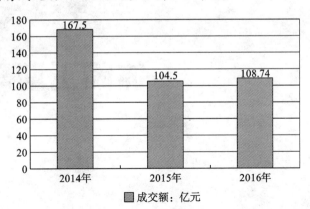

图 8-1　2014—2016 年西博会成交项目金额

(资料来源：西博会。)

讨论：

在坚持已取得成果和品牌的基础上，老面孔要换新颜，经过多年发展的西博会要走信息化和创新化的道路才能再攀新高。请以信息和创新为纽带，为西博会做一份发展建议。

第九章
休闲工业与商业

◆ **本章导读**

　　衣食用品中的休闲元素日趋丰富，映射出现代人渴望自由、追求休闲的生活态度。休闲服装、休闲食品、休闲用品是我们日常生活中不可或缺的重要组成部分，而休闲装备则是制造这些产品的设施设备，它们共同构成休闲工业与商业的主体。随着休闲理念的延伸和休闲产品的创新，休闲工业与商业的范畴不断扩大，几乎涵盖生活的各个层面。

◆ **学习目标**

　　1. 识记：概述休闲服装、休闲食品、休闲用品、休闲装备等概念。
　　2. 理解：描述休闲服装、休闲食品、休闲用品的特点及发展现状。
　　3. 应用：应用所学知识对生活中常见休闲工业与商业进行分类。
　　4. 分析：分析现代工业与商业和休闲产业的内在联系，探讨休闲服装、休闲食品、休闲用品的休闲本质。
　　5. 综合评价：撰写某一地区某一休闲工业或商业调研报告，评估该地区某一休闲工业与商业的发展现状及发展趋势。

◆ **学习任务**

名　称	××地区××休闲工业(或商业)调研
学习目标	1. 认知"休闲工业与商业" 2. 描述常见休闲工业与商业的分类及特点
学习内容	休闲工业与商业的分类、市场、资源、发展现状、发展趋势

续表

名　称	××地区××休闲工业(或商业)调研
任务步骤	1. 查询所在地区休闲工业与商业的分布情况 2. 选择一个休闲工业(或商业)进行实地走访和考察 3. 分析该休闲工业(或商业)的主要产品、市场状况及发展趋势等 4. 梳理相关文字、图片 5. 制作PPT简报
学习成果	"××地区××休闲工业(或商业)调研简报"

◆ 案例引导

悠度户外：我的阳光周末

厦门悠度休闲用品股份有限公司创业于1996年，始终坚持"让每个人都能享受健康快乐的休闲生活"的愿景，专注于野餐包的研发、设计、生产和销售，并逐步将产品延伸至：野餐包袋、休闲包袋、露营装备、户外垫、保温箱包、母婴便携、户外桌椅等全系列周末户外休闲装备。

悠度旗下拥有6大子公司：厦门恒好旅游用品有限公司、厦门荣兴达旅游用品有限公司、厦门悠度营地教育科技有限公司、武夷山悠度营地教育管理有限公司、厦门骏智狼鹰企业管理咨询有限公司、厦门启晖智联科技有限公司，主要业务涵盖户外休闲用品研发、生产、销售，旅游用品外贸，露营服务，青少年营地教育，中小学生研学旅行等教育组织运营管理与咨询，营地管理和运营，户外拓展训练，智能物联网技术等。悠度旗下"悠度YODO"、"Picnicsource"两大品牌享誉中外。

以"诚信、创新、服务、和谐"为核心价值观，通过优质的产品和服务，悠度为"满足休闲需求，引领健康生活"的使命而不懈努力。"诚信"为本，"守合同重信用企业"等荣誉称号是对悠度诚信经营的充分肯定。"创新"为源，悠度不仅拥有野餐包自主知识产权，还依托强大的研发队伍，坚持自主研发路线，每年开发新产品超过300款，并已取得100多项户外休闲用品的外观专利和实用新型专利。悠度对服务的诠释并不限于"用心服务，讲求高效"，为提升服务效率，2009年投巨资与微软合作建设综合信息管理平台(ERP系统)，实现从产品研发到销售的全程数据管理。本着"以质为本，以客为尊"的质量方针，悠度设立严格的四道检验程序，对出厂产品实行100%检验，于2004年通过ISO9001质量管理体系认证，并在业内率先遵守食品安全标准，产品已通过美国FDA、德国LFGB等食品安全测试。"和谐"是悠度追求的美好境界，提倡人与自然、工作与生活、公司与个人的和谐共赢，并将这一理念延伸至客户、供应商以及所有的合作伙伴。

悠度国际业务覆盖全球70多个国家和地区，从2008年开始，悠度逐步构建由电子商务、礼品渠道和零售终端组成的国内立体渠道，悠度野餐包、野餐垫、露营装备及冰袋等优势品类在天猫、京东等电商平台受到广大用户喜爱，有口皆碑。

怀着"基业长青"的终极梦想，悠度将持续打造"创新、服务"核心竞争力，积极推动中国户外休闲产业的发展,让更多人享受"我的阳光周末"!

（案例来源：企业简介-厦门悠度休闲用品股份有限公司官网　http://www.yodo.com.cn/company_introduction.php。）

思考：结合悠度让更多人享受"我的阳光周末",你对休闲工业与商业的初步认识是什么？应如何打造休闲工业与商业的核心竞争力？

第一节　休闲服装

一、休闲服装的概念

休闲服装,概括地说,是休息和休闲时衣着的总称,如牛仔、沙滩装、西服便装、家居服、内衣等；或认为,休闲服装是随着人们物质生活和精神文明生活变迁而产生出来的一种服装。通俗来说,休闲服装是一种回归自然的服装,它体现的是一种轻松、阳光、积极向上的生活态度。服装休闲化、生活休闲化、时尚休闲化已成为一种趋势。休闲服装的产生是一种进步,是当下人们生活的反映,休闲服装代表了时下的生活方式,一种渴望自然自由,追求轻松随意的生活方式。

二、休闲服装的特点

休闲服装最大的特点是有着宽松的造型,其天然纤维的面料、自然的色彩呈现了一种和谐、轻便、自由的氛围,表达出对大自然的向往。多民族的文化背景和越来越快的生活节奏,使得职业装越来越显单调、越来越显得拘束。休闲的观念开始渗透到人们生活的各个领域,逐渐取代了职业装的地位。把正装稍作改良之后上下班兼宜,两用的"休闲风格时装"令白领阶层更显潇洒俊朗,因此颇受欢迎。

三、影响休闲服装发展的主要因素

休闲服装发展的主要因素有以下几点：

（一）发展的经济和人口结构

发展的经济和人口结构的变化使消费者的消费习惯发生了变化,作为新一代的消费群体,他们大都是八十年代出生的新生代,其中许多人的消费习惯与父辈完全不同,他们对"休闲"有着很深的情结,追求穿着舒适、质量上乘的服装。因此对衣着有了新的要求,这加速了休闲服装的发展。

（二）新的生活方式

随着休闲时代的来临、生活品质的提高,人们有了更多的闲暇时间和个人空间,能充分进行各种社交、娱乐、体育等休闲活动,这种生活方式的改变为休闲服装的功能和样式提供了更多的发展空间。

(三)教育

教育的普及使人类摆脱了愚昧无知,提高了人的素质,同时也促进了穿着观念的更新,为休闲服装的发展创造了条件。

(四)科学技术

科学技术的不断发展对休闲服装的发展也有着直接的影响。随着信息时代的到来,人们只要有一台电脑就可以上网工作了,网络使得人们足不出户便可知天下事,可做天下事。许多人不必再像以前那样"正襟修饰"地到工作场所去上班了。取而代之的将是更为舒适多样的"休闲工作服""家居服"等等休闲类服装。

(五)政治制度

开放的社会使人与人之间更趋于平等,这种平等的关系使服装摆脱了社会等级与身份的象征,向个性化、舒适化方向发展,给休闲服提供了更广阔的空间。

四、休闲服装的分类

休闲服装根据休闲风格的外观感觉,审美趋向和服饰印象可细分为五种:商务休闲、运动休闲、旅游休闲、时尚休闲、优雅休闲。

(一)商务休闲

主要是指在大中型企业的中高层管理人员、私营业主等成功人士中,他们通过自己的艰苦奋斗取得了事业上的成功,收入颇高,品位脱俗,他们厌倦西装的刻板和束缚,积极塑造具备亲和力的新型商务人士形象。商务休闲化的装束,要求给予穿着者充分自由度;如强调个性、舒适、行动自如,搭配要以方便大方,材料天然、护理简单等为主。它的一大特点就是要求无论出入商务活动场合还是出入休闲场所,都是非常合适、体面的着装方式。在人们的观念中,一直提倡一种在生活中的休闲装束,即"在一天商务工作中的严谨之后剩下的休闲生活"。而随着人们对工作方式的转变,工作也应成为生活休闲的一种形式,工作中过多的约束个性心理的服饰已经被遗弃,商务休闲就成为一个潮流。商务休闲的特点:在制作过程中从设计、面料工艺都要求非常的讲究;要求新颖便于搭配,时尚而不显前卫,新颖但不夸张;特色鲜明但不怪异、色彩明快但不张扬。

(二)运动休闲

运动意识是现代都市人休闲风潮中的一种现代意识。在现代生活中,体育锻炼、外出旅游已成为人们放松自己融入自然、享受自然的愉快休闲形式。为适应这类生活方式就出现了将运动与休闲完全相融的休闲服装。这类服装主要依据各种运动休闲的要求来设计的。运动休闲的特点:运动风格的服装具有明显的功能性,以便在休闲运动中能够舒展自如。在设计中追求服装的舒适性、功能性和穿着方便,这是这一类服装设计的要点。今天运动风格的服装也融入了流行的概念,高科技合成材料、流行色的运用和整理后的材质,给运动风格的服装带来了前所未有的时代气息。

（三）旅游休闲

随着生活方式的改变,旅游在人们生活中的地位越来越高,人们对旅游中的装束有了单独的要求。现在,旅游休闲服装已经有了许多新的变化,其中最主要的就是时尚的感觉已经慢慢地渗透了进来。这为现在的旅游服装带来了更为年轻,更为新鲜的东西。旅游休闲装的特点:穿着舒适、耐洗、耐磨、耐脏。旅游服装以方便为宜,洗练、舒适、活动方便,并且不需要太多花哨的东西来装饰,适用的场所也比较广泛。

（四）时尚休闲

这是休闲着装中注重时尚感觉风格的服装。牛仔风格、田园情趣,现代年轻人在休闲着装中更多地注入了时尚的元素。如纯正的流行色、横竖的条纹、夸张可爱的卡通图案,针织套头衫,还有合体的长裤,时髦的短裤,有休闲意味的斜肩挎包等,这些都是充满朝气时尚的青春风格。时尚风格的服饰特点:时尚风格的服装以活泼、轻快和具有现代感的明朗色调为主,体现了蓬勃的青春气息和独到的个人情趣。

（五）优雅休闲

这是休闲装中最注重优美和雅致感觉风格的服装。那种为网球运动,高尔夫球运动的高雅生活方式所设计的服装,就是优雅休闲装。这类休闲装更多地倾向于便装形式,如针织和编织的套装、宽松得体的外套、松紧有型的夹克、休闲西裤和鸭舌帽等服饰,这些服饰也较适合上班族的穿戴。

第二节 休闲食品

一、休闲食品的概念

休闲食品是以果蔬、谷物、肉、鱼类等为原料,采用合理的生产工艺加工制成的一类快速消费品,是在人们闲暇、休息时所吃的食品,它色味鲜美、食用方便,深受广大消费者喜爱。随着经济的发展和消费水平的提高,休闲食品正在逐渐升级成为百姓日常的必需消费品。

二、休闲食品的分类

按休闲食品的原料加工制作的特点大致可分为果仁类休闲食品、谷物膨化类休闲食品、瓜子炒货类休闲食品、糖制休闲食品、果蔬休闲食品、鱼肉类休闲食品、烘焙类休闲食品等。

（一）果仁类休闲食品

果仁类休闲食品——以果仁和糖或盐制成的甜、咸制品。分油炸型和非油炸型。这类制品的特点是坚、脆、酥、香，如椒盐杏仁、开心果、五香豆等。

（二）物膨化类休闲食品

谷物膨化类休闲食品——以谷物及薯类为原料，经直接膨化或间接膨化，也可经过油炸或烘烤加工成的膨化休闲食品。有一部分是我国传统的产品，如爆米花、爆玉米花，更多的是近年来传入的外来食品，如用现代工艺制作的日本米果。

（三）瓜子炒货类休闲食品

瓜子炒货类休闲食品——以各种瓜子为原料，辅以各种调味料经炒制而成，是我国历史最为悠久的，最具传统特色的休闲食品。

（四）糖制休闲食品

糖制休闲食品——以蔗糖为原料制成的小食品，这类制品由于加工方法和辅料不同，在外观口味上各有独特风味，如豆酥糖、桑葚糖等。

（五）果蔬休闲食品

果蔬休闲食品——以水果、蔬菜为主要原料经糖渍、糖煮、烘干而成的制品，如杏脯、果蔬脆片、话梅等。

（六）鱼肉类休闲食品

鱼肉类休闲食品——以鱼、肉为主要原料，用调味料进行调味，经煮、浸、烘等加工工序而生产出的熟制品，如各种肉干、烤鱼片、五香鱼脯等。

（七）烘焙类休闲食品

烘焙类休闲食品——以小麦粉为主要原料，通过烘焙手段成熟和定型的一类休闲食品，主要包括面包、饼干和各类糕点。

 良品铺子：做有温度的产品营销

三、我国休闲食品产业的现状

（一）市场前景广阔

近年来，我国休闲食品产业进入不断创新和发展新阶段，市场规模呈几何级的速度增

长。有数据显示,2009年休闲食品制造业创造工业产值4364.54亿元人民币,同比增长27.53%;实现销售收入4304.03亿元人民币,同比增长31.39%;实现利润117.71亿元人民币,同比增长52.87%。但中国休闲食品产量与国外发达国家相比差距甚远。随着我国经济水平及人们消费水平、购买能力的不断提高,休闲食品市场仍将会以20%以上的速度增长,我国休闲食品企业在未来具有巨大的发展潜力和生存空间。

（二）休闲食品企业规模较小,企业研发能力不足

休闲食品种类繁多,行业市场集中度不高,全行业前十强企业只占据三成销售份额。休闲食品市场没有领导品牌,还未形成像方便面、食用油和饮料等食品品类垄断竞争市场格局,大部分休闲食品企业规模较小。由于企业规模小,资历浅、很难办理担保和抵押,也很难通过银行渠道获得创新资金,而企业本身能用于自主创新的资金则少之又少。另一方面,中小食品企业的领导自主创新意识淡薄,缺少可持续发展观念,不愿意在创新方面花本钱、花精力。企业缺乏从事食品研发的技术人才。这些因素造成大部分休闲食品企业没有研发能力或研发能力极低。目前,很多企业开始走"产学研"相结合的道路,但真正落实到位的成功项目很少。

（三）休闲食品企业品牌意识淡薄

休闲食品种类繁多,每个细分市场都有很大的市场份额和消费潜力,大部分休闲食品厂家都想以多品出击,加大了经营管理难度,提高了成本,市场推广乱无章法,渠道不能精耕细作,销量固步不前,盈利能力越来越弱,生存状态愈发困难。中小休闲食品企业要将品牌建设列入重要战略范畴,依托产品优势在一定范围内建立起具有竞争力的优势品牌。没有能力在大范围建立品牌优势的,就在区域、局部范围内建立起自己的品牌优势,用品牌利器达到突围的目的。

（四）行业同质化现象比较严重

市场上的休闲食品不计其数,每一类别的产品也令人眼花缭乱。虽然厂家不同,但产品并没有太多本质的区别,投资少,门槛低也导致了中国休闲食品的虚假繁荣。中小型企业大都跟在大企业之后,只要知名企业推出新的产品,他们往往能在最短的时间内推出同类产品,这加剧了产品同质化现象的出现,进而导致恶性循环,对于产品的发展极为不利。

（五）食品安全问题层出不穷

"民以食为天,食以安为先"。食品安全是食品企业的生存命脉,但是一些生产企业为了追逐利润,对自身、社会以及消费者极不负责任,食品行业不断出现安全问题。苏丹红、瘦肉精等非法添加物争相上了餐桌,给百姓的健康造成一定的危害,对食品行业带来了致命的打击,也为休闲食品企业敲响了警钟。造成目前食品安全形势严峻的因素主要包括监管责任分散、食品生产原料污染、生产场所简陋、食品监督体系相对滞后等。与迅猛发展的休闲食品行业相比,食品监督体系明显滞后,现有的食品检测机构多分布在大中城市,专职检测人员较少,检测技术和设备达不到世界先进水平,难以对食品生产流通环节实施多方位、全覆盖、即时性的监督。

第三节 休闲用品

一、休闲用品概念

伴随着休闲产业的蓬勃发展,各种各样的休闲用品应运而生。广义的休闲用品是指为满足消费者休闲需要而生产的各类直接产品或辅助产品。狭义的休闲用品是指在日常生活饮食起居之外,用于满足消费者放松心情、身心愉悦、生命保健、休闲娱乐等需要的产品。

休闲用品不属于一个产品大类,各种类别的用品如果具有满足消费者休闲需要的性质,都可归类于休闲用品。随着人们休闲意识的提高,"生活即休闲"态度的延伸,一切产品都归纳为休闲用品也不为过。因此,本书所指休闲用品主要是指狭义的休闲用品。

二、休闲用品分类

按照休闲用品的用途分类,常见的休闲用品大致有五类:旅游休闲用品、体育休闲用品、文化娱乐休闲用品、宠物休闲用品、庭院休闲用品。

(一)旅游休闲用品

旅游休闲用品主要是指在休闲度假、观光旅游等户外旅游过程中使用到的太阳伞、遮阳镜、帐篷、户外家具等。户外家具如我们常见的野炊具、便携式烧烤架、户外桌椅、吊床等。随着人们"自然、健康、环保、休闲"理念的提升,户外旅游越来越受到年轻人团体和家庭团体的青睐,旅游休闲用品发展趋势良好。

 口碑最好的 Decathlon(迪卡侬)户外露营装备推荐排行榜

(二)体育休闲用品

体育休闲用品主要指从事体育相关运动的各种球、球拍、杆、棒、滑板等竞技体育用品,以及毽子、飞镖、呼啦圈等家庭休闲运动用品;同时也包括专业运动服饰(如跆拳道服、拳击手套、冰刀鞋、垒球头盔等)和各种各样的健身器材、运动训练机等。随着体育(健身)运动的大众化和专业化的趋势,专业运动设备及专业健身器材已成为许多运动(健身)爱好者的首选。

(三)文化娱乐休闲用品

文化娱乐休闲用品主要是指各种各样的乐器、文具、玩具、电子玩具、棋牌具、视听设备

等,以满足人们日常文化娱乐休闲需求。文化休闲娱乐用品在日常生活中十分常见,基本每家每户必备,消费市场庞大。

(四) 宠物休闲用品

宠物休闲用品是指同饲养宠物相关的各种用品,如宠物笼、宠物食品、宠物玩具、宠物服饰、宠物清洁器具等,此外还包括宠物礼品。饲养宠物成为越来越多家庭的一种休闲手段,随之而来的是宠物美容、宠物诊所、宠物用品超市的大量出现,宠物休闲用品的市场有很大的发展空间。

(五) 庭院休闲用品

庭院休闲用品主要指用于庭院装饰和园艺休闲的产品。庭院装饰用品如摇椅、秋千等;园艺休闲用品是指和种植植物相关的洒水壶、花盆、控根器等。由于居住空间的限制,庭院休闲逐渐转移至室内,常见的如室内花卉养殖。

三、休闲用品产业集群电子商务平台构建

休闲用品门类多、跨度大,涉及各行各业。休闲用品产业集群,是指在一定地理区域范围内,以休闲用品龙头企业为核心,众多具有交互关联的相关产业所构成的空间集聚体,具有集中度高、分工明确、规模效应明显、学习带动效应显著等特点。休闲用品产业集群的形成,需具备完整的休闲用品供应链和服务链,以形成环环相扣、相互配合的合作与竞争并存的局面。

电子商务是信息技术与商业活动结合的产物,从商品交换领域拓展到物流配送领域和互联网金融领域。休闲用品产业集群围绕龙头企业,依托 B2B 和 B2C 模式的电子商务平台,将产业集群内部的休闲用品主体产业与辅助生产加工产业、外部供销系统、第三方支付系统、第三方物流系统有机结合成一个整体,促使休闲用品商流、物流、资金流、信息流在整个大系统中高效运转,实现规模经济,带动集群产业发展水平整体提高。如图 9-1 所示。

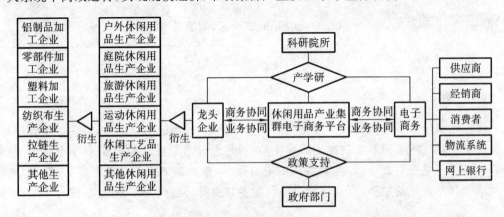

图 9-1 休闲用品产业集群电子商务平台各实体运行模型

休闲用品产业集群电子商务平台由四个层次构成,分别是数据层、业务层、应用层和用户层。数据层为电子商务平台提供数据服务,包括休闲用品企业数据库、消费者数据库、销

售终端数据库、专家数据库等。业务层负责电子商务平台各项功能的安全运行,实现休闲用品产业集群内部信息资源的共享,促进企业间业务流程电子化发展。应用层为电子商务平台用户提供采购、分销、库存、财务、人事等各项服务,实现休闲用品精准化、及时化、高效化业务处理。用户层是电子商务平台各方主体的实际使用者,包括休闲用品生产商、供销商、第三方金融机构、物流服务商、最终消费者等。

第四节 休闲装备

一、休闲装备概念

休闲装备的概念易和休闲用品、休闲服装等概念混淆,或被认为是休闲用品的一部分。本书所指休闲装备,是指用来生产休闲用品、休闲服装、休闲食品等休闲产品的专门设施设备,属装备制造业门类。休闲装备业则指专门从事这种设施设备的生产活动,包括制造和销售。此外,休闲装备本身也是一种产品,一种用来生产休闲产品的产品。

二、休闲装备作用

休闲装备是休闲制造业的核心组成部分,是休闲工业发展的基础。它能够促使和休闲产品相关的科技成果转化为现实生产力,实现休闲产品的批量化生产,并推动传统休闲产业的转型升级,对休闲产业和休闲经济的发展具有重大意义。

(一)休闲装备是科技成果转化为生产力的桥梁和通道

和休闲产品相关的科技成果若想转换为现实生产力,需要休闲装备作为技术载体来实现。如智能手环技术,若没有专门的休闲装备来生产,将会是一纸空谈,而无法进行工业化生产。

(二)休闲装备能实现休闲产品的批量化生产

休闲装备的投入使用,将会降低人力成本,优化流水线作业,提高休闲产品生产效率。通过一定的休闲装备配备人力操作使得同一产品的批量大规模生产成为可能。

(三)高端休闲装备推动传统休闲产业的转型升级

经济新常态给休闲产业发展带来新机遇,强调休闲产品高品质、高效率的持续稳增长。高端休闲装备以高新技术为引领,处于休闲产业链核心环节,能够推动休闲产业集约化发展、绿色化发展、国际化发展。用先进装备改造传统休闲产业是实现休闲产业结构升级的根本手段。

三、休闲装备分类

结合装备制造业的分类方法,按休闲装备的功能和重要性,将休闲装备分为三个大类,分别是生产休闲产品的重要基础机械、生产休闲产品的重要机械或电子基础件、生产休闲产品的重大成套基础装备。

(一)生产休闲产品的重要基础机械

生产休闲产品的重要基础机械,也就是生产休闲产品的重要基础设施设备,包括和生产休闲产品相关的数控机床(NC)、柔性制造单元(FMC)、柔性制造系统(FMS)、计算机集成制造系统(CIMS)、工业机器人、大规模集成电路及电子制造设备等。

(二)生产休闲产品的重要机械或电子基础件

生产休闲产品的重要机械或电子基础件,包括和生产休闲产品相关的液压、气动、轴承、密封、模具、刀具、低压电器、微电子和电力电子器件、仪器仪表及自动化控制系统等。

(三)生产休闲产品的重大成套基础装备

生产休闲产品的重大成套基础装备,是指生产某一具体休闲产品所需要的成套设备,如生产高尔夫球、游艇、休闲服装等所需要的成套设备。

四、供给侧改革背景下休闲装备业的发展

供给侧结构性改革强调从提高供给质量出发,扩大有效供给,提高全要素生产率。休闲装备是休闲制造业的核心,在供给侧改革背景下需要从以下几方面做出努力:

(一)增强休闲装备自主创新能力

休闲装备业的发展主要依靠技术创新,实现休闲装备业转型升级需从供给侧角度优化装备质量,由初级装备向高端装备转变,提高休闲装备核心竞争力。此外,要积极同研发机构、科研院所合作,实现人才和资源共享,增加创新人才储备,整合创新资源协同发展。

(二)调整休闲装备产业结构

中低端休闲装备在国际竞争中处于劣势,提升休闲装备质量是转变这种劣势的重要手段。高效能、高环保、高智能的高端休闲装备是休闲装备业今后发展的趋势。此外,优化休闲装备产业结构,淘汰低端装备供给,控制中端装备供给,加大高端装备供给。

(三)推动休闲装备产业集群建设

依靠休闲装备龙头企业,将休闲装备制造相关企业及第三方服务机构有效衔接,共同形成战略基地和核心集聚区,促进休闲装备产业集群建设,以达成规模效应和集约发展,形成发展合力。

（四）构建先进休闲装备业转型升级的生态系统

资源节约、环境友好是休闲装备业未来发展的趋势之一，绿色制造是休闲产业生产的主旋律，休闲装备优化升级是休闲产业绿色发展的基础。将节能环保和低碳技术、人工智能、"互联网＋"等有效应用于休闲装备业，带动休闲装备业转型升级，构建绿色环保的产业生态系统。

本章小结

本章主要阐述了休闲服装、食品、用品、装备等与大众生活息息相关产品的概念、分类、发展现状等内容。

休闲服装根据休闲风格的外观感觉，审美趋向和服饰印象可细分为五种：商务休闲、运动休闲、旅游休闲、时尚休闲、优雅休闲。

按照休闲用品的用途分类，常见的休闲用品大致有五类：旅游休闲用品、体育休闲用品、文化娱乐休闲用品、宠物休闲用品、庭院休闲用品。

休闲装备是休闲制造业的核心组成部分，是休闲工业发展的基础。它能够促使和休闲产品相关的科技成果转化为现实生产力，实现休闲产品的批量化生产，并推动传统休闲产业的转型升级，对休闲产业和休闲经济的发展具有重大意义。

关键概念

休闲服装　休闲食品　休闲用品　休闲装备

复习思考

1. 简述休闲服装的分类。
2. 简述休闲食品的发展趋势。
3. 简述休闲用品的分类。
4. 试分析休闲装备的发展现状。

拓展案例

三只松鼠：让天下主人爽起来

三只松鼠股份有限公司位于安徽省芜湖市，2012年注册成立，是一家以坚果、干果、茶叶、休闲零食等食品的研发、分装及销售的为主的产业链平台型企业，围绕"让天下主人爽起来"的使命，业务范围已扩展至动漫、影视等领域。

在"大众创业、万众创新"的时代大潮下，三只松鼠从五个人的创业团队，仅用五年的时间就成为一家年销售额超过50亿元的企业。

"做强一个IP，横跨多个产业，以三驾马车为驱动"是三只松鼠未来五年的战略规划，借此努力实现销售额达300亿元以上，进入中国500强的目标。从2012年至今，三只松鼠的产品全面覆盖天猫、京东、苏宁易购等各类电商渠道，并已建成芜湖、天津、成都、广州、西安等12个仓储物流中心以及三大配送中心。

同时在消费升级的大背景下，2016年9月30日，三只松鼠第一家投食店在芜湖开业，目前投食店范围已涉及安徽、江苏、浙江、四川等地，单店坪效一般可达每平方米2500元。三只松鼠利用线上线下融合的方式，打造2.5次元城市歇脚地，将消费体验持续升级，未来5年松鼠投食店将增至1000家，为主人带来更加直观的消费感受。2017年，三只松鼠正式铺开松鼠小镇计划，松鼠小镇将被打造成一体化的新型商业综合体，为主人带来全新的消费体验。

三只松鼠积极探索利用"互联网＋"推动中国农产品行业变革，有效地将信息化技术、动漫化品牌、数据化品质控制方式相结合，采用全新的商业模式和运营手法，使农产品品质更稳定、物流周转速度更快、产品新鲜度更好、品牌更贴近年轻一代的消费者，并且专注为消费者提供极致的用户体验，截至2017年上半年，三只松鼠使用会员数已超6000万。

三只松鼠云品控中心通过全平台、全数据、全项检、全批次、全链路的方式，将1200多名研发人员聚集在该平台上参与产品研发，并将生产者与消费者连接在一起，通过用户评价及检测数据对上游生产者进行实时品质倒逼改善。在松鼠新的改革目标中显示，在过去5年的基础上，三只松鼠将努力向生态型企业转型，共享技术、设备等资源，对社会有效资源进行整合，为主人、伙伴、员工创造更为可观的价值。

2012年，三只松鼠上线仅半年就实现销售收入3000余万元，2013年实现销售收入3.26亿元，2014年全年实现销售收入11亿元，2015年实现销售收入25.1亿元，2016年实现销售收入超过50亿元。

资本的力量加速了三只松鼠对电商产业的布局和发展步伐。成立以来，三只松鼠累计获得今日资本、IDG资本2800多万美元投资，目前已在芜湖建设完成超过5万平方米的电商运营总部，未来投食店和松鼠小镇的规划也将遍布全球！

（案例来源：关于我们——三只松鼠官方网站 http：//www.3songshu.com/1.html。）

讨论：

1. 三只松鼠从休闲食品扩展到动漫、影视等领域，带给你的启示是什么？

2. 三只松鼠从五人创业团队发展至今，其商业模式和运营手法经历了哪些改变？

3. 询问其他同学，对三只松鼠休闲食品及休闲文化的认识展开调研，分析休闲食品如何更全面满足消费者需求。

参考文献
Peference

[1] 魏小安,厉新建,吕宁.休闲产业经济学[M].北京:旅游教育出版社,2014.

[2] 马惠娣.人类文化思想史中的休闲——历史·文化·哲学的视角[J].自然辩证法研究,2003(1).

[3] 孙海植,安永冕,曹明焕,李定实.休闲学[M].大连:东北财经大学出版社,2005.

[4] 于光远,马惠娣.关于"闲暇"与"休闲"两个概念的对话录[J].自然辩证法研究,2006(9).

[5] 于光远,马惠娣.于光远马惠娣十年对话,关于休闲学研究的基本问题[M].重庆:重庆大学出版社,2008.

[6] 郑健雄.休闲旅游产业概论[M].北京:中国建筑工业出版社,2009.

[7] 纪菲菲.休闲与旅游的本质性比较[J].韶关学院学报·社会科学,2010(8).

[8] 王惠.休闲与旅游关系的探讨[J].经济研究导刊,2009(10).

[9] 曹芙蓉.休闲与旅游的辩证关系及其社会功能试析[J].旅游学刊,2006(9).

[10] 魏小安,厉新建,吕宁.休闲产业经济学[M].北京:旅游教育出版社,2014.

[11] 王婉飞.休闲管理[M].杭州:浙江大学出版社,2009.

[12] 孙海植,安永冕,曹明焕,李定实.休闲学[M].大连:东北财经大学出版社,2005.

[13] 李天元.旅游学概论[M].天津:南开大学出版社,2014.

[14] 张金霞.旅游学导论[M].北京:北京大学出版社,2012.

[15] 李洁,李云霞.旅游学理论与实务[M].北京:清华大学出版社,2008.

[16] 李肇荣,曹华盛.旅游学概论[M].北京:清华大学出版社,2006.

[17] 张培.旅游学概论[M].北京:现代教育出版社,2011.

[18] 孟庆杰,王平.现代饭店管理概论[M].大连:大连理工大学出版社,2012.
[19] 姜红.餐饮服务与管理[M].大连:大连理工大学出版社,2006.
[20] 李勇平.酒店餐饮业务管理[M].北京:旅游教育出版社,2011.
[21] 王喜庆.陕西餐饮产业发展报告(2015)[M].西安:陕西科学技术出版社,2015.
[22] 王喜庆.陕西餐饮产业发展报告(2016)[M].西安:陕西科学技术出版社,2016.
[23] 李虹.餐饮管理[M].北京:中国旅游出版社,2009.
[24] 周秒炼.餐饮经营与管理[M].杭州:浙江大学出版社,2008.
[25] 宫承波.中国动画史[M].北京:中国广播影视出版社,2015.
[26] 陈少峰.浅析动漫对"轻小说"的改编[J].电影文学,2012(9).
[27] 周玲.动漫主题公园经营与非物质文化艺术结合研究——打造具有南通江海特色的本土动漫产业[J].美术教育研究,2015(8).
[28] 付达院.关于休闲产业体系及其构成的探究[J].商业经济,2015(8).
[29] 薛东前,黄晶,马蓓蓓,康亚丽.西安市文化娱乐业的空间格局及热点区模式研究[J].地理学报,2014,69(4).
[30] 康宝.基于"钻石模型"的中国电视娱乐产业竞争力研究[J].科学决策,2015(2).
[31] 蔡云,黎青松,梁涛,张学尽.我国汽车文化娱乐产业现状分析[J].汽车科技,2011(2).
[32] 姚海凤.互联网+娱乐 泛娱乐产业崛起[J].互联网经济,2016(5).
[33] 马勇,赵文义,杨琦.我国出版产业结构及其演变趋势研究[J].编辑之友,2012(6).
[34] 李治堂.我国出版产业结构变化及启示[J].科技与出版,2014(11).
[35] 张白鸽.加快演艺业健康发展的思考[J].经济体制改革,2009(5).
[36] 刘庆振.产业链视角下的电视剧产业化和电影产业化比较研究[J].宁夏社会科学,2015(4).
[37] 樊星,樊江.陕西省影视城建设发展SWOT分析[J].新闻研究导刊,2015,6(14).
[38] 王征.当前我国影视旅游发展路径探析(上)[J].中国电影市场,2014(10).
[39] 荀俊钦."互联网+"背景下影视业的发展前景[J].传媒,2016(16).
[40] 仪名海.国际传播组织ABC连载之七 国际展览业协会[J].对外大传播,2006(Z1).
[41] 张林,黄海燕.中国体育产业发展报告[M].人民体育出版社,2013.
[42] 杨铁黎,苏义民.休闲体育产业概论[M].北京:高等教育出版社2011.
[43] 曲明江.我国高尔夫产业发展与管理战略研究[D].长春:吉林大学,2015.
[44] 易剑东,任慧涛.体育产业纳入我国战略性新兴产业的可行性及其潜在进路[J].武汉:武汉体育学院学报,2015(3).
[45] 杨桦,任海.我国体育发展新视野:整体思维下的跨界整合[J].北京体育大学学报.2014(1).
[46] 阮伟.中国体育产业发展报告[M].北京:社会科学文献出版社,2013.
[47] 赵国如.休闲农庄发展模式探讨[J].湖南财经高等专科学校学报,2006(12).
[48] 陈彪.对观光农业类型的探究[J].现代农业科学,2009(9).
[49] 李伟.乡村旅游业发展模式及机制研究——以咸阳市礼泉县袁家村为例[J].咸阳师范学院学报,2014(7).

［50］姜太碧.成都市近郊观光农业调查报告[J].西南民族大学学报：人文社科版,2006(4).

［51］董伟.济南市休闲农业发展现状分析及前景展望[J].山东林业科技,2006(3).

［52］郑健雄,郭焕成,陈田.休闲农业与乡村旅游发展[M].徐州：中国矿业大学出版社,2005.

［53］王保伦.会展旅游[M].北京：中国商务出版社,2004.

［54］赵春霞.会展旅游管理实务[M].北京：对外经济贸易大学出版社,2007.

［55］胡平.会展旅游概论[M].上海：立信会计出版社,2006.

［56］傅广海,邓玲.会展与节事旅游管理概论[M].北京：北京大学出版社.

［57］王方华,过聚荣.中国会展经济发展报告[M].北京：社会科学文献出版社,2009.

［58］刘松萍.会展服务与管理[M].北京：科学出版社,2009.

［59］张显春.会展旅游[M].重庆：重庆大学出版社,2007.

［60］马勇,王春雷.会展管理的理论、方法与案例[M].北京：高等教育出版社,2003.

［61］周彬,会展旅游管理[M].上海：华东理工大学出版社,2003.

［62］王春雷.会展市场营销[M].上海：上海人民出版社,2004.

［63］刘松萍,梁文.会展市场营销[M].北京：中国商务出版社,2004.

［64］马聪玲.中国节事旅游研究[M].北京：中国旅游出版社,2009.

［65］卢晓.节事活动策划与管理[M].2版.上海：上海人民出版社,2009.

［66］邹树梁.会展经济与管理[M].北京：中国经济出版社,2008.

［67］俞华,朱立文.会展学原理[M].北京：机械工业出版社,2005.

［68］刘大可,王起静.会展活动概论[M].北京：清华大学出版社,2004.

［69］尹隽.旅游目的地形象策划[M].北京：人民邮电出版社,2006.

［70］施昌奎.会展经济：运营管理模式[M].北京：中国经济出版社,2006.

［71］张河清.会展旅游[M].广州：中山大学出版社,2016.

［72］秦华萍.时尚休闲服装初探[J].广东轻工职业技术学院学报,2007(7).

［73］邱泼,韩文凤.我国休闲食品产业的现状及发展方向[J].食品研究与开发.2012(5).

［74］孟宏昌,李慧东,华景清.粮油食品加工技术[M].北京：化学工业出版社,2008.

［75］丁华.休闲食品企业如何做大品牌和市场规模[J].中国食品工业,2010(1).

［76］钟廷均.中小休闲食品企业营销策略分析[J].科技情报开发与经济,2009,19(34).

［77］李永锋.休闲用品产业集群电子商务平台的构建研究[J].中国管理信息化,2012,15(5).

教学支持说明

教育部旅游管理专业本科综合改革试点项目新课改系列规划教材。

为了改善教学效果,提高教材的使用效率,满足高校授课教师的教学需求,本套教材备有与纸质教材配套的教学课件(PPT电子教案)和拓展资源(案例库、习题库、视频等)。

为保证本教学课件及相关教学资料仅为教材使用者所得,我们将向使用本套教材的高校授课教师免费赠送教学课件或者相关教学资料,烦请授课教师通过电话、邮件或加入旅游专家俱乐部QQ群等方式与我们联系,获取"教学课件资源申请表"文档并认真准确填写后发给我们,我们的联系方式如下:

地址:湖北省武汉市东湖新技术开发区华工科技园华工园六路

邮编:430223

电话:027-81321911

传真:027-81321917

E-mail:lyzjjlb@163.com

旅游专家俱乐部 QQ 群号:306110199

旅游专家俱乐部 QQ 群二维码:

群名称:旅游专家俱乐部
群　号:306110199

教学课件资源申请表

填表时间：_____年___月___日

1. 以下内容请教师按实际情况填写，★为必填项。
2. 学生根据个人情况如实填写，相关内容可以酌情调整提交。

★姓名		★性别	□男 □女	出生年月		★职务	
						★职称	□教授 □副教授 □讲师 □助教

★学校		★院/系	
★教研室		★专业	
★办公电话		家庭电话		★移动电话	
★E-mail（请填写清晰）				★QQ号/微信号	
★联系地址				★邮编	

★现在主授课程情况	学生人数	教材所属出版社	教材满意度
课程一			□满意 □一般 □不满意
课程二			□满意 □一般 □不满意
课程三			□满意 □一般 □不满意
其他			□满意 □一般 □不满意

教材出版信息					
方向一	□准备写	□写作中	□已成稿	□已出版待修订	□有讲义
方向二	□准备写	□写作中	□已成稿	□已出版待修订	□有讲义
方向三	□准备写	□写作中	□已成稿	□已出版待修订	□有讲义

请教师认真填写表格下列内容，提供索取课件配套教材的相关信息，我社根据每位教师/学生填表信息的完整性、授课情况与索取课件的相关性，以及教材使用的情况赠送教材的配套课件及相关教学资源。

ISBN（书号）	书名	作者	索取课件简要说明	学生人数（如选作教材）
			□教学 □参考	
			□教学 □参考	

★您对与课件配套的纸质教材的意见和建议，希望提供哪些配套教学资源：